Cuisine pour toute l'année

W0222393

Monique Maine

Cuisine
pour toute l'année

Tradition et cuisine d'aujourd'hui

LE LIVRE DE POCHE

© Librairie Générale Française, 1969.
1991 pour la nouvelle édition.

Introduction

Vingt ans après, *Cuisine pour toute l'année* se réactualise.

Partant du principe que le plus contraignant dans la cuisine est d'établir les menus, nous avions conçu un livre où, en plus des recettes, étaient proposées des suggestions de menus complets pour le déjeuner et le dîner des 365 jours de l'année, cela en nous référant aux approvisionnements du marché.

Le succès de *Cuisine pour toute l'année* prouve que cette formule a été appréciée par de très nombreuses personnes, notamment par les mères de famille qui travaillent.

Mais en vingt ans bien des choses ont changé, bouleversant nos habitudes alimentaires, transformant la production, la distribution, les techniques de cuisson... On ne vit plus au rythme strict des saisons, les menus se sont allégés, les produits frais surgelés de qualité se sont multipliés, les grandes surfaces se sont développées, les méthodes de cuisson ont évolué et le four à micro-ondes a révolutionné les temps de cuisson de certains aliments.

Ces évolutions, nous ne pouvions les ignorer. Il était donc indispensable, tout en conservant les recettes traditionnelles de *Cuisine pour toute l'année*, d'en remanier certaines, d'en alléger d'autres, d'en introduire de nouvelles, bref de mettre au goût et aux techniques actuels. Les menus eux-mêmes ont été revus pour tenir compte des progrès de la diététique et des produits nouveaux apparus dans tous les secteurs agro-alimentaires et industriels.

★

C'est volontairement que pour les cuissons au four classique ou au four à chaleur tournante, nous n'avons pas indiqué la numérotation du thermostat. Il n'existe pas, en effet, deux cuisinières possédant le même réglage et, selon le moyen de chauffage, gaz ou électricité, la puissance du four varie.

Aujourd'hui, le micro-ondes équipe de nombreuses cuisines. C'est un instrument pratique qui décongèle et réchauffe rapidement les aliments. Il en cuit très bien quelques-uns. Cependant, soyons clairs, tout ne cuit pas au micro-ondes, loin de là, mais certaines cuissons y sont excellentes. Presque toutes celles qui se font dans une enceinte micro-ondes exigent la puissance maximale, sauf à de rares exceptions qui sont précisées dans le texte de la recette concernée.

L'ustensile de cuisson dans un four à micro-ondes doit toujours être couvert soit d'un film étirable, soit de son propre couvercle. Les plats de cuisson seront impérativement en porcelaine à feu, en vitro-céramique, en verre à feu ou encore en plastique « spécial micro-ondes ».

Au moment de l'achat, choisissez une enceinte micro-ondes de 750 Watts restitués. En dessous, augmentez un peu les temps de cuisson que nous indiquons. Mais sachez qu'une enceinte de 500 Watts servira uniquement à décongeler ou réchauffer, mais ne cuira pas.

Les recettes à four à micro-ondes que vous trouverez dans cet ouvrage sont signalées par le signe ✱, ainsi que dans l'index en fin de volume, afin de faciliter votre recherche.

Les recettes contenues dans cet ouvrage sont établies pour 4 personnes, sauf exceptions, qui sont toujours signalées.

Janvier

JANVIER
1ère SEMAINE
JOUR DE L'AN

■ ***Déjeuner :*** **Foie d'oie chaud aux pommes de reinette ▪ Cuissot de cochon de lait ▪ Pommes sautées ▪ Salade d'endives ▪ Plateau de fromages ▪ Bavaroise au kirsch**

Foie d'oie chaud aux pommes de reinette

Pour 8 personnes : *8 tranches de foie d'oie frais de 150 g chacune, 150 g de beurre, sel, poivre, 10 pommes de reinette, 1 verre à porto de porto, 3 cuil. à soupe de sucre.*

Épluchez les pommes, coupez-les en 8 quartiers, ôtez les pépins, et faites-les sauter avec 100 g de beurre, dans une poêle en les saupoudrant de sucre. Comptez 10 à 15 mn de cuisson.

Salez et poivrez les tranches de foie, faites-les cuire doucement à la poêle dans le restant du beurre pendant 10 mn, en les retournant à mi-cuisson.

Dressez les pommes sur un plat chaud, posez dessus les tranches de foie. Déglacez la sauce avec le porto, faites-la bouillir rapidement, versez-la sur les tranches de foie.

(Recette de l'« Auberge de l'Ill ».)

Cuissot de cochon de lait

Pour 8 personnes : *1 cuissot de cochon de lait de 3 à 3,500 kg environ, 1 gousse d'ail, thym, romarin, sel, poivre.*

Sur un plat, versez du sel et du poivre, égrenez 3 ou 4 branches de thym et de romarin. Frottez le cuissot avec la gousse d'ail, et roulez-le dans l'assaisonnement préparé.

La cuisson nécessite un four allumé 15 mn à l'avance, mais pas trop violent de manière que l'extérieur du cochon soit croustillant, et l'intérieur bien cuit. Cela demande environ 2 h de cuisson en arrosant souvent, le cuissot reposant sur la grille, la lèche-frite en dessous.

Lorsqu'il est cuit, jetez le gras de cuisson. Mettez la lèche-frite sur le feu, mouillez avec 1 verre d'eau, grattez le fond du plat avec une fourchette, laissez bouillir quelques instants.

Sur un plat chaud, présentez le cuissot coupé en tranches, servez la sauce en saucière.

Vins conseillés : bourgueil tout le long du repas ou champagne brut.

JANVIER
1ere SEMAINE
LUNDI

■ ***Déjeuner :*** **Jambon de Paris ■ Salade d'endives au gruyère ■ Yaourts ■ Pommes**

Salade d'endives au gruyère

500 g d'endives, 125 g de gruyère, 1 cuil. à dessert de moutarde, 1 cuil. à soupe de vinaigre, 3 cuil. à soupe d'huile d'arachide, sel, poivre.

Lavez une à une les endives sous le robinet d'eau froide. Secouez-les, épongez-les. À l'aide d'un couteau pointu, creusez le tronçon, ôtez la partie dure. Dans le saladier, délayez la moutarde avec l'huile, sel, poivre et le vinaigre. Coupez les endives en petits morceaux, le fromage en dés. Versez le tout dans un saladier. Remuez la salade avant de passer à table.

■ ***Dîner :*** **Carottes râpées ■ Petit salé aux lentilles ■ Salade d'oranges**

Petit salé aux lentilles

500 g de lentilles vertes, 300 g de lard de poitrine demi-sel, 1 saucisson à cuire, genre Morteau, 2 oreilles de cochon demi-sel, 2 oignons, 1 bouquet garni, 75 g de beurre, poivre.

Triez les lentilles, versez-les dans une passoire à pied, lavez-les sous l'eau courante. Rincez le lard et les oreilles.

Dans un fait-tout, versez les lentilles, ajoutez le lard, les oreilles, les oignons, le bouquet garni, 4 grains de poivre. Recouvrez largement d'eau, amenez doucement à ébullition, écumez et couvrez.

Laissez cuire 1 h 30. Vingt minutes avant la fin de la cuisson, ajoutez le saucisson piqué à la fourchette.

Pour servir, ôtez les viandes, coupez le lard, les oreilles en morceaux, le saucisson en tranches. Dressez les lentilles dans un plat creux, parsemez de noix de beurre ; posez les viandes sur le dessus.

JANVIER
1ere SEMAINE
MARDI

■ ***Déjeuner :*** **Omelette aux champignons ■ Salade de mâche ■ Compote de pommes**

Omelette aux champignons

8 œufs, 250 g de champignons de Paris, 75 g de beurre, 2 cuil. à soupe d'huile, 2 gousse d'ail, 1 petit bouquet de persil, 1 citron, sel, poivre.

Ôtez le bout terreux des champignons, lavez-les sous l'eau courante puis à l'eau citronnée. Épongez-les, coupez-les en lamelles.

Dans une poêle, faites-les revenir au beurre. Lorsque leur eau est évaporée, ajoutez l'ail et le persil hachés. Salez, diminuez le feu et faites cuire 6 à 10 mn. Laissez en attente. Versez les œufs dans un saladier, battez-les avec une fourchette, salez, poivrez.

Dans une poêle, faites chauffer le restant du beurre et l'huile, versez les œufs battus, les champignons en les répartissant sur la surface de l'omelette, réduisez le feu. Piquez par places avec une fourchette en soulevant l'omelette par en dessous. Lorsqu'elle est entièrement prise, mais encore moelleuse, faites-la glisser dans un plat long ou la pliant en deux.

■ *Dîner :* Soupe de poireaux-pommes de terre ■ Filets de haddock pochés ■ Pommes vapeur ■ Fromage ■ Oranges

Soupe de poireaux-pommes de terre

4 belles pommes de terre, 2 poireaux, 2 gousses d'ail, 1 branche de thym, 30 g de beurre, ou 2 cuil. à soupe de crème fraîche, sel, poivre.

Épluchez et lavez les pommes de terre et les poireaux. Coupez-les en petits morceaux. Mettez-les dans une grande casserole avec le thym, l'ail et une poignée de gros sel. Ajoutez 2 litres d'eau et faites cuire à feu vif pendant 20 à 25 mn.

Une fois la soupe cuite, passez-la au mixer et servez en ajoutant un bon morceau de beurre ou 2 cuil. à soupe de crème fraîche.

JANVIER
1ere SEMAINE
MERCREDI

■ *Déjeuner :* Cœurs de palmier ■ Poulet rôti ■ Frites ■ Yaourts ■ Clémentines

Pommes de terre frites

1 kg de pommes de terre, 1,5 litre d'huile, sel.

Épluchez les pommes de terre, lavez-les, essuyez-les dans un linge. Coupez-les en bâtonnets de 1 cm d'épaisseur. Dans la friteuse, faites chauffer l'huile à feu assez vif. Lorsqu'elle est chaude, mettez les frites dans le panier et plongez le tout dans la friteuse. Au bout de 5 à 7 mn, les pommes de terre sont cuites, mais non dorées ; égouttez-les, éteignez le feu. Les frites peuvent attendre ainsi une heure ou deux. 15 mn avant de les servir, remettez la bassine sur feu vif, plongez à nouveau les frites dans la bassine d'huile chaude jusqu'à ce qu'elles prennent une belle couleur dorée. Égouttez-les, disposez-les dans le plat de service. Salez. Servez immédiatement.

■ *Dîner :* Jambon blanc ■ Épinards à la crème ■ Gâteau de riz à ma façon

Gâteau de riz à ma façon

1 tasse à thé de riz, 1 litre de lait, 1 bâton de vanille, 175 g de sucre en poudre, 12 morceaux de sucre, 1/2 verre d'eau.

Versez le riz dans une passoire ; lavez-le sous l'eau courante. Égouttez-le. Dans une grande casserole, faites bouillir le lait avec le sucre en poudre et le bâton de vanille ouvert en deux. Versez le riz dans le lait bouillant, réduisez le feu. Faites cuire à très petit feu 45 à 50 mn environ, et en remuant quelquefois. Au bout de ce temps, le riz est cuit ; éteignez le feu.

Dans un moule à charlotte, faites un caramel doré avec le sucre en morceaux et l'eau, répartissez-le sur toutes les parois du moule que vous remplirez de riz. Laissez refroidir, mettez au réfrigérateur au moins 3 h. Démoulez au moment de servir.

JANVIER
1ere SEMAINE
JEUDI

■ *Déjeuner :* Céleri rémoulade ■ Steaks hachés reconstitués ■ Fromage ■ Poires

Steaks hachés reconstitués

600 g de bifteck haché, 2 échalotes, 1 bouquet de persil, 2 cuil. à soupe de farine, 50 g de beurre, 1 cuil. à soupe d'huile, sel, poivre.

Hachez finement les échalotes et le persil. À l'aide d'une fourchette, incorporez-les à la viande hachée. Salez, poivrez, mélangez.

Formez 4 biftecks ronds. Passez-les dans la farine et faites-les cuire à la poêle dans le mélange huile et beurre chaud. Comptez 4 à 8 mn de cuisson en tout, selon votre goût.

■ *Dîner :* Foie de veau (ou d'agneau) poêlé ■ Purée de pommes de terre ■ Salade de saison ■ Compote de pommes

Purée de pommes de terre

1 kg de pommes de terre, 2 verres de lait, 75 g de beurre, 1 gousse d'ail, 1 brin de thym, sel.

Épluchez les pommes de terre, lavez-les. Mettez-les entières dans une grande casserole, recouvrez-les d'eau froide, salez, ajoutez la gousse d'ail épluchée et le thym. Faites cuire à couvert 20 mn. Égouttez les pommes de terre, passez-les au presse-purée, dans une terrine.

Incorporez la moitié du beurre, battez longuement à la fourchette. Une fois le beurre fondu, ajoutez la moitié du lait bouillant, mélangez à nouveau, puis de la même manière incorporez le reste du beurre et le reste du lait.

N'ayez pas peur de battre la purée ; plus vous la battrez, plus elle sera légère. Servez-la tout de suite. Si la purée doit attendre, faites-la patienter au-dessus d'une casserole d'eau chaude, en l'arrosant d'un demi-verre de lait chaud, que vous mélangerez seulement au moment de servir.

JANVIER
1ère SEMAINE
VENDREDI

■ *Déjeuner :* Filets de merlans panés ■ Pommes vapeur ■ Oranges

Filets de merlans panés

4 filets de merlans, 100 g de farine, 1 œuf, 100 g de chapelure, 50 g de beurre, 1 cuil. à soupe d'huile, 1 citron, persil, sel.

Passez les filets de poisson sous l'eau courante, épongez-les dans un papier absorbant.

Disposez devant vous 3 assiettes : n° 1 : farine ; n° 2 : œuf battu ; n° 3 : chapelure. Roulez les filets dans chaque assiette en respectant l'ordre. Faites chauffer la matière grasse dans une poêle et mettez les filets à dorer de chaque côté. Laissez cuire 8 mn environ. Salez.

Dans le fond du plat de service, posez un papier absorbant, disposez dessus les filets de poisson. Saupoudrez d'un hachis de persil, entourez de quartiers de citron.

■ *Dîner :* Poireaux vinaigrette ■ Moules à la crème ■ Fromage ■ Compote d'abricots secs

Moules à la crème

2 litres de moules, 1 verre de vin blanc sec, 3 échalotes, 1 bouquet de persil, 30 g de beurre, 75 g de crème fraîche. Poivre du moulin.

Une à une, grattez les moules, lavez-les plusieurs fois en les frottant les unes contre les autres, sans les laisser séjourner dans l'eau.

Hachez les échalotes. Dans un fait-tout, faites chauffer doucement le beurre, ajoutez les échalotes, faites-les fondre sans dorer. Versez les moules, le vin blanc, le bouquet de persil, donnez un tour de moulin à poivre, couvrez et augmentez le feu. De temps en temps, secouez le fait-tout et surveillez. Les moules doivent être juste ouvertes.

Dressez alors dans un plat creux en enlevant la moitié de chaque coquille. Versez la crème dans l'eau de cuisson, mélangez et passez cette sauce sur les moules. Servez immédiatement dans des assiettes creuses.

JANVIER
1re SEMAINE
SAMEDI

■ *Déjeuner :* Steaks tartare ■ Salade de mâche ■ Fromage ■ Bananes

Steaks tartare

600 g de bifteck haché, 4 jaunes d'œufs, 4 cuil. à café de câpres, 4 cuil. à café de persil haché, 4 cuil. à café d'oignon haché, huile d'olive, moutarde forte, sel, poivre, sauce anglaise, ketchup.

Dans 4 assiettes, dressez la viande répartie en couronne. Au centre, vous disposerez un jaune d'œuf, un peu de moutarde.

Autour faites de petits tas de câpres, de persil, d'oignon. Sur la table, mettez les sauces, le sel, le poivre et l'huile. Salez, poivrez, délayez le jaune d'œuf avec une cuil. à dessert d'huile, comme pour faire une mayonnaise. Peu à peu, mélangez œuf, viande et condiments ; ajoutez quelques gouttes de sauce anglaise et 1 cuil. à dessert de ketchup.

■ ***Dîner :*** **Jambon de campagne ■ Gratin dauphinois ■ Laitue ■ Salade de fruits**

Gratin dauphinois

1 kg de pommes de terre, 1/2 litre de lait, 100 g de gruyère râpé, 75 g de beurre, 2 gousses d'ail, noix de muscade, sel, poivre.

Épluchez les pommes de terre, lavez-les, épongez-les et coupez-les en fines rondelles. Frottez le fond et les parois d'un plat en terre avec les gousses d'ail, beurrez le fond du plat.

Disposez une première couche de pommes de terre, salez-la très légèrement, poivrez, saupoudrez d'un peu de noix de muscade râpée et d'une bonne couche de râpé, parsemez de noisettes de beurre. Recommencez ainsi jusqu'en haut du plat. Versez le lait qui doit recouvrir les pommes de terre. Mettez à four moyen, allumé 1/4 d'heure à l'avance et faites cuire 1 h 30 environ.

JANVIER
1re SEMAINE
DIMANCHE

■ ***Déjeuner :*** **Salade de champignons de Paris ■ Rôti de veau ■ Endives braisées ■ Assortiment de fromages ■ Galette des rois**

Galette des rois

300 g de farine, 300 g de beurre, 1 jaune d'œuf, 1 pincée de sel, 1 fève.

Faites une fontaine avec la farine tamisée. Au centre, mettez une pincée de sel et un verre d'eau. Travaillez avec le bout des doigts, formez une boule et laissez reposer 20 mn au frais. Dans un torchon mouillé et essoré, malaxez le beurre pour le rendre souple.

Farinez une planche à pâtisserie, placez dessus la boule de pâte, aplatissez-la au rouleau, donnez-lui la forme d'un carré de 1 cm d'épaisseur. Aplatissez également le beurre en forme de carré, plus petit que le précédent. Posez le beurre au centre de la pâte, rabattez les 4 coins de pâte sur le beurre pour l'enfermer. Laissez reposer 10 mn. Étendez la pâte au rouleau en forme de rectangle de 1 cm d'épaisseur. Pliez la pâte en trois et tournez d'un quart de tour sur elle-même ; étendez-la une seconde fois, en rectangle ; repliez-la en 3, tournez-la d'un quart de tour. Vous avez donné 2 tours (pour vous le rappeler, enfoncez 2 doigts dans la pâte), laissez reposer 10 mn. Donnez ainsi 4 tours en laissant reposer la pâte 10 mn tous les 2 tours. Étendez la pâte en forme de galette : avec la pointe d'un couteau, dessinez des quadrillages, dorez le dessus au jaune d'œuf. Par en dessous, pratiquez une incision pour glisser la fève.

Posez la galette sur la plaque du four que vous aurez allumé 15 mn à l'avance ; faites cuire 25 mn environ à four moyen.

■ ***Dîner :*** **Veau froid ▪ Salade de saison ▪ Salade de fruits frais**

S'il ne reste pas suffisamment de rôti de veau, complétez avec quelques tranches de jambon blanc, par exemple.

JANVIER
2e SEMAINE
LUNDI

■ ***Déjeuner :*** **Grillades de porc ▪ Purée de choux-fleurs ▪ Yaourts ▪ Fruits secs (mendiant)**

Grillades de porc

4 grillades, 3 feuilles de sauge, huile, sel, poivre.

La grillade de porc est un morceau délicat qui convient parfaitement aux personnes suivant un régime.

Huilez légèrement chaque face des grillades, saupoudrez de feuilles de sauge émiettées. Allumez 1/4 d'heure à l'avance le grilloir du four, posez la viande sur la grille et faites cuire 8 mn environ, porte ouverte. Retournez à mi-cuisson. Salez, poivrez, ajoutez une noisette de beurre.

■ ***Dîner :*** **Salade d'endives ■ Risotto aux chipolatas ■ compote de pommes**

Risotto aux chipolatas

200 g de riz, 4 tomates, 1 oignon, 1 gousse d'ail, 4 chipolatas, 1/2 verre d'huile d'olive, 100 g de parmesan râpé, sel, poivre.

Mesurez votre riz en volume, c'est-à-dire en le versant dans un grand verre. Dans une sauteuse, faites blondir à l'huile d'olive l'oignon et l'ail finement hachés. Ajoutez les tomates pelées, épépinées et coupées en 4. Mélangez. Au bout de 5 mn, incorporez le riz non lavé. Remuez à la cuiller en bois ; lorsque le riz devient transparent, mouillez avec de l'eau (2 fois le volume du riz). Salez, poivrez, couvrez et laissez cuire 20 mn à très petit feu.

Pendant ce temps, faites cuire à la poêle 5 mn les chipolatas, sans graisse aucune. Ajoutez-les au risotto avant de servir. Servez chaud en n'oubliant pas de présenter en même temps un ravier de parmesan râpé.

JANVIER
2e SEMAINE
MARDI

■ ***Déjeuner :*** **Côtes de veau à la crème ■ Coquillettes ■ Fromage ■ Pommes**

Côtes de veau à la crème

4 côtes de veau, 1 bonne pincée de basilic surgelé, 1 petit pot de crème, 50 g de beurre, sel, poivre.

Dans une poêle, faites dorer, au beurre, les côtes de chaque côté, saupoudrez-les de basilic séché, salez, poivrez. Couvrez.

Laissez cuire 8 à 10 mn à feu doux. Au moment de servir, dressez les côtes sur un plat chaud, versez la crème dans la poêle, faites-la bouillir quelques instants en la mélangeant au jus de cuisson. Versez la sauce chaude sur les côtes.

■ ***Dîner :*** **Crevettes ■ Sardines poêlées ■ Pommes de terre au four ■ Oranges**

Sardines poêlées

16 à 20 sardines, 2 cuil. à soupe de farine, 100 g de beurre, 1 citron.

En ôtant la tête des sardines, videz-les, passez-les une à une sous l'eau courante pour retirer les écailles. Épongez-les dans un papier absorbant.

Au moment de les faire cuire, roulez-les dans la farine. Faites fondre le beurre dans la poêle sans le noircir, mettez les sardines à feu moyen ; retournez-les au bout de 3 à 4 mn environ. Salez, arrosez d'un jus de citron. Pour que ce plat soit délicat, les sardines doivent être légèrement dorées, moelleuses, mais surtout pas trop cuites.

JANVIER
2e SEMAINE
MERCREDI

■ ***Déjeuner :*** **Cannellonis au gratin ■ Scarole ■ Mousse au chocolat**

Cannellonis au gratin

Une boîte de cannellonis (carrés de pâte de 10 x 10), 400 g de restes de viande (pot-au-feu, daube, rôti de porc, à défaut steak haché), 1 tasse de sauce béchamel, 3 oignons, 1 gousse d'ail, persil, 1 œuf, 2 cuil. à soupe d'huile d'olive, 1 grande boîte de concentré de tomate, 100 g de gruyère râpé, sel, poivre, thym.

Dans un fait-tout, faites bouillir une grande quantité d'eau salée, plongez-y les cannellonis, pas plus de 12 à la fois, ajoutez une cuillerée à soupe d'huile. Remuez de temps en temps. Comptez 10 mn de cuisson. Sortez-les et plongez-les dans une bassine d'eau froide, laissez refroidir ; avec l'écumoire, posez-les sur un linge propre. Hachez la viande, 2 oignons, le persil, ajoutez 1 œuf entier, la béchamel, sel, poivre, mélangez. Sur chaque carré de pâte cuit, posez un boudin de farce, roulez la pâte sur elle-même, les cannellonis sont formés. Posez-les dans un plat allant au four.

Dans une casserole, faites chauffer doucement le reste d'huile, ajoutez un oignon, l'ail haché, puis le concentré. Allongez-le d'un verre d'eau, salez, poivrez, saupoudrez de thym, laissez cuire 5 mn à découvert.

Nappez les cannellonis de cette sauce, saupoudrez de râpé, disposez quelques noisettes de beurre. Faites dorer à four moyen 15 à 20 mn.

■ ***Dîner :*** **Bouillon aux petites pâtes ▪ Œufs au bacon ▪ Fromage ▪ Fruits au sirop**

Œufs au bacon

8 œufs, 16 tranches fines de bacon, 75 g de beurre, sel, poivre.

Un seul moyen pour avoir de beaux œufs au bacon : utiliser deux poêles. Dans l'une, faites cuire, avec 50 g de beurre, les œufs ; dans l'autre, faites frire le bacon avec le restant de beurre. Disposez le bacon sur le plat, recouvrez avec les œufs.

JANVIER
2e SEMAINE
JEUDI

■ ***Déjeuner :*** **Pot-au-feu ▪ Yaourts ▪ Clémentines**

Pot-au-feu

Pour 6 personnes : *1 kg de gîte de bœuf, 1 poulet, 1,250 kg de jarret de veau, 500 g de poitrine de porc demi-sel, 6 poireaux, 500 g de carottes, 1 pied de céleri en branches, 1 navet, 500 g de pois chiches, 4 épis de maïs, 4 pommes de terre, bouquet garni, 1 oignon piqué de clous de girofle, 4 os à moelle, sel, poivre.*

Faites tremper les pois chiches toute une nuit. Le lendemain, faites-les cuire 3 h à l'eau salée. Dans un grand fait-tout mettez le gîte, recouvrez-le d'eau froide, amenez doucement à ébullition. Écumez plusieurs fois. Ajoutez les carottes, le navet, le bouquet garni, l'oignon piqué de clous de girofle, sel et poivre. Couvrez et faites cuire 2 h à petit feu. Ajoutez alors le jarret de veau, le porc, le poulet, le céleri (dont vous ne mettrez que le cœur), les poireaux coupés en deux, et attachés en bottillons. Ramenez à ébullition. Couvrez à nouveau, laissez cuire à feu doux une heure. Une demi-heure avant de servir, ajoutez les épis de maïs, les os à moelle. Cuire à part les pommes de terre à l'eau.

Dressez les viandes découpées sur un plat, les légumes bien rangés sur un autre. Servez avec moutarde, cornichons et gros sel.

■ ***Dîner :*** **Pot-au-feu en salade ■ Tarte aux pommes**

Délicieux, le pot-au-feu en salade, à condition qu'il soit parfaitement dégraissé et bien relevé par une vinaigrette moutardée à l'échalote ou à l'oignon.

JANVIER
2e SEMAINE
VENDREDI

■ ***Déjeuner :*** **Colinots frits ■ Sauce tartare ■ Pommes à l'anglaise ■ Oranges**

Colinots frits

8 petits colinots (appelés aussi merluchons), 1/2 litre d'huile à friture, 100 g de farine, 1 citron, persil, sel, 2 verres de lait.

Lavez les poissons, épongez-les. Passez-les dans le lait, puis roulez-les dans la farine, secouez-les et faites-les frire à la poêle, dans l'huile chaude, salez. Comptez 10 à 12 mn de cuisson suivant leur épaisseur. Retournez-les une fois en cours de cuisson. Dans le fond du plat de service, posez un papier absorbant, disposez les poissons dessus, entourez de rondelles de citron et saupoudrez de persil.

Sauce tartare

1 bol de mayonnaise (recette p. 89), 1 cuil. à dessert de câpres, 5 cornichons, 1 bouquet de cives.

La sauce tartare n'est pas autre chose qu'une mayonnaise à laquelle on ajoute des câpres, des cornichons et des cives, le tout finement haché.

■ ***Dîner :*** Chorizo ■ Dorade grise au four ✻ ■ Riz créole ■ Clémentines

Dorade grise au four ✻

1 dorade grise, 2 cuil. à soupe d'huile d'olive, 1 citron, fenouil en branches, sel, poivre.

Faites écailler la dorade par votre poissonnier. Passez-la sous l'eau, épongez-la. Fourrez-la de 2 branches de fenouil, posez-la dans un plat allant au micro-ondes. Sur le dessus du poisson, pratiquez 3 ou 4 incisions et posez 4 rondelles de citron. Salez, poivrez, arrosez d'huile d'olive. Recouvrez d'un film étirable et faites cuire au micro-ondes 12 mn à puissance maximale.

JANVIER
2e SEMAINE
SAMEDI

■ ***Déjeuner :*** Cervelles d'agneau beurre noisette ■ Pommes de terre vapeur ■ Fromage blanc battu ■ Pommes

Cervelles d'agneau beurre noisette

4 cervelles, 75 g de beurre, 1 cuil. à soupe de câpres, vinaigre, sel, poivre.

Mettez les cervelles à tremper 1 h dans l'eau vinaigrée, puis faites-les pocher 5 mn dans une nouvelle eau, salée cette fois. Laissez-les en attente au chaud dans leur eau.

Beurre noisette : dans une casserole, faites fondre le beurre jusqu'à ce qu'il devienne couleur noisette (en aucun cas le beurre ne doit brûler). Ajoutez à ce moment un filet de vinaigre avec précaution, et les câpres. Disposez les cervelles sur un plat chaud, arrosez-les de beurre.

■ ***Dîner :*** **Minestrone ▪ Salade de pissenlits aux lardons ▪ Fromage ▪ Brioche à la confiture**

Minestrone

350 g de lard de poitrine demi-sel, 1 tasse de haricots blancs, 1 tranche de potiron, 1 navet, 2 carottes, 1 tomate, 1 petit morceau de céleri-rave, 1 pomme de terre, 100 g de coquillettes, bouquet garni, sel, poivre, parmesan râpé.

Faites cuire les haricots secs à l'eau froide pendant 1 h. Dans un fait-tout, mettez tous les autres légumes coupés en dés, le lard de poitrine, le bouquet garni, le sel (très peu à cause du lard), le poivre et enfin les haricots à moitié cuits. Recouvrez de 1,5 litre d'eau et faites cuire 1 h 45 à feu moyen et couvert. Dix minutes avant la fin de cuisson, ajoutez les coquillettes. Servez très chaud et saupoudrez de parmesan râpé.

JANVIER
2e SEMAINE
DIMANCHE

■ ***Déjeuner :*** **Radis noir ▪ Choucroute ▪ Fromage (munster au cumin) ▪ Tarte à l'alsacienne**

Choucroute

Pour 6 personnes, à commencer la veille : *1,750 kg de choucroute, 1 palette fumée, 6 saucisses de Montbéliard au cumin, 6 saucisses de Francfort, 1 saucisson de Morteau, 400 g de lard de poitrine fumé, 1 noix d'épaule fumée et désossée, 2 cuil. à soupe de graisse d'oie ou de saindoux, 3/4 de bouteille de riesling, 3 oignons, 1 carotte, 4 clous de girofle, 15 grains de genièvre, sel, poivre, 12 pommes de terre moyennes.*

Faites tremper toute une nuit à l'eau froide la palette, la noix d'épaule et le lard. Lavez la choucroute, égouttez-la, et jetez-la dans une marmite d'eau bouillante. Laissez frémir 4 à 5 mn, égouttez à nouveau et laissez tiédir. Avec une fourchette, échevelez la choucroute comme si vous la coiffiez.

Dans une grande cocotte, faites chauffer 1 cuil. à soupe de graisse d'oie, ajoutez 2 oignons émincés, laissez-les fondre tout doucement 10 mn. Ajoutez la moitié de la choucroute, le reste de la graisse d'oie, divisé en morceaux, la carotte coupée en rondelles, 1 oignon piqué de 4 clous de girofle, le genièvre, un peu de sel, le poivre, le reste de la choucroute et mouillez avec le riesling ; couvrez et laissez cuire à feu doux pendant 2 h. À ce moment, ajoutez la palette, la noix d'épaule et le lard en les enfouissant dans la choucroute. Laissez cuire encore 1 h 30.

Vingt minutes avant de servir, faites cuire les pommes de terre à l'anglaise, mettez à pocher dans une casserole d'eau le saucisson de Morteau et les saucisses de Francfort ; ajoutez à la choucroute les saucisses de Montbéliard.

Dressez la choucroute dans un grand plat en terre, disposez tout autour les saucisses et les pommes de terre. Posez sur le dessus les viandes et le saucisson coupés en tranches. Prévoyez au centre de votre table un chauffe-plat pour maintenir la choucroute au chaud durant le repas.

■ ***Dîner :***

Plus la choucroute est réchauffée, meilleure elle est.
Pour finir, une salade de fruits frais (bananes, oranges, pamplemousses...).

JANVIER
3e SEMAINE
LUNDI

■ ***Déjeuner :*** **Boudins noirs ■ Pommes en l'air ■ Yaourts ■ Oranges**

Boudins noirs

Prévoyez des boudins de 15 cm à peu près chacun. Piquez-les de toutes parts avec les dents d'une fourchette.

Faites chauffer la poêle sans matière grasse, mettez les boudins et faites-les dorer de chaque côté ; à ce moment, réduisez le feu et laissez-les cuire encore 10 bonnes minutes.

■ ***Dîner :*** **Potage poireaux-pommes de terre ■ Gratin d'endives au jambon ■ Fromage ■ Gâteau de semoule**

Gratin d'endives au jambon

4 belles tranches de jambon, 8 endives, 1 bol de sauce béchamel (recette p. 332, « Gâteau d'épinards »), 50 g de gruyère râpé, 30 g de beurre.

Ôtez les premières feuilles des endives, creusez le trognon. Lavez les endives rapidement une à une sous l'eau courante. Égouttez-les. Mettez-les à cuire à l'eau bouillante salée, à feu moyen, pendant une vingtaine de minutes. Égouttez-les bien.

Coupez chaque tranche de jambon en deux. Sur chaque moitié posez une endive, enroulez. Disposez ainsi toutes les endives enrobées de jambon dans un plat en terre ou en Pyrex allant au four. Nappez de sauce béchamel, saupoudrez de râpé, disposez quelques noisettes de beurre.

Mettez au four chaud, allumé à l'avance, 20 mn environ.

JANVIER
3e SEMAINE
MARDI

■ *Déjeuner :* Harengs grillés à la moutarde ■ Pommes vapeur ■ Fruits secs (mendiant)

Harengs grillés à la moutarde

4 beaux harengs, 1/2 verre de moutarde.

Nettoyez les harengs, mais ne les videz pas de leur laitance ou de leurs œufs. Épongez-les. Badigeonnez-les largement de moutarde sur chaque face et, au fur et à mesure, posez-les sur la grille.

Allumez le grilloir du four 10 mn avant de mettre le poisson. Placez la grille à la moitié de la hauteur du four, laissez la porte ouverte. Faites dorer les poissons sur une face, retournez-les délicatement et faites dorer l'autre face ; éteignez le feu. Fermez la porte du four. Laissez encore 5 mn. Servez très chaud.

■ *Dîner :* Salade de mâche et endives ■ Poulet de Rosa ■ Pommes chips ■ Fromage ■ Clémentines

Poulet de Rosa

1 beau poulet découpé, 1 boîte 4/4 de tomates pelées, 7 gousses d'ail, 50 g de beurre, 1 cuil. à soupe d'huile d'arachide, sel, poivre, thym.

Ouvrez la boîte de tomates, égouttez-les. Hachez finement l'ail. Dans une cocotte, mettez à chauffer le beurre et l'huile, faites revenir les morceaux de poulet. Lorsqu'ils sont dorés, ajoutez les tomates, l'ail, le thym, salez, poivrez. Faites cuire 20 mn à feu vif et à découvert, puis réduisez le feu, couvrez et laissez cuire encore 20 mn.

Si, au moment de servir, la sauce est trop abondante, faites-la réduire à feu vif. Ce poulet a l'avantage de pouvoir attendre tranquillement, sans aucun risque.

JANVIER
3e SEMAINE
MERCREDI

■ *Déjeuner :* **Biftecks hachés ▪ Pommes de terre au lard ▪ Salade de saison ▪ Clémentines**

Pommes de terre au lard

1,500 kg de pommes de terre B.F., 250 g de lard de poitrine fumé, 1 cuil. à soupe de saindoux, sel, poivre.

Coupez la tranche de lard en deux, dans le sens de l'épaisseur. Ôtez la couenne. Épluchez les pommes de terre, lavez-les, épongez-les, coupez-les en dés, ainsi que le lard.

Dans une cocotte ou une sauteuse, faites fondre le saindoux, mettez les lardons et les pommes de terre à rissoler. Lorsqu'elles sont dorées, salez légèrement, poivrez. Couvrez. Laissez cuire 15 bonnes minutes.

■ *Dîner :* **Bœuf braisé aux carottes ▪ Fromage blanc ▪ Gaufres**

Bœuf braisé aux carottes

1 kg à 1,200 kg de bœuf dans le gîte ou dans la macreuse, 1 kg de carottes, 4 oignons, 1 pied de veau, 1 petit verre de cognac, 2 verres de vin blanc sec, sel, poivre, thym, 1 cuil. à soupe de saindoux, 1 couenne de lard.

Dans une cocotte, faites fondre le saindoux, mettez la viande à dorer de toutes parts. Mouillez avec le cognac, laissez-le chauffer, flambez. Glissez la barde sous la viande. Ajoutez encore le vin blanc, les oignons coupés en lamelles, les carottes coupées en rondelles, le pied de veau coupé en deux, sel, poivre et un peu de thym. Couvrez et laissez cuire 4 h à petit feu. Dressez les légumes sur un plat chaud, posez dessus la viande coupée en tranches et le pied de veau. Arrosez de sauce. Servez immédiatement dans des assiettes chaudes.

JANVIER
3e SEMAINE
JEUDI

■ ***Déjeuner :*** **Chou en salade ■ Entrecôtes à la moelle ■ Pommes sautées ■ Yaourts ■ Salade d'oranges**

Entrecôtes à la moelle

2 entrecôtes épaisses de 1,5 cm à 2 cm d'épaisseur, 2 os à moelle, 2 échalotes, 1 verre de bon vin rouge, 30 g de beurre, 1 cuil. à soupe d'huile, aluminium ménager, sel, poivre.

Enveloppez chaque os dans un morceau de papier aluminium, disposez-les dans le four déjà chaud, laissez 15 mn.

Faites poêler les entrecôtes dans l'huile. Laissez-les environ 3 mn de chaque côté, plus si vous aimez la viande très cuite. Salez, poivrez. Lorsqu'elles sont cuites, posez-les sur le plat de service et tenez-les au chaud.

Dans la poêle, mettez à fondre le beurre avec les échalotes hachées. Ajoutez le vin, faites réduire de moitié à feu vif.

Pendant ce temps, sortez les os de leur papier, ôtez la moelle, coupez chaque morceau en deux, posez-les sur les entrecôtes, nappez avec la sauce, servez très vite.

■ ***Dîner :*** **Salade de concombre ■ Cailles aux raisins ■ Chips ■ Crème au café**

Cailles aux raisins

4 cailles, 30 g de beurre, 1 cuil. à soupe d'huile, 1 petit verre de cognac, 1/2 verre de vin blanc sec, 1 grappe de raisins muscat, 4 tranches de pain de mie, 1 cuil. à café de fécule, huile, sel, poivre.

Faites vider et barder les cailles par le marchand. Dans une sauteuse à fond épais, mettez à chauffer le beurre et l'huile, ajoutez les cailles, faites-les rôtir doucement, arrosez de cognac et flambez. Salez, poivrez, mouillez avec le vin blanc, couvrez et faites cuire 20 mn. Dans une tasse, délayez la fécule avec très peu d'eau, versez-la dans le plat de cuisson. Cinq minutes avant de servir, ajoutez les grains de raisin.

Préparez les croûtons en faisant frire le pain de mie dans l'huile chaude.

Mettez les toasts sur un plat chaud, posez les cailles dessus, entourez de raisins et nappez de sauce.

JANVIER
3e SEMAINE
VENDREDI

■ ***Déjeuner :*** **Sprats au pain de seigle beurré ■ Salade de riz au thon ■ Compote de pommes**

Salade de riz au thon

200 g de riz long, 2 tomates, 1 boîte de thon à l'huile, 100 g d'olives noires, 1 œuf dur, huile d'olive, vinaigre de cidre, moutarde, sel, poivre.

Dans une passoire, lavez le riz sous l'eau courante. Faites-le cuire dans une grande quantité d'eau salée bouillante pendant 15 mn. Égouttez-le, passez-le sous l'eau froide, égouttez à nouveau.

Dans un saladier, délayez 1 cuil. à café de moutarde avec 2 cuil. à soupe de vinaigre de cidre et 5 cuil. à soupe d'huile d'olive, salez, poivrez. Ajoutez le riz bien égoutté, les tomates coupées en quartiers, le thon émietté et les olives dénoyautées. Mélangez et décorez avec les rondelles d'œuf dur.

■ *Dîner :* Raie au beurre noisette ▪ Pommes à l'anglaise ▪ Fromage ▪ Salade de pamplemousses

Raie au beurre noisette

1,500 kg de raie épaisse, 100 g de beurre, 1 cuil. à soupe de câpres, vinaigre.

Lavez le poisson sous l'eau courante, mettez-le dans un grand fait-tout avec de l'eau froide. Amenez doucement à un léger frémissement de l'eau. Ôtez le fait-tout du feu, laissez le poisson dans l'eau 10 mn.

Égouttez, posez la raie sur un grand plat, ôtez la peau et dressez les filets sur un autre plat, chaud. Entourez de pommes à l'anglaise et arrosez de beurre noisette (recette page 22 « Cervelles d'agneau au beurre noisette »).

JANVIER
3e SEMAINE
SAMEDI

■ *Déjeuner :* Salade de pommes de terre au saucisson chaud ▪ Fromage ▪ Clémentines

Salade de pommes de terre au saucisson chaud

1,250 kg de pommes de terre B.F., 1 saucisson de Lyon, 2 échalotes, 1/2 litre de vin blanc sec, 5 cuil. à soupe d'huile, 2 cuil. à soupe de vinaigre d'alcool, sel, poivre, persil.

Lavez les pommes de terre, mettez-les dans une casserole avec de l'eau froide salée, faites-les cuire 20 mn à couvert. Égouttez-les.

Mettez le saucisson à l'eau froide, faites-le pocher 15 mn. Dans une terrine, versez le vin blanc. Épluchez les pommes de terre et, au fur et à mesure, plongez-les dans le vin blanc. Laissez-les macérer 15 mn. Égouttez.

Dans un saladier, préparez la sauce vinaigrette, disposez les pommes de terre coupées en rondelles, posez dessus le saucisson coupé en tranches, saupoudrez d'échalotes et de persil. Tenez au chaud au-dessus d'une casserole d'eau. Mélangez au moment de servir.

■ ***Dîner :*** **Sauté de veau à la provençale ■ Tagliatelles ■ Œufs à la neige**

Sauté de veau à la provençale

800 g d'épaule de veau coupée en morceaux, 2 gros oignons, 1 cuil. à soupe d'huile, 25 g de beurre, 4 tomates, 100 g d'olives vertes, dénoyautées, 2 gousses d'ail, thym, romarin, sel, poivre.

Épluchez les tomates, coupez-les en deux, épépinez-les, laissez en attente. Dans une cocotte, mettez à revenir les morceaux de viande avec l'huile et le beurre. Lorsqu'ils sont dorés, ajoutez les oignons coupés en lamelles, les tomates, l'ail non épluché. Salez, poivrez. Saupoudrez de thym et de romarin. Couvrez. Faites cuire à petit feu pendant 45 mn environ. 10 minutes avant de servir, ajoutez les olives.

JANVIER
3e SEMAINE
DIMANCHE

■ ***Déjeuner :*** **Bouquets ■ Rôti de porc boulangère ■ Scarole ■ Assortiment de fromages ■ Éclairs au chocolat**

Rôti de porc boulangère

1,250 kg d'échine de porc ou de palette fraîche, 1,200 kg de pommes de terre, 2 gousses d'ail, 3 feuilles de sauge, 50 g de beurre, sel, poivre, 1 cube de bouillon de volaille.

Demandez au charcutier de saler et poivrer votre rôti avant de le ficeler. Pratiquez quelques incisions dans la viande pour y glisser une gousse d'ail et les feuilles de sauge. Frottez l'intérieur d'un plat en terre avec l'autre gousse d'ail, puis beurrez le plat.

Épluchez et lavez les pommes de terre, essuyez-les et coupez-les en fines rondelles. Disposez-les dans un plat en terre en les salant et en les poivrant. Ajoutez le cube de bouillon délayé dans de l'eau chaude jusqu'à ce que les pommes de terre en soient recouvertes. Disposez sur le dessus des noisettes de beurre. Mettez à four doux préalablement chauffé pendant une heure. À ce moment, augmentez le four, posez la viande sur les pommes de terre. Laissez-la dorer, retournez-la. Lorsqu'elle est dorée des deux côtés, ramenez le feu à doux, et laissez cuire encore une bonne heure. Pour servir, découpez la viande en tranches ; posez-la sur les pommes de terre qui restent dans le plat de cuisson.

■ ***Dîner :*** **Porc froid mayonnaise ▪ Laitue ▪ Corbeille de fruits**

Repos pour la maîtresse de maison : juste une petite mayonnaise à préparer pour accompagner le porc froid.

JANVIER
4e SEMAINE
LUNDI

■ ***Déjeuner :*** **Omelette au four ▪ Salade de cresson ▪ Fromage ▪ Bananes**

Omelette au four

6 œufs, 2 cuil. à soupe de farine, 1/2 verre de lait, 250 g de lard fumé, 20 g de beurre, sel, poivre, noix de muscade.

Dans une poêle, faites rissoler le lard coupé en dés. Laissez en attente. Dans un saladier, mettez les œufs et la farine, mélangez avec le fouet à sauce, délayez avec le lait froid. Salez, poivrez, saupoudrez de noix de muscade râpée.

Beurrez un plat allant au four, disposez les lardons dans le fond. Versez l'omelette dessus. Mettez à cuire à four moyen pendant 25 à 30 mn.

Cette omelette peut se faire également avec des champignons, du jambon, des oignons, etc.

■ ***Dîner :*** **Andouillettes grillées aux herbes ■ Pommes de terre rissolées ■ Compote de pommes**

Andouillettes grillées

4 andouillettes, thym, romarin, 1 cuil. à soupe d'huile.

Saupoudrez le fond d'un plat de thym et de romarin. Huilez légèrement chaque andouillette, puis roulez-les dans les herbes. Laissez-les au moins 1/2 heure. Posez-les telles quelles dans la poêle chaude et faites-les cuire à feu moyen de 15 à 18 mn.

JANVIER
4e SEMAINE
MARDI

■ ***Déjeuner :*** **Céleri rémoulade ■ Chou farci ■ Fromage ■ Poires**

Chou farci

1 chou pommé, 250 g de restes de viande cuite, 1 œuf, 20 g de lard gras, 1 tranche de gros pain, 1 verre de lait, 4 oignons, 2 gousses d'ail, 50 g de saindoux, vinaigre, persil, sel, poivre, une barde de lard.

Ôtez la tige du chou, creusez le trognon, retirez les premières feuilles et lavez le chou à plusieurs eaux dont une vinaigrée. Plongez le chou entier dans une grande quantité d'eau bouillante salée, laissez-le cuire 10 mn. Égouttez-le et laissez-le refroidir.

Pendant ce temps, préparez la farce : hachez la viande, le lard, 2 oignons, l'ail, le persil. Ajoutez le pain trempé dans le lait chaud et l'œuf. Travaillez cette farce, salez, poivrez. Sur la table, disposez deux ficelles en croix, posez dessus la couenne, puis le chou en ouvrant toutes les feuilles une à une.

Avec un petit couteau, ôtez quelques feuilles du centre qui forment le cœur. Remplacez-le par une boule de farce et rabattez les premières feuilles. Recouvrez-les à leur tour d'un peu de farce et rabattez les feuilles suivantes. Continuez ainsi jusqu'à épuisement des feuilles et de la farce. Tassez, pour redonner au chou sa forme initiale, ficelez-le. Dans une cocotte, faites fondre le saindoux et mettez le chou à dorer en le retournant délicatement. Ajoutez 2 oignons émincés et 1/2 verre d'eau. Couvrez et faites cuire 3 heures à feu doux.

■ ***Dîner :*** **Restes de chou farci froid ou chaud ▪ Scarole ▪ Yaourts ▪ Pamplemousse au sucre**

Froid, vous présenterez le chou farci, accompagné de cornichons. Chaud, vous le servirez avec une saucière de sauce tomate.

JANVIER
4e SEMAINE
MERCREDI

■ ***Déjeuner :*** **Filets de soles au plat ▪ Pommes de terre à l'anglaise ▪ Bananes flambées**

Filets de soles au plat

2 soles à filets, 1 verre de vin blanc sec, 1 verre de crème, 30 g de beurre, 1 échalote, persil, cerfeuil, sel, poivre.

Beurrez un plat allant au four, dans le fond disposez un hachis d'échalote, de persil et de cerfeuil. Posez dessus les filets de soles lavés et épongés. Arrosez avec le vin et la crème. Salez, poivrez. Amenez à ébullition sur le dessus du feu, puis mettez à four chaud pendant 5 mn environ. Servez dans le plat de cuisson.

■ *Dîner :* Œufs en gelée ■ Beignets de fenouil ■ Gâteau fromagé

Beignets de fenouil

2 cœurs de fenouil, 150 g de farine, 2 œufs, 1 verre 1/2 d'eau, 1 pincée de sel, friture.

Épluchez les fenouils, faites-les cuire dans de l'eau bouillante salée pendant 30 mn environ. Égouttez-les, coupez-les en quatre.

Dans une terrine, disposez la farine, faites une fontaine, posez au centre les jaunes d'œufs et le sel, délayez en incorporant l'eau peu à peu. Laissez reposer au moins 1 h. Au moment de préparer les beignets, incorporez les blancs battus en neige ferme.

Trempez chaque morceau de fenouil dans la pâte et plongez-les dans la friture très chaude. Lorsqu'ils sont dorés et croustillants, égouttez-les et dressez-les sur un plat où vous aurez déposé un papier absorbant.

JANVIER
4e SEMAINE
JEUDI

■ *Déjeuner :* Carottes râpées ■ Truffade ■ Scarole aux croûtons ■ Oranges

Truffade

1 kg de pommes de terre, 150 g de lardons maigres, 2 petites tomates, 2 cuil. à soupe d'huile d'olive, sel, poivre.

Dans une poêle, faites fondre les lardons. Lorsqu'ils sont dorés, retirez-les et laissez-les en attente. Dans la même poêle, versez l'huile, ajoutez les pommes de terre épluchées et coupées en rondelles. Salez, poivrez, couvrez et laissez cuire 40 mn à feu doux en remuant souvent et en aplatissant les pommes de terre avec le dos d'une fourchette.

Épluchez les tomates, égrenez-les et coupez-les en dés. Cinq minutes avant de servir, incorporez les tomates, les lardons, mélangez et terminez la cuisson à découvert sans remuer.

Pour servir, renversez la poêle sur un grand plat.

■ ***Dîner :*** **Bœuf en daube ■ Coquillettes ■ Fromage blanc ■ Pommes**

Bœuf en daube

(À commencer la veille.) *1,300 kg de bœuf dans le gîte, 4 gousses d'ail, 1 écorce d'orange, 1 cuil. à soupe d'huile d'olive, 1/2 bouteille de mâcon, 1 cuil. à dessert de concentré de tomates, sel, poivre, thym.*

Coupez la viande en cubes de 2 à 3 cm de côté. Mettez-la à mariner une nuit dans une terrine, avec le vin, l'ail, l'écorce d'orange, l'huile, le thym, sel, poivre. Le lendemain, versez tout le contenu de la terrine dans une cocotte. Posez-la sur feu vif, amenez à ébullition. Couvrez, réduisez le feu et faites cuire 3 h 30. Une demi-heure avant la fin de la cuisson, ajoutez le concentré.

Ce plat est encore meilleur réchauffé ; n'oubliez pas en le servant de l'accompagner d'un bol de gruyère râpé.

JANVIER
4e SEMAINE
VENDREDI

■ ***Déjeuner :*** **Croûtes aux œufs ■ Laitue ■ Yaourts ■ Dattes**

Croûtes aux œufs

4 tranches de pain de mie, 50 g de gruyère râpé, 1 tranche de jambon, 1 œuf, 30 g de beurre, 1 cuil. à soupe d'huile.

Dans un bol, battez le jaune d'œuf et le gruyère. À la poêle, faites dorer les tranches de pain dans le beurre et l'huile, puis posez-les dans un plat allant au four. Tartinez chaque tranche avec le mélange jaune d'œuf et fromage. Saupoudrez avec le jambon haché grossièrement et nappez du blanc d'œuf battu en neige. Passez 10 mn à four chaud, servez immédiatement.

■ *Dîner :* Crevettes ■ Gigot de lotte ■ Pommes à l'anglaise ■ Fromage ■ Oranges

Gigot de lotte

800 g de queue de lotte, 3 gousses d'ail, 30 g de beurre, 1 verre de vin blanc sec, sel, poivre.

Lavez la queue de lotte, épongez-la, disposez-la dans un plat allant au four et mettez-la à four moyen 10 mn ; le poisson va suer et rendre de l'eau. Sortez le plat du four, videz l'eau. Dans la chair du poisson, faites pénétrer 3 gousses d'ail, beurrez largement, salez, poivrez, arrosez de vin blanc.

Enfournez à nouveau et comptez 25 mn de cuisson à four chaud. Arrosez de temps en temps en cours de cuisson.

JANVIER
4e SEMAINE
SAMEDI

■ *Déjeuner :* Côtes d'agneau grillées ■ Haricots verts ■ Fromage ■ Pruneaux au porto

Pruneaux au porto

150 g de pruneaux, 100 g de sucre cristallisé, 1 bon verre à vin de porto.

Recouvrez les pruneaux d'eau et faites-les tremper au moins 2 h. Versez-les dans une casserole, ajoutez le sucre, le porto et recouvrez-les de leur eau de trempage. Amenez doucement à ébullition.

Couvrez et laissez cuire jusqu'à ce que les pruneaux deviennent moelleux (20 mn environ). À l'aide de l'écumoire, déposez-les dans un compotier, faites réduire de moitié à feu vif le jus de cuisson, versez-le sur les pruneaux et mettez au frais jusqu'au moment de servir.

■ ***Dîner :*** **Gras-double au vin blanc ■ Pommes vapeur ■ Salade de fruits frais**

Gras-double au vin blanc

800 g de gras-double, 2 cuil. à soupe de saindoux, 2 gros oignons, 1 carotte, 1/2 litre de vin blanc sec, 2 tomates, 1 branche de thym, sel, poivre.

Coupez une première fois le morceau de gras-double en tranches de 1,5 cm environ d'épaisseur, puis coupez chaque tranche plusieurs fois par le travers. Ébouillantez les tomates, épluchez-les, ôtez les graines, coupez-les en quatre. Dans une cocotte, faites fondre le saindoux, ajoutez le gras-double coupé et laissez-le rendre son eau pendant 1/4 d'heure environ à feu moyen. Ajoutez ensuite les oignons coupés en tranches et la carotte en rondelles, laissez-les revenir quelques instants, incorporez les tomates, puis le vin blanc et le thym. Salez, poivrez, couvrez et laissez cuire ainsi pendant 3 h. Ce plat peut être préparé à l'avance, car il est encore meilleur réchauffé.

JANVIER
4e SEMAINE
DIMANCHE

■ ***Déjeuner :*** **Bouquets ■ Poule au riz ■ Plateau de fromages ■ Génoise à l'ananas**

Poule au riz

1 poule, 2 poireaux, 2 carottes, 2 oignons, 2 gousses d'ail, 1 bouquet garni, 150 g de foies de volaille, 1 tranche de jambon, 3 tranches de pain de mie, 1 bouquet de persil, 1 tasse de lait, 50 g de beurre, 2 cuil. à soupe de farine, 2 jaunes d'œufs, 75 g de crème fraîche, 1/2 citron, sel, poivre, quatre-épices, 250 g de riz cuit à la créole.

Cuisson de la poule : videz la poule, réservez le foie, hachez-le ainsi que les foies de volaille, le jambon, 1 oignon, l'ail, un bouquet de persil et le pain trempé dans le lait chaud et essoré. Salez et poivrez cette farce, ajoutez une pincée de quatre épices et mélangez. Fourrez l'intérieur de la poule avec cette farce, recousez. Déposez la poule dans le fond d'un grand fait-tout, ajoutez les carottes, les poireaux entiers ficelés, 1 oignon, le bouquet garni, sel et poivre. Amenez à ébullition, écumez, couvrez et faites cuire 2 h au moins. *La sauce :* dans une casserole, faites fondre le beurre, ajoutez la farine, remuez au fouet à sauce sur feu doux pour cuire la farine. Hors du feu, mouillez avec 1/3 de litre de bouillon de poule dégraissé et laissez bouillir à petit feu 5 mn. Au moment de servir, délayez les jaunes d'œufs avec la crème, ajoutez-les à la sauce, arrosez de quelques gouttes de citron.

Découpez la poule, dressez-la sur le plat de service chaud. Apportez en même temps le riz présenté en couronne et la sauce en saucière.

■ ***Dîner :*** **Poule froide ■ Scarole ■ Compote meringuée**

Vous servirez les restes de poule froide, avec de la moutarde et de la sauce sandwich.

Février

FÉVRIER
1re SEMAINE
LUNDI

■ ***Déjeuner :*** **Poireaux vinaigrette ■ Welsh Rarebits ■ Yaourts ■ Kiwis**

Welsh Rarebits

4 tranches de pain de mie de 1,5 cm d'épaisseur, 1/2 verre de bière, 1 cuil. à dessert de moutarde forte, 100 g de gruyère râpé, 75 g de beurre.

Dans une poêle, faites dorer au beurre les tranches de pain de mie. Disposez-les dans un plat allant au four.

Dans un bol, délayez la moutarde avec la bière, ajoutez le râpé, mélangez le tout et tartinez chaque tranche de ce mélange. Faites dorer 5 mn à four très chaud.

■ ***Dîner :*** **Carottes râpées en salade ■ Chiche kebab ■ Riz créole ■ Salade d'oranges**

Chiche kebab

Pour les brochettes : *4 brochettes de métal, 1 morceau d'épaule d'agneau ou de gigot de 750 g environ, 250 g de lard de poitrine fumé, 1 verre d'huile d'olive, thym, romarin, sel, poivre.*
Pour la garniture : *750 g de tomates, 3 poivrons, 1 oignon, 1/2 verre d'huile d'olive, sel, poivre, 300 g de riz.*

Coupez la viande en cubes de 3 cm, détaillez la tranche de lard en petits lardons. Dans un plat creux, disposez la viande et le lard, salez légèrement, poivrez, arrosez d'huile et saupoudrez de thym et de romarin. Laissez mariner 1 h.

Épluchez les tomates, épépinez-les, coupez-les en quatre. Coupez les poivrons en lanières, hachez l'oignon, faites revenir le tout dans l'huile, laissez cuire 20 mn à découvert.

Enfilez alternativement sur les brochettes les morceaux d'agneau et de lard. Allumez le grilloir du four 10 mn avant de l'utiliser, puis faites dorer les brochettes de chaque côté ; comptez en tout 8 à 10 mn de cuisson. Dressez le riz sur un plat. Par-dessus, alignez les brochettes ; autour, posez la garniture.

FÉVRIER
1re SEMAINE
MARDI

■ *Déjeuner :* Côtes d'agneau grillées ■ Carottes à la crème ■ Fromage ■ Oranges

Carottes à la crème

1,250 kg de carottes, 1 cuil. à soupe d'huile, 25 g de beurre, 2 oignons, 1 bouquet de persil, sel, poivre, 75 g de crème fraîche.

Épluchez les carottes, coupez-les en rondelles. Dans une sauteuse, faites fondre, au beurre et à l'huile, les oignons hachés finement, ajoutez les carottes, laissez-les revenir quelques minutes sans dorer. Salez, poivrez et mouillez avec 1/2 verre d'eau, couvrez, laissez cuire 1 h à petit feu. Au moment de servir, ajoutez la crème hors du feu. Saupoudrez de persil haché. Servez immédiatement.

■ *Dîner :* Palette de porc aux lentilles ■ Fromage ■ Pommes au four

Palette de porc aux lentilles

1 palette demi-sel, 300 g de lentilles, 1 gros oignon, 1 bouquet garni, poivre en grains.

Triez les lentilles, versez-les dans une passoire et rincez-les sous l'eau courante. Transvasez-les dans un fait-tout, recouvrez-les largement d'eau froide, ajoutez l'oignon, le bouquet garni, 3 ou 4 grains de poivre. Ne salez pas. Amenez à ébullition, ajoutez la palette rincée à l'eau froide. Faites cuire à feu moyen pendant 2 h. Servez très chaud.

FÉVRIER
1re SEMAINE
MERCREDI

■ ***Déjeuner :*** **Œufs pochés aux épinards à la crème ■ Fromage ■ Bananes**

Épinards à la crème

800 g d'épinards en branches surgelés, 30 g de beurre, 1 petit pot de crème fraîche, sel, poivre.

Ébouillantez les épinards 10 mn, égouttez-les. Faites-les réchauffer dans le beurre et la crème. Salez, poivrez.

■ ***Dîner :*** **Pommes de terre aux lardons ■ Laitue ■ Crêpes de la Chandeleur**

Crêpes de la Chandeleur

Pour 12 crêpes : *150 g de farine, 1 œuf, 1 verre de lait, 1 verre d'eau, 1 cuil. à dessert d'huile, 1 pincée de sel, 1 cuil. à soupe de rhum.*

Mettez la farine dans un saladier, ajoutez l'œuf et le sel. Commencez à mélanger avec une cuillère en bois ; peu à peu, délayez le lait et l'eau jusqu'à ce que la pâte soit homogène et assez liquide ; incorporez alors l'huile et le rhum. Passez la pâte au chinois ou à la passoire fine. Couvrez et laissez reposer au moins 2 h.

Pour gagner du temps, vous utiliserez deux poêles, et de préférence des poêles spéciales, à fond épais, dites « poêles à crêpes ». À l'aide d'un pinceau, badigeonnez-les d'huile. Amenez à bonne chaleur et versez une petite louche de pâte. Lorsque la pâte est dorée, retournez-la avec une spatule pour que l'autre face dore à son tour. Il est préférable de déguster les crêpes au fur et à mesure de leur confection ; si cela est impossible, tenez-les au chaud dans une assiette mise au bain-marie.

Servez-les avec du sucre en poudre, de la confiture ou encore à l'anglaise (sucrées et légèrement citronnées).

Pour faire des crêpes salées, composez la même pâte, mais sans rhum.

FÉVRIER
1re SEMAINE
JEUDI

■ ***Déjeuner :*** **Cœurs d'artichauts en salade ■ Escalopes panées ■ Spaghettis au parmesan ■ Poires**

Escalopes panées

4 escalopes, 2 œufs, 75 g de farine, 100 g de chapelure, 2 cuil. à soupe d'huile, 25 g de beurre, 1 citron, sel, poivre.

Sur votre table de cuisine, posez devant vous trois assiettes dans l'ordre suivant : une contenant la farine, une contenant les œufs battus, la dernière contenant la chapelure. Roulez une à une les escalopes dans chaque assiette en commençant par la première, imprégnez-les bien de chaque ingrédient.

Dans une poêle, faites chauffer l'huile et le beurre et plongez-y les escalopes, faites-les dorer de chaque côté, salez, poivrez, réduisez le feu pour les laisser cuire encore 3 à 4 mn. Dressez sur un plat chaud en posant sur chaque escalope un quartier de citron.

■ *Dîner :* Soupe aux lentilles ■ Endives braisées ■ Fromage ■ Crème vite faite

Soupe aux lentilles

1 grand bol de lentilles restant de l'avant-veille, 3 oignons, 2 pommes de terre, 1 cuil. à soupe d'huile, 25 g de beurre.

Dans une casserole, mettez à chauffer l'huile et le beurre, ajoutez les oignons, émincés, laissez-les dorer doucement. Incorporez les lentilles, les pommes de terre épluchées et coupées en dés, mouillez avec 1,25 litre d'eau. Amenez à ébullition et laissez cuire à feu vif et à couvert, un bon quart d'heure. Passez au mixer, servez immédiatement. On peut également ajouter au moment de servir 2 cuil. à soupe de crème fraîche.

FÉVRIER
1er SEMAINE
VENDREDI

■ *Déjeuner :* Chipolatas grillées ■ Chou rouge aux pommes ■ Fromage ■ Clémentines

Chou rouge aux pommes

1 beau chou rouge, 2 oignons, 4 pommes, 100 g de saindoux, 150 g de lard de poitrine fumée, 1 petit verre de vinaigre, bouquet garni, sel, poivre.

Épluchez soigneusement le chou, ôtez le trognon et les grosses côtes, enfin coupez-le en fines lanières. Dans une cocotte, mettez à fondre la moitié du saindoux puis disposez une couche de chou, une couche d'oignons coupés en rondelles, une couche de pommes émincées, les lardons, sel, poivre, recommencez en mettant cette fois le saindoux en dés puis le chou, les oignons et les pommes. Ajoutez le vinaigre, le bouquet garni, couvrez et faites cuire à feu doux pendant 3 h. De temps en temps, remuez à la cuiller en bois. Goûtez et rectifiez l'assaisonnement si cela est nécessaire. Servez très chaud en posant sur le dessus du plat les chipolatas grillées.

■ ***Dîner :*** **Mulets à l'orange * ■ Riz créole ■ Compote d'abricots secs**

Mulets à l'orange *

4 petits mulets individuels, 1 grosse orange, 2 cuil. à soupe d'huile d'olive, sel, poivre.

Écaillez les poissons, videz-les, passez-les sous l'eau courante, épongez-les dans du papier absorbant et disposez-les dans un plat allant au micro-ondes. Salez, poivrez, arrosez d'huile et posez sur chaque poisson deux rondelles d'orange. Couvrez d'un film étirable. Faites cuire au micro-ondes, 12 mn à chaleur maximale. Servez dans le plat de cuisson.

FÉVRIER
1re SEMAINE
SAMEDI

■ ***Déjeuner :*** **Jambon blanc ■ Haricots verts au beurre ■ Yaourts**

Aujourd'hui, le déjeuner sera léger, ce soir vous recevez des amis.

Haricots verts au beurre

Un bon tuyau pour préparer des haricots verts en conserve : égouttez-les et plongez-les 3 mn dans une casserole d'eau bouillante, égouttez à nouveau. Faites-les réchauffer ensuite avec un peu de beurre, sel et poivre. Préparés ainsi, ils seront aussi délicieux que des haricots frais. Vous pouvez également utiliser des haricots verts surgelés.

■ *Dîner :* Soupe à l'oignon gratinée ■ Filet de bœuf rôti ■ Champignons de Paris poêlés ■ Assortiment de fromages ■ Poires Belle-Hélène

Soupe à l'oignon gratinée

750 g d'oignons, 1 litre d'eau, 1 verre de bon vin blanc sec, 50 g de beurre, 125 g de gruyère, 12 tranches de baguettes rassises, 1 cuil. à soupe de farine, sel, poivre.

Épluchez et émincez finement les oignons. Dans une casserole à fond épais, mettez à fondre le beurre, ajoutez les oignons, laissez-les blondir à très petit feu, ils doivent cuire sans brûler, ce qui demande près de 45 mn. Après cela, saupoudrez de farine, remuez, mouillez avec l'eau et le vin blanc, salez, poivrez généreusement, couvrez, continuez la cuisson durant 1/4 d'heure, puis ajoutez 1 bonne cuil. à soupe de râpé. Mélangez.

Dans des caquelons individuels, versez la soupe, posez sur le dessus les tranches de baguettes, saupoudrez abondamment de râpé. Faites gratiner à four très chaud 5 mn. Servez immédiatement.

FÉVRIER
1re SEMAINE
DIMANCHE

■ *Déjeuner :* Fenouil en salade ■ Poulet au calvados ■ Pommes fruits poêlées ■ Assortiment de fromages ■ Tarte au citron

Poulet au calvados

1 poulet de Bresse, 75 g de crème fraîche, 125 g de beurre, 1 cuil. à soupe d'huile, 1 verre de calvados, sel, poivre, 1,250 kg de pommes fruits.

Découpez vous-même le poulet en morceaux. Mettez-le à revenir dans la cocotte dans 25 g de beurre et dans l'huile, mais sans le faire colorer. Mouillez avec le calvados, salez, poivrez. Couvrez et laissez cuire à feu doux 30 mn.

Épluchez les pommes, coupez-les en grosses lamelles et faites-les revenir au beurre, à la poêle, pendant 10 mn environ.

Au moment de servir, déglacez la sauce du poulet avec la crème que vous laissez cuire quelques instants. Dressez les morceaux du poulet sur un plat chaud, nappez de sauce, et servez les pommes à part.

■ ***Dîner :*** **Assortiment de charcuterie ■ Laitue ■ Coupe de fruits au Grand Marnier**

Coupe de fruits au Grand Marnier

1/2 boîte d'ananas au sirop, 1 pomme, 1 poire, 1 banane, 2 oranges, 100 g de noix décortiquées, 100 g de sucre, 4 cuil. à dessert de Grand Marnier, 1 citron.

Pelez les oranges à vif et coupez-les en rondelles fines, coupez la banane également en rondelles. Épluchez la poire et la pomme, coupez-les en dés, arrosez-les du jus d'un citron pour éviter qu'elles noircissent. Disposez tous les fruits dans des coupes individuelles, arrosez chaque coupe d'une cuil. à soupe de jus d'ananas et d'un peu de Grand Marnier. Saupoudrez de sucre et servez très frais.

FÉVRIER
2e SEMAINE
LUNDI

■ ***Déjeuner :*** **Jambon blanc ■ Chou-fleur en salade ■ Fromage ■ Oranges**

Chou-fleur en salade

Pour que le chou-fleur reste bien blanc, délayez dans l'eau de cuisson 1 cuil. à soupe de farine. (Voir p. 303.)

■ *Dîner :* Garbure ▪ Scarole ▪ Fromage ▪ Pommes au four

Garbure

1/2 chou de Milan, 1 carotte, 1 navet, 1 poireau, 1 pomme de terre, 1 branche de céleri, 2 tranches de pain de campagne rassis, 1 morceau de confit d'oie, 125 g de haricots secs cuits déjà à l'eau 1 h, 2 gousses d'ail, thym, persil, sel, poivre.

Lavez les légumes, coupez-les en petits dés, à l'exception du chou que vous couperez en fines lanières.

Débarrassez le morceau de confit de la graisse qui l'entoure et faites-la fondre dans un fait-tout. Ajoutez tous les légumes coupés, laissez-les suer ainsi à petit feu 5 bonnes minutes. Mouillez avec 1,5 litre d'eau, ajoutez l'ail, les haricots, le thym, le persil, sel et poivre. Couvrez et laissez cuire 1 h. À ce moment ajoutez le confit d'oie. Continuez encore la cuisson 30 mn.

Dans le fond d'une soupière, posez les tranches de pain coupées en deux, versez la soupe dessus. Servez très vite. Chacun peut ainsi ajouter dans son assiette un peu de gruyère râpé. Cette soupe campagnarde est un véritable plat complet.

FÉVRIER
2e SEMAINE
MARDI

■ *Déjeuner :* Keapers pochés ▪ Pommes à l'anglaise ▪ Yaourts

Keapers pochés

Les keapers sont des harengs fumés tout à fait délicieux ; on les appelle aussi jambon de Boulogne, ils sont vendus par deux, sous plastique.

Plongez le paquet dans l'eau bouillante, laissez frémir 5 mn. Ôtez le paquet, ouvrez-le avec des ciseaux, posez les keapers sur un plat chaud. Servez immédiatement avec du beurre, du citron et des pommes à l'anglaise.

■ *Dîner :* Carottes râpées ■ Escalopes à l'italienne ■ Spaghettis ■ Bananes

Escalopes à l'italienne

4 escalopes de 100 g environ chacune, 4 tranches de jambon de Parme, 4 tranches fines de gruyère, 4 tranches de pain de campagne, 200 g de tomates fraîches, 50 g de beurre, 2 cuil. à soupe d'huile, sel, poivre.

Sur chaque escalope, posez une tranche de jambon et une tranche de gruyère, roulez en forme de paupiettes, ficelez.

Faites revenir les paupiettes dans une sauteuse avec le beurre et 1 cuil. à soupe d'huile. Lorsqu'elles sont dorées, réduisez le feu, salez, poivrez, couvrez et laissez cuire 20 mn.

D'autre part, épluchez les tomates, égrenez-les, coupez-les en quartiers et faites revenir leur chair dans le restant d'huile, laissez cuire doucement 10 mn environ. À mi-cuisson des paupiettes, ajoutez les tomates.

Au moment de servir, dressez sur le plat de service chaud 4 tranches de pain de campagne revenues au beurre, posez sur chacune une paupiette, nappez de sauce.

FÉVRIER
2e SEMAINE
MERCREDI

■ *Déjeuner :* Œufs cocotte ■ Coquillettes au fromage râpé ■ Gâteau maison

Œufs cocotte

4 œufs, 2 cuil. à dessert de crème fraîche, 25 g de beurre, sel, poivre.

Beurrez grassement quatre ramequins, cassez un œuf dans chacun, recouvrez de crème, sel, poivre. Mettez les ramequins dans un plat allant au four que vous remplirez d'eau sur 2 cm. Faites cuire à four chaud 8 à 10 mn selon votre goût.

■ *Dîner :* Poireaux vinaigrette ■ Côtes d'agneau grillées ■ Chips ■ Fromage ■ Pain de maïs au sucre

Pain de maïs au sucre

250 g de semoule de maïs, 1/2 litre de lait, 125 g de sucre en poudre, 100 g de beurre.

Mettez le lait à bouillir avec le sucre, lorsqu'il arrive à ébullition, jetez la semoule en pluie et remuez avec la cuillère en bois, laissez cuire 10 mn à feu doux.

Lorsque la préparation est suffisamment épaisse, versez-la dans un moule à cake beurré. Laissez refroidir. Une fois le gâteau froid, démoulez-le, coupez-le en tranches de 1,5 cm d'épaisseur.

Dans une poêle, faites fondre le beurre, mettez les tranches à dorer des deux côtés et servez-les toutes chaudes, saupoudrées de sucre ou tartinées de confiture.

FÉVRIER
2e SEMAINE
JEUDI

■ *Déjeuner :* Pamplemousses grillés ■ Daube provençale ■ Pommes à l'anglaise ■ Mendiant

Daube provençale

(À commencer la veille.) *1 kg de bœuf dans le gîte, 2 oignons, 4 gousses d'ail, 1 tomate, 1 couenne de porc, 1 écorce d'orange, 1/2 verre d'huile d'olive, thym, romarin, sel, poivre, 3/4 de litre de vin rouge.*

Hier, vous avez mis la viande, coupée en cubes de 3 cm de côté, dans une terrine, et recouvert avec le vin et l'huile, salé, poivré, ajouté une branche de thym et une branche de romarin.

Aujourd'hui, posez la couenne dans le fond d'une cocotte, versez le contenu de la terrine, ajoutez les oignons coupés en lamelles, les gousses d'ail *non* épluchées, l'écorce d'orange et la tomate pelée, épépinée et coupée en 4. Amenez à ébullition, que vous maintenez 10 mn. Couvrez, réduisez le feu et faites cuire doucement 3 h au moins. Si la sauce est trop abondante, faites-la réduire à feu vif. Plus ce plat est réchauffé, meilleur il est.

■ ***Dîner :*** **Soupe au potiron ▪ Fenouils au gratin ▪ Fromage ▪ Gâteau de semoule**

Soupe au potiron

1 tranche de potiron de 300 g environ, 4 belles pommes de terre, 75 g de crème fraîche, sel, poivre, persil.

Ôtez la croûte du potiron, lavez-le et coupez-le en dés.

Épluchez et lavez les pommes de terre, coupez-les également en dés. Versez le tout dans une casserole, salez, poivrez, mouillez avec 1,25 litre d'eau. Faites cuire à feu vif pendant 20 mn.

Ôtez la soupe du feu, passez-la au mixer. Incorporez la crème, mélangez, versez la soupe dans la soupière, saupoudrez de persil haché, servez immédiatement.

FÉVRIER
2e SEMAINE
VENDREDI

■ ***Déjeuner :*** **Limande au vin blanc * ▪ Pommes à l'anglaise ▪ Fromage ▪ Pommes**

Limande au vin blanc *

1 grosse limande, 1 gros oignon, 1 échalote, 1 bouquet de persil, 1 verre de vin blanc, 30 g de beurre, sel, poivre.

Hachez finement l'oignon, l'échalote, le persil. Dans un plat allant au micro-ondes, disposez la moitié du hachis, posez dessus la limande lavée, saupoudrez avec le reste du hachis, arrosez avec le vin. Salez, poivrez et parsemez le poisson de morceaux de beurre. Recouvrez d'un film étirable. Mettez à cuire 10 mn au micro-ondes, à chaleur maximale.

■ *Dîner :* Choux au fromage ■ Salade d'endives, pommes et noix ■ Yaourts ■ Dattes

Choux au fromage

1/8 de litre d'eau, 80 g de beurre, 100 g de farine, 3 œufs, 70 g de gruyère râpé, sel, poivre, muscade, huile de friture.

Dans une grande casserole, faites bouillir l'eau et le beurre. Jetez-y la farine tamisée d'un seul coup, remuez jusqu'à ce que la pâte se détache de la casserole et de la spatule. Retirez du feu, travaillez encore la pâte 1 mn. Ajoutez le premier œuf entier, mélangez énergiquement jusqu'à ce qu'il soit parfaitement incorporé, ajoutez les autres un à un de la même manière, puis le fromage râpé. Travaillez la pâte jusqu'à ce qu'elle soit lisse après avoir poivré, salé avec modération à cause du fromage et muscadé légèrement.

Faites chauffer la friture. À l'aide de 2 cuillères à soupe, l'une ramassant la pâte, l'autre la poussant dans la friture non fumante, faites les choux. Lorsqu'ils sont dorés tout autour, ils sont cuits. Retirez-les sur du papier absorbant. Servez chaud.

FÉVRIER
2e SEMAINE
SAMEDI

■ *Déjeuner :* Fromage maison ■ Andouille grillée aux herbes ■ Purée de pommes de terre ■ Salade d'oranges

Fromage maison

12 petits-suisses, 1 cuil. à café de paprika, 1 grosse pincée de cumin, 1 gousse d'ail.

Dans une terrine, pilez la gousse d'ail, ajoutez les petits-suisses, le paprika, le cumin, mélangez bien. Versez la préparation dans une petite terrine, mettez au frais jusqu'au moment de servir.

■ *Dîner :* Croque-monsieur ▪ Yaourts ▪ Crème renversée au caramel ▪ Gaufrettes

Crème renversée au caramel

4 œufs, 1 jaune d'œuf, 1/2 litre de lait, 1/2 gousse de vanille, 100 g de sucre en poudre.
Pour le caramel : *100 g de sucre en poudre, 2 cuil. à soupe d'eau.*

Mettez le lait à bouillir avec la gousse de vanille fendue en deux. Dans un saladier, battez les œufs entiers et le jaune avec le sucre jusqu'à ce que le blanc soit suffisamment cassé (consistance de l'omelette), versez dessus petit à petit le lait bouillant.

Dans un moule à charlotte, préparez le caramel de la façon suivante : faites fondre sur le feu le sucre et l'eau, lorsque le mélange prend une jolie couleur blonde, étalez-le sur toute la hauteur du moule, en le tournant sur lui-même. Versez la crème dedans et faites cuire au bain-marie au four moyen pendant 30 à 40 mn environ. Pour vérifier la cuisson, enfoncez dans la crème une grande aiguille : elle doit ressortir sèche.

FÉVRIER
2e SEMAINE
DIMANCHE

■ *Déjeuner :* Cassoulet ▪ Salade de chicorée aux croûtons ▪ Sorbet au cassis

Cassoulet

500 g de haricots lingots du Nord, 500 g de saucisse de Toulouse, 500 g d'échine de porc fraîche, 2 morceaux de confit d'oie, 2 oignons, 2 carottes, 1 tomate, 4 gousses d'ail, bouquet garni, sel.

Mettez les haricots dans une casserole, recouvrez-les d'eau froide salée ; amenez à ébullition. Dès que la mousse se produit, égouttez-les et remettez-les à cuire en les recouvrant largement d'eau chaude. Ajoutez un bouquet garni, couvrez et laissez cuire très doucement à couvert pendant 2 h.

D'autre part, faites revenir dans une sauteuse avec un peu de graisse d'oie, prélevée sur le confit, les oignons coupés en quatre, les carottes coupées en rondelles, la tomate épluchée, épépinée et coupée en quatre, les gousses d'ail épluchées, l'échine coupée en morceaux et la saucisse également coupée ; couvrez et faites cuire à feu doux 30 mn.

Au bout de 2 h de cuisson des haricots, ajoutez ce ragoût et les morceaux de confit. Laissez cuire encore une bonne demi-heure. Servez très chaud, sur des assiettes chaudes, en accompagnant le cassoulet d'un vin de Cahors.

■ ***Dîner :*** **Taboulé ■ Assortiment de fromages ■ Fruits au sirop**

FÉVRIER
3e SEMAINE
LUNDI

■ ***Déjeuner :*** **Côtes de porc grillées ■ Endives braisées ■ Fromage ■ Pommes**

Endives braisées

1 kg d'endives, 30 g de beurre, 2 cuil. à soupe d'huile, 2 oignons, sel, poivre, citron, persil.

Creusez le trognon des endives, passez-les rapidement une par une sous l'eau froide, égouttez-les, épongez-les. Faites chauffer la matière grasse dans une cocotte.

Mettez la moitié des endives à dorer sur leurs deux faces. Ôtez-les, réservez-les. Faites dorer le restant et ajoutez la première tournée, ainsi que les oignons émincés, salez, poivrez, couvrez. Laissez cuire à petit feu 45 mn environ à couvert. Au moment de servir, arrosez d'un jus de citron et saupoudrez de persil haché.

■ ***Dîner :*** **Crêpe aux pommes de terre ■ Scarole aux œufs durs ■ Fromage ■ Oranges**

Crêpe aux pommes de terre

2 grosses pommes de terre, 150 g de farine, 2 œufs, 1 verre d'eau, sel, poivre, noix de muscade, 35 g de beurre, 1 cuil. à soupe d'huile.

Avec la farine, les œufs, l'eau, préparez une pâte à crêpes épaisse. Couvrez, laissez reposer au moins 1/2 heure.

Épluchez les pommes de terre. Lavez-les, essuyez-les, râpez-les et épongez-les à fond en les serrant dans un linge. Ajoutez-les à la pâte, salez, poivrez, saupoudrez de noix de muscade râpée, mélangez intimement. Dans une grande poêle, mettez le beurre et l'huile à chauffer, versez la pâte et réduisez le feu ; laissez cuire 10 à 12 mn. Posez un plat sur le dessus de la poêle, retournez-la et faites glisser l'autre face de la crêpe dans la poêle. Laissez cuire encore 10 mn. Servez très chaud.

FÉVRIER
3e SEMAINE
MARDI

■ ***Déjeuner :*** **Omelette au fromage ■ Salade de saison ■ Yaourts ■ Compote de pommes**

Un déjeuner sans complication. Ce soir, vous recevez à la « chinoise ».

■ ***Dîner :*** **Beignets de langoustines ■ My-sao (poulet sauté aux légumes et aux pâtes chinoises) ■ Letchis au sirop**

My-sao

2 paquets de my (pâtes jaunes chinoises), 1 petit poulet désossé, 3 carottes, 2 oignons, 1 céleri en branche, 1 poireau, 1 flacon de sauce de soja, 1 cuil. à soupe de vinaigre blanc, 1 cuil. à café de Maïzena, 1 cuil. à café de sucre en poudre, 1 tasse d'eau, sel, poivre, 6 cuil. à soupe d'huile, 1 bol de riz par personne.

Deux heures avant la préparation du plat, faites cuire les pâtes dans de l'eau bouillante salée. Égouttez-les en les remuant pour qu'elles se détachent bien. Émincez finement la chair du poulet, faites-la revenir doucement à la poêle dans 2 cuil. à soupe d'huile. Couvrez, laissez cuire 15 à 20 mn. En fin de cuisson, incorporez la Maïzena, délayée dans une tasse d'eau, avec le vinaigre, le sucre, 3 cuil. à soupe de sauce de soja, sel et poivre. Laissez en attente au chaud.

Coupez les oignons en rondelles, mettez-les à fondre doucement dans une casserole avec 2 cuil. à soupe d'huile. Couvrez, faites cuire 15 mn. Ajoutez alors les carottes râpées, le céleri et le poireau coupés en julienne. Sel, poivre. Laissez cuire encore 20 mn en remuant souvent. Tenez au chaud. Faites revenir rapidement dans un peu d'huile les pâtes égouttées (elles doivent être croquantes). Mélangez poulet, légumes et pâtes.

Servez en même temps un bol de riz par personne. Sur la table, disposez les trois sauces classiques : au piment, au soja, et « nuoc-nam ».

Boisson conseillée : thé au jasmin ou vin rosé frais.

FÉVRIER
3e SEMAINE
MERCREDI

■ ***Déjeuner :*** **Merlans sauce tartare ▪ Pommes à l'anglaise ▪ Petits-suisses ▪ Clémentines**

Merlans sauce tartare

4 merlans, 1 verre d'huile, 30 g de beurre, 50 g de farine, 2 œufs, 1 cuil. à dessert de moutarde, 3 cornichons, 1 cuil. à dessert de câpres, sel, poivre, 1/4 de litre d'huile, 1 verre de lait.

Lavez les poissons, épongez-les, trempez-les dans le lait, puis roulez-les dans la farine. Dans une grande poêle, faites chauffer l'huile et le beurre, mettez-y les poissons à frire. Comptez 15 mn de cuisson, en les retournant une fois. Égouttez, salez, et servez-les avec la sauce préparée ainsi :

Dans un bol, mettez le jaune d'œuf dur, pilez-le. Ajoutez le jaune d'œuf cru, la moutarde, sel, poivre. Procédez comme pour une mayonnaise en incorporant l'huile peu à peu. Pour terminer, ajoutez les câpres et les cornichons hachés.

■ ***Dîner :*** **Champignons de Paris en salade ▪ Foie d'agneau poêlé ▪ Purée d'artichauts ▪ Fromage ▪ Pommes hérisson**

Pommes hérisson

4 pommes, 200 g de sucre, 1 verre d'eau, 100 g d'amandes effilées.

Faites griller les amandes dans le four. D'autre part, préparez un sirop avec le sucre et un verre d'eau. Amenez-le au degré de cuisson dit le « petit boulé ». Pour le reconnaître, trempez votre index dans l'eau froide, puis très rapidement dans le sirop et encore dans l'eau froide, le sucre se détache du doigt et forme une petite boule.

Plongez les pommes épluchées dans ce sirop, en les retournant souvent. Lorsqu'elles sont translucides, au bout de 15 mn environ, elles sont cuites. Sortez-les à l'aide de l'écumoire et placez-les sur le plat de service. Piquez alors les amandes grillées sur les pommes. Servez froid.

FÉVRIER
3e SEMAINE
JEUDI

■ ***Déjeuner :*** **Salade de betteraves ■ Côtes de veau au basilic ■ Pâtes papillons (farfalle) ■ Dattes**

Côtes de veau au basilic

4 côtes de veau, 25 g de beurre, 1 cuil. à soupe d'huile, 1 cuil. à soupe de basilic à l'huile, sel, poivre.

Dans une poêle, faites chauffer le beurre et l'huile, mettez les côtes à dorer à feu vif ; retournez-les, laissez dorer la seconde face, réduisez le feu, salez, poivrez, ajoutez le basilic. Laissez cuire encore 5 à 7 mn. Servez très chaud en arrosant les côtes de leur jus de cuisson.

■ ***Dîner :*** **Soupe au cresson ■ Pommes de terre au lard à la provençale ■ Fromage ■ Crème au chocolat instantanée**

Pommes de terre au lard à la provençale

1 kg de grosses pommes de terre, 1 gros oignon, 250 g de lard de poitrine fumé, 1 feuille de laurier, 30 g de beurre, sel, poivre.

Épluchez et lavez les pommes de terre, essuyez-les, coupez-les en fines rondelles. Coupez également l'oignon épluché en rondelles, coupez le lard en dés.

Beurrez un plat allant au four, disposez dedans une couche de pommes de terre, que vous poivrez et salez très légèrement, puis une couche d'oignon et de lardons. Terminez par les pommes de terre. Recouvrez d'eau, disposez sur le dessus quelques noisettes de beurre et la feuille de laurier.

Mettez au four allumé 1/4 d'heure à l'avance, faites cuire 1 h à 1 h 15.

FÉVRIER
3e SEMAINE
VENDREDI

■ *Déjeuner :* Maquereaux au vin blanc * ▪ Pommes vapeur ▪ Bananes

Maquereaux au vin blanc *

4 beaux maquereaux ou 8 petits, 1 gros oignon, persil, 1 verre de vin blanc sec, sel, poivre, 1/2 citron, 30 g de beurre.

Videz les maquereaux, lavez-les, épongez-les. Posez-les dans un plat allant au micro-ondes. Ajoutez l'oignon coupé en rondelles, le persil haché, sel, poivre, le vin blanc, 1/2 verre d'eau, 3 rondelles de citron et parsemez le tout de noisettes de beurre.

Mettez à cuire au micro-ondes, chaleur maximale. Comptez 12 mn de cuisson pour de beaux maquereaux, 7 à 8 mn pour des petits.

■ *Dîner :* Soupe aux moules ▪ Poireaux vinaigrette ▪ Fromage ▪ Ananas frais

Soupe aux moules

1 litre 1/2 de moules, 2 oignons, 1 poireau, 1 tomate, 125 g de coquillettes, 1 petit tube de safran, 1 feuille de laurier, sel, poivre, 3 cuil. à soupe d'huile d'olive.

Grattez les moules, lavez-les à plusieurs eaux. Mettez-les dans une casserole avec les oignons, le laurier, et mouillez avec un litre d'eau. Amenez rapidement à ébullition, juste le temps de faire ouvrir les moules. Passez le tout et réservez le bouillon de cuisson, que vous filtrerez, une seconde fois, à travers un linge. Décortiquez les moules. Mettez-les de côté. Dans un fait-tout, faites fondre, à l'huile d'olive, le poireau, et la tomate épluchée et égrenée. Versez dessus le bouillon des moules. Amenez à ébullition, incorporez le safran, les coquillettes. Laissez cuire 15 mn. En fin de cuisson, ajoutez les moules. Goûtez et rectifiez l'assaisonnement si cela est nécessaire.

■ ***Déjeuner :*** **Boudin noir grillé ■ Purée de pommes de terre ■ Yaourts ■ Kiwis**

N'oubliez pas qu'il existe d'excellentes purées de légumes (carottes, céleri, brocoli, etc.) surgelées, demandant un minimum de préparation (3 mn au four à micro-ondes).

■ ***Dîner :*** **Tourte aux épinards ■ Fromage ■ Bananes flambées**

Tourte aux épinards

Pour la pâte : *2 tasses à déjeuner de farine, 1 tasse à déjeuner de beurre fondu, 1 tasse à déjeuner d'eau froide, 1 pincée de sel, 1 jaune d'œuf.*
Pour la garniture : *750 g d'épinards (frais ou surgelés) cuits à l'eau et hachés grossièrement, 2 œufs, 50 g de crème fraîche, sel, poivre, noix de muscade râpée.*

Dans un saladier, versez la farine et le sel, ajoutez peu à peu le beurre fondu, en mélangeant à la cuiller en bois, puis l'eau froide. Cette pâte prend l'aspect d'une bouillie épaisse ; laissez-la reposer 3 h.

Dans une terrine, mélangez les épinards, les œufs entiers, sel, poivre, noix de muscade et la crème. Saupoudrez généreusement la planche à pâtisserie de farine, versez la pâte dessus. En la roulant plusieurs fois, elle absorbera la quantité de farine qui lui est nécessaire. Partagez-la en deux abaisses. Disposez la première sur une plaque à tarte légèrement beurrée, faites quelques incisions dans le fond, remplissez d'épinards. Recouvrez avec la seconde abaisse, roulez les deux bords de pâte l'un sur l'autre et mouillez avec un peu d'eau pour les souder. Avec la pointe d'un couteau, dessinez sur le dessus des losanges puis, à l'aide d'un pinceau, dorez au jaune d'œuf.

Faites cuire à four chaud, préchauffé 10 mn à l'avance, pendant 30 mn.

FÉVRIER
3e SEMAINE
DIMANCHE

■ ***Déjeuner :*** **Macédoine de légumes ■ Rôti de filet de bœuf ■ Pommes de terre sautées ■ Salade de saison ■ Assortiment de fromages ■ Salade de fruits frais**

Rôti de filet de bœuf

1 kg de filet de bœuf paré, sel, poivre, 30 g de beurre.

15 mn avant d'enfourner la viande, allumez le four sur très chaud.

Posez votre rôti sur la grille du four. En dessous, mettez la lèche-frite, fermez la porte et réduisez un peu la chaleur de votre four. Dès que la viande a doré, salez, poivrez et retournez-la, pour faire dorer l'autre côté. On compte pour un rôti saignant 13 à 15 mn de cuisson par livre de viande. Un bon truc pour vérifier la cuisson : enfoncez une aiguille dans le centre du rôti, portez-la immédiatement à vos lèvres, elle doit être chaude mais non brûlante. Si elle est froide le rôti n'est pas assez cuit. Aussitôt le rôti cuit, sortez-le du four, posez-le dans la lèche-frite, en y ajoutant un morceau de beurre. Découpez-le toujours dans la lèche-frite où il va rendre son jus.

Disposez les tranches sur un plat chaud et versez le jus dans une saucière chaude. Servez très vite.

■ ***Dîner (ou plutôt goûter dînatoire) :*** **Thé ou chocolat au lait ■ Brioche ■ Compote d'hiver ✱**

Compote d'hiver ✱

250 g de pruneaux dénoyautés, 150 g d'abricots secs, 1/2 boîte de prunes au sirop, 50 g d'amandes effilées, 75 g de sucre.

Séparément, mettez les fruits secs à tremper dans de l'eau pendant 2 h. Le lendemain, égouttez-les. Mettez-les dans un plat allant au micro-ondes avec le sucre et un verre d'eau. Couvrez d'un film étirable et faites cuire 10 mn à puissance maximale. Laissez reposer 5 mn. Laissez refroidir. Versez les fruits dans un saladier, ajoutez les prunes avec la moitié de leur sirop, et les amandes effilées. Mettez au réfrigérateur jusqu'au moment de servir.

FÉVRIER
4e SEMAINE
LUNDI

■ ***Déjeuner :*** **Salade d'endives ▪ Saucisses de Toulouse ▪ Purée de pois cassés ▪ Crème au chocolat**

Les crèmes, les compotes et beaucoup d'autres desserts, en conserve ou vendus aux rayons des produits laitiers, sont excellents et remplacent avantageusement les préparations maison.

■ ***Dîner :*** **Chicken pie ▪ Salade de cresson ▪ Fromage ▪ Compote de pommes**

Chicken pie

Pour la pâte brisée : *250 g de farine, 125 g de beurre, 1/2 verre d'eau salée.*
Pour la garniture : *1 petit poulet, 50 g de beurre, 1 cuil. à soupe d'huile, 1 verre de vin blanc sec, 2 œufs durs, 200 g de champignons de Paris, 200 g de lard maigre fumé, 1 gousse d'ail, 1 oignon, thym, romarin, 1 jaune d'œuf, 1 cuil. à soupe de lait, 1 citron.*

Travaillez la farine et le beurre divisé en morceaux, mouillez avec l'eau salée, formez une boule, laissez reposer.

Ôtez le bout terreux des champignons, lavez-les sous l'eau froide en les brossant, émincez-les, laissez-les en attente, dans l'eau citronnée.

Coupez le poulet en morceaux, faites-le dorer dans une sauteuse avec le beurre et l'huile. Ajoutez le lard coupé en dés, la gousse d'ail, l'oignon émincé, les champignons égouttés, saupoudrez de thym et de romarin, mouillez avec le vin blanc. Couvrez et laissez cuire 20 à 25 mn.

Transvasez le poulet dans un plat à « pie », laissez-le tiédir, posez sur le dessus les œufs durs coupés en deux. Sur une planche farinée, étendez la pâte, puis posez-la sur le dessus du plat dont vous aurez mouillé les bords, pour vous permettre de les souder à la pâte. Au centre, faites un petit trou, dans lequel vous glisserez un carton roulé qui fera office de cheminée. Sur le dessus de la pâte, dessinez des losanges et dorez avec le jaune d'œuf délayé avec un peu de lait.

Faites cuire pendant 30 mn à four moyen, allumé 10 mn à l'avance. Servez immédiatement.

FÉVRIER
4e SEMAINE
MARDI

■ ***Déjeuner :*** **Salade de pâtes ■ Yaourts ■ Mandarines**

Salade de pâtes

250 g de gros coudes, 1 tasse à déjeuner de mayonnaise légère et moutardée, 3 cornichons, 4 œufs durs, 2 cuil. à soupe d'huile, 1 boîte de thon à l'huile, 100 g d'olives noires.

Faites cuire les pâtes 15 mn dans une grande quantité d'eau salée et huilée. Égouttez-les puis rincez-les sous l'eau courante, égouttez à nouveau. Versez-les dans un saladier, ajoutez les cornichons coupés en rondelles, le thon et la sauce mayonnaise. Mélangez le tout, décorez avec les œufs durs coupés en deux et avec les olives noires.

■ *Dîner :* Carottes râpées ▪ Poulet rôti ▪ Pommes sautées ▪ Fromage ▪ Salade de fruits frais

Poulet rôti

1 beau poulet, 1 cuil. à soupe de beurre, 1 soupçon d'huile, sel, poivre.

Enduisez le poulet de très peu d'huile, salez-le à l'intérieur, poivrez-le, mettez le beurre et recousez-le. Vous pouvez également le faire cuire à la broche sans matières grasses.

Disposez l'animal dans un plat allant au four ; faites cuire à four chaud, allumé 10 mn à l'avance.

Arrosez le poulet de temps en temps. Comptez 1 h à 1 h 10 de cuisson. Éteignez alors le four, déglacez la sauce avec 2 cuil. à soupe d'eau bouillante, et laissez encore 5 mn dans le four. Découpez le poulet dans le plat de cuisson ; il rendra alors tout son jus que vous servirez à part, en saucière.

FÉVRIER
4e SEMAINE
MERCREDI

■ *Déjeuner :* Quiche lorraine ▪ Laitue ▪ Yaourts ▪ Oranges

Quiche lorraine

Pour la pâte brisée : *200 g de farine, 100 g de beurre, 1/2 verre d'eau salée.*
Pour la garniture : *250 g de lard de poitrine fumé, 2 œufs, 75 g de gruyère râpé, 100 g de crème fraîche, une petite pincée de sel, poivre.*

Préparez une pâte brisée en travaillant la farine avec le beurre en morceaux, puis la moitié d'un verre d'eau. Étendez la pâte au rouleau, disposez-la sur une plaque à tarte beurrée et légèrement farinée. Faites quelques incisions dans le fond. Dans un bol, battez les œufs en omelette, ajoutez la crème, le râpé, le poivre et le sel. Dans le fond de la pâte, disposez le lard de poitrine coupé en dés, versez les œufs battus et faites cuire à four chaud pendant 30 mn.

■ *Dîner :* **Pamplemousse ■ Crêpes au poulet ■ Salade de mâche ■ Fromage ■ Compote d'abricots**

Crêpes au poulet

8 crêpes, un restant de blanc de poulet, 1/2 litre de lait, 75 g de beurre, 75 g de gruyère râpé, 2 cuil. à soupe arasées de farine, noix de muscade, sel, poivre.

Ôtez la peau du poulet, détaillez les blancs en fines lamelles. Dans une casserole, faites fondre le beurre, versez la farine, remuez très vite et laissez cuire ainsi quelques secondes sur le feu. Hors du feu, versez le lait froid d'un seul coup, mélangez, remettez sur le feu sans cesser de remuer, jusqu'à l'ébullition, que vous maintiendrez 5 mn. Salez légèrement, poivrez, saupoudrez de noix de muscade râpée, et ajoutez le fromage. Prélevez la moitié de cette sauce, ajoutez-la aux blancs de poulet. Garnissez chaque crêpe de ce mélange, roulez-les et refermez-les en forme de paquet.

Disposez-les dans un plat à gratin, nappez avec le reste de la sauce, disposez sur le dessus quelques noisettes de beurre et faites dorer 15 mn au four.

FÉVRIER
4e SEMAINE
JEUDI

■ *Déjeuner :* **Poireaux vinaigrette ■ Estouffade de bœuf ■ Pommes vapeur ■ Compote de pruneaux**

Estouffade de bœuf

1 kg de bœuf à braiser, 1 carotte, 2 tomates, 2 dl de vin blanc sec, 1 cuil. à soupe de cognac, 2 oignons, 1 gousse d'ail, thym, laurier, 50 g de beurre, 2 cuil. à soupe d'huile, sel, poivre.

Épluchez les tomates, ôtez les graines, coupez-les en dés ainsi que la carotte ; coupez les oignons en rondelles. Dans une poêle, avec

25 g de beurre et 1 cuil. à soupe d'huile, faites blondir les oignons. Ajoutez la chair des tomates, la carotte, le thym et une feuille de laurier. Laissez cuire à découvert, à très petit feu, 20 mn environ.

Dans une cocotte, avec ce qui reste de matière grasse, faites dorer la viande, ajoutez le cognac, flambez. Mouillez avec le vin blanc, incorporez les légumes, l'ail, salez, poivrez, couvrez et faites cuire 8 h à petit feu ou 1 h en autocuiseur.

■ ***Dîner :*** **Œufs frits à l'anglaise ■ Assortiment de fromages ■ Oranges**

Œufs frits à l'anglaise

4 œufs, 8 tomates, 4 tranches de pain de mie, 6 cuil. à soupe d'huile, 2 chipolatas, 50 g de beurre.

Coupez les tomates en deux, pressez-les légèrement pour retirer les graines, faites-les cuire à la poêle dans la moitié de l'huile, en les laissant dorer des deux côtés.

Coupez les chipolatas en deux, faites-les cuire sans gras, dans une petite poêle.

Dans le beurre, faites cuire doucement les œufs sur le plat, et faites frire à l'huile les tranches de pain de mie. Sur chaque assiette chaude, dressez les œufs sur les tranches de pain, entourez-les de tomates et de chipolatas.

FÉVRIER
4e SEMAINE
VENDREDI

■ *Déjeuner :* Grondin au four ✻ ▪ Pommes à l'anglaise ▪ Fromage blanc ▪ Clémentines

Grondin au four ✻

1 gros rouget-grondin ou 2 moyens, 2 oignons, 1 grosse tomate ou 2 petites, sel, poivre, thym, 2 cuil. à soupe d'huile d'olive.

Lavez le poisson, épongez-le. Posez-le dans un plat allant au micro-ondes, disposez tout autour la tomate coupée en quartiers, les oignons coupés en rondelles.

Salez, poivrez, saupoudrez de thym et arrosez d'huile d'olive.

Faites cuire à puissance maximale en comptant 10 mn pour un gros rouget, 7 mn pour deux moyens. La durée de la cuisson est fonction de l'épaisseur du poisson.

■ *Dîner :* Côtes d'agneau grillées ▪ Pommes de terre au four ▪ Salade d'endives ▪ Dattes

Pommes de terre au four

8 grosses pommes de terre, 100 g de beurre, 1 gros bouquet de persil, sel, poivre.

N'épluchez pas les pommes de terre. Lavez-les sous l'eau courante, essuyez-les. Mettez-les dans le plat du four et faites-les cuire à feu moyen pendant 1 h 30 ; retournez-les de temps en temps.

Hachez finement le persil. Travaillez le beurre avec le sel, le poivre et le persil haché ; redonnez-lui une jolie forme et servez-le en même temps que les pommes de terre.

FÉVRIER
4e SEMAINE
SAMEDI

■ ***Déjeuner :*** **Cœurs de palmiers en salade ▪ Rôti de porc aux choux de Bruxelles ▪ Fromage ▪ Pudding antillais**

Pudding antillais

1/4 de litre de lait, 125 g de sucre en poudre, 1 sachet de sucre vanillé, 250 g de pain brioché, 1 citron, 1 pointe de cannelle en poudre, 2 œufs, 30 g de beurre, 1/3 de pot de gelée de groseilles, 1 verre à liqueur de rhum.

Faites bouillir le lait avec le sucre et le sucre vanillé. Dans une terrine, disposez le pain brioché coupé en tranches, versez le lait bouillant, laissez gonfler le pain, écrasez-le à la fourchette. Ajoutez la cannelle, le zeste de citron, 2 jaunes d'œufs, et le beurre fondu. Mélangez. Battez les blancs en neige ferme, incorporez-les délicatement à la préparation. Versez le tout dans un moule à charlotte beurré et faites cuire à four doux au bain-marie 1 h environ. Laissez le pudding refroidir, mettez-le au réfrigérateur.

Démoulez sur un plat, nappez avec la gelée de groseilles tiédie et allongée de rhum.

■ ***Dîner :*** **Porc froid ▪ Frites ▪ Salade de pissenlits aux lardons ▪ Oranges**

Salade de pissenlits aux lardons

250 g de pissenlits, 150 g de lard de poitrine fumé, 1 petite cuil. à café de moutarde, 1 cuil. à soupe de vinaigre, 2 cuil. à soupe d'huile, sel, poivre.

Épluchez les pissenlits, lavez-les à plusieurs eaux, égouttez-les. Dans le saladier, mettez le sel, le poivre, la moutarde, délayez avec le vinaigre, posez la salade. Coupez le lard en dés, faites-le rissoler à la poêle dans 2 cuil. à soupe d'huile. Lorsque les lardons sont bien dorés, versez immédiatement le contenu de la poêle sur la salade, mélangez, servez aussitôt.

FÉVRIER
4e SEMAINE
DIMANCHE

■ ***Déjeuner :*** **Paella ■ Salade de mâche et betterave ■ Crème renversée au caramel**

Paella

Pour 6 personnes : *500 g de riz, 400 g de petits pois surgelés, 1/2 poulet, 500 g d'échine de porc frais, 6 tranches de congre, 8 langoustines, 1/2 litre de moules, 200 g de chorizo, 3 oignons, 1 poivron vert, 1 poivron rouge, 2 tomates, 2 verres d'huile d'olive, 8 doses de safran, sel, poivre.*

Lavez les langoustines, jetez-les dans de l'eau bouillante salée. Laissez-les cuire 5 à 8 mn. Égouttez-les. Dans une sauteuse, faites revenir dans de l'huile d'olive (un verre) le porc coupé en morceaux. Au bout de 1/4 d'heure, ajoutez le poulet coupé, salez, poivrez, couvrez, laissez cuire 20 mn à petit feu. Plongez 10 mn les petits pois dans de l'eau bouillante, égouttez-les.

Posez dans le fond d'une casserole les tranches de congre, 1 oignon, laurier, sel, poivre ; recouvrez d'eau. Amenez doucement à ébullition, laissez frémir 5 mn. Faites ouvrir les moules sur feu vif, ôtez leurs coquilles à l'exception d'une dizaine qui serviront à la décoration. Dans un grand plat à paella, faites revenir doucement, avec 1 verre d'huile, les oignons émincés, les tomates pelées et épépinées, les poivrons coupés en lanières. Ajoutez le riz, non lavé. Remuez. (Le riz doit devenir transparent.) Mouillez avec les eaux de cuisson du poisson et des moules (2 verres de liquide pour 1 verre de riz). Couvrez, laissez cuire à petit feu 15 mn.

Ajoutez tous les ingrédients cuits et le chorizo coupé en rondelles, et le safran ; mélangez délicatement. Couvrez à nouveau. Laissez cuire encore 10 mn à petit feu.

Servez dans le plat de cuisson.

■ ***Dîner :*** **Les restes de paella ▪ Fromage ▪ Ananas frais.**

Si les restes de paella sont insuffisants, quelques tranches de jambon blanc et une salade de saison pourront compléter le dîner.

Mars

MARS
1er SEMAINE
LUNDI

■ ***Déjeuner :*** **Fenouil en salade ■ Omelette aux oignons ■ Yaourts ■ Bananes**

Fenouil en salade

1 cœur de fenouil, 3 cuil. à soupe d'huile d'olive, 1 citron, sel, poivre.

Coupez le fenouil en deux, lavez-le, secouez-le fortement, épongez-le. Coupez-le en très fines lamelles, arrosez-le du jus de citron et de l'huile. Salez, poivrez, mélangez. Laissez macérer au moins 1 h avant de le servir.

■ ***Dîner :*** **Terrine de foies de volaille ■ Chips ■ Laitue ■ Compote de pruneaux**

Terrine de foies de volaille

750 g de foies de volaille, 200 g de jambon, 1/2 verre à eau de porto, 1 tranche de 1 cm d'épaisseur de pain de mie, 1 œuf, sel, poivre, quatre-épices, 1 barde de lard, 1 bouquet de persil, 1 verre de lait, 100 g de farine, 1/2 verre d'eau, 1 terrine à pâté.

Mettez à macérer pendant 1 h dans le porto, 500 g de foies de volaille. Faites tremper le pain dans le lait chaud. Hachez le reste de foies, le jambon et le persil ; ajoutez le pain essoré, l'œuf entier, sel, poivre, une pincée de quatre-épices et le porto de macération. Mélangez. Posez la barbe de lard dans le fond d'une terrine, répartissez une couche de farce, une couche de foies coupés en deux et ce jusqu'en haut de la terrine. Posez le couvercle, fermez-le hermétiquement en l'entourant d'un cordon de pâte fait avec la farine et un peu d'eau.

Faites cuire au bain-marie à four moyen pendant 1 h 15. Sortez la terrine du four, ôtez le couvercle, posez sur le dessus une planchette en bois avec un poids. Laissez refroidir et mettez au réfrigérateur.

MARS
1er SEMAINE
MARDI

■ *Déjeuner :* Navarin de mouton ■ Petits-suisses ■ Poires

Navarin de mouton

1 kg de mouton coupé en morceaux (moitié dans l'épaule, moitié dans le collier), 1 kg de carottes, 2 petits navets, 1 tomate, 3 oignons, 2 cuil. à soupe d'huile, 1 cuil. à soupe de farine, thym, romarin, sel, poivre.

Faites chauffer l'huile dans une cocotte, mettez la tomate coupée en quatre et tous les légumes épluchés et coupés finement. Laissez-les dorer. Avec l'écumoire, sortez-les de la cocotte, laissez-les en attente. Dans la cocotte et dans la même huile, faites dorer maintenant, au fur et à mesure, les morceaux de viande. Lorsqu'ils ont pris une jolie teinte, saupoudrez de farine, ajoutez les légumes et mouillez avec 2 verres d'eau froide. Salez, poivrez, saupoudrez de thym et de romarin, couvrez et faites cuire 1 h 30 à petit feu.

Pour servir, sortez la viande et les légumes, à l'aide de l'écumoire, dressez-les sur le plat de service chaud, versez dessus la sauce au travers d'une passoire, et servez sur des assiettes chaudes.

■ *Dîner :* Soupe au cresson ■ Salade de haricots blancs ■ Fromage ■ Clémentines

Soupe au cresson

5 belles pommes de terre, 1 botte de cresson, 75 g de crème fraîche, sel.

Épluchez les pommes de terre, lavez-les, coupez-les en petits dés. Épluchez le cresson, lavez-le à plusieurs eaux. Mettez les légumes dans une grande casserole, mouillez avec 1,5 litre d'eau, salez. Amenez à ébullition et laissez cuire à couvert 20 mn. Passez au mixer et ajoutez la crème fraîche.

MARS
1re SEMAINE
MERCREDI

■ *Déjeuner :* Biftecks hachés au fromage ■ Chips ■ Oranges

Biftecks hachés au fromage

600 g de bifteck haché, 4 fines tranches de gruyère, 3 échalotes, 50 g de beurre, 2 cuil. à soupe d'huile, 50 g de farine, sel, poivre.

Reconstituez 4 biftecks, coupez-les en deux, posez au centre une fine tranche de gruyère. Refermez et farinez légèrement chaque bifteck.

Dans une casserole, faites fondre très doucement, dans 25 g de beurre, les échalotes hachées.

Pendant ce temps, dans l'huile et le reste du beurre, faites revenir les biftecks à feu vif, retournez-les délicatement, salez, poivrez. Aussitôt cuits, posez-les sur le plat de service chaud, en les égouttant bien et arrosez-les du beurre aux échalotes.

■ *Dîner :* Saucisses grillées ■ Risotto ■ Œufs à la neige

Risotto

200 g de riz, 1 oignon, 2 cuil. à soupe d'huile d'olive, 1 petit tube de safran, 100 g de cèpes séchés, 50 g de parmesan râpé, sel, poivre.

Mettez à tremper les champignons 1/4 d'heure dans un bol d'eau tiède.

Hachez finement l'oignon, faites-le blondir dans une grande casserole avec l'huile d'olive, ajoutez le riz, lavé et égoutté, laissez doucement sur le feu, jusqu'à ce que les grains deviennent translucides. Mouillez avec de l'eau chaude (2 fois 1/2 le volume du riz), ajoutez les champignons égouttés, le safran, sel, poivre, couvrez et laissez cuire 20 mn à très petit feu. Au moment de servir, saupoudrez de parmesan râpé.

MARS
1re SEMAINE
JEUDI

■ *Déjeuner :* Côtes de porc poêlées ■ Choux de Bruxelles aux marrons ■ Abricots au sirop

Choux de Bruxelles aux marrons

1,500 kg de choux de Bruxelles, 1/2 boîte de marrons au naturel, 100 g de beurre, sel, poivre.

Après avoir épluché et lavé les choux de Bruxelles, jetez-les dans une grande quantité d'eau bouillante salée, laissez-les cuire 15 mn à feu moyen. Égouttez-les. Dans une cocotte, faites fondre le beurre, mettez les choux, laissez-les revenir quelques instants. Ajoutez les marrons, salez, poivrez et laissez cuire 10 mn à découvert en remuant de temps en temps très délicatement. Au moment de servir, versez les choux dans le plat de service, posez dessus les côtes de porc poêlées et arrosez du jus de cuisson de la viande.

■ *Dîner :* Soufflé au fromage ■ Endives braisées ■ Salade de fruits frais

Soufflé au fromage

30 g de beurre, 50 g de farine, 1/4 litre de lait, 5 œufs, 100 g de gruyère râpé, muscade, sel, poivre.

Dans une casserole sur feu doux, faites fondre le beurre, incorporez la farine, mélangez rapidement avec une cuiller en bois. Laissez cuire la farine quelques secondes. Hors du feu, versez le lait d'un seul coup, remuez vivement et remettez la casserole sur le feu. En tournant sans arrêt, faites cuire 10 mn cette bouillie qui doit être épaisse. Salez légèrement, poivrez, saupoudrez de noix de muscade râpée. Laissez tiédir.

Ajoutez un à un les 5 jaunes d'œufs puis le gruyère râpé. Battez les blancs en neige très ferme, ajoutez-les très délicatement à la préparation en soulevant toujours la masse de pâte par en dessous. Beurrez un moule à soufflé (de 18 à 20 cm de diamètre) et versez-y la préparation.

Mettez à four moyen allumé 15 mn à l'avance. Laissez cuire 1 h 20. Amenez immédiatement sur la table.

MARS
1re SEMAINE
VENDREDI

■ *Déjeuner :* Pizza aux anchois ■ Salade d'endives aux noix ■ Poires

Pizza aux anchois

250 g de pâte à pain achetée chez le boulanger, 1/2 boîte de tomates, 1 boîte d'anchois allongés, 100 g de gruyère ou de parmesan, 10 olives noires, 1 cuil. à soupe d'huile d'olive, farine, origan.

Rompez la pâte et étendez-la avec la paume de la main. Posez-la sur la plaque du four huilée et légèrement farinée. Disposez les tomates égouttées et coupées en quatre, posez dessus les anchois, les lamelles de gruyère et les olives noires coupées en deux et dénoyautées. Arrosez d'huile d'olive et saupoudrez d'origan. Faites cuire à four moyen 20 à 25 mn.

■ ***Dîner :*** **Coquilles Saint-Jacques à la parisienne ▪ Salade de cresson ▪ Fromage ▪ Riz au lait**

Coquilles Saint-Jacques à la parisienne

12 coquilles Saint-Jacques vivantes ou surgelées, 100 g de beurre, 50 g de farine, 1/2 litre de lait plus le contenu d'un verre, 1 tranche de pain de campagne, 2 gousses d'ail, persil, sel, poivre.

Faites décongeler les noix de Saint-Jacques selon les indications portées sur l'emballage. Si vous préparez des coquilles Saint-Jacques vivantes, ouvrez-les en les posant à côté d'une source de chaleur. Lavez-les et retirez le corail et la noix que vous lavez et épongez avant de les faire revenir, dans une sauteuse, avec 50 g de beurre. Saupoudrez d'un hachis d'ail et de persil, laissez cuire 5 mn en secouant la poêle fréquemment. Versez le contenu de la sauteuse dans 4 grandes coquilles Saint-Jacques vides.

Préparez un roux blanc en mélangeant 50 g de farine à 50 g de beurre fondu. Ajoutez d'un coup 1/2 litre de lait froid ; mélangez et laissez cuire 15 mn en remuant. Salez, poivrez. Ajoutez à la chair des coquilles la mie de pain trempée dans un verre de lait, et essorée, recouvrez de sauce, posez sur le dessus de chaque coquille une noisette de beurre et faites gratiner.

MARS
1re SEMAINE
SAMEDI

■ ***Déjeuner :*** **Radis ■ Steaks grillés ■ Pommes de terre aux oignons ■ Yaourts ■ Crème péruvienne**

Pommes de terre aux oignons

1 kg de pommes de terre à chair ferme, 500 g d'oignons, 2 cuil. à soupe de saindoux, sel, poivre.

Épluchez les pommes de terre, lavez-les, épongez-les et coupez-les en fines rondelles. Laissez-les en attente dans un linge propre. Épluchez les oignons, coupez-les en lanières. Faites-les fondre à la poêle dans le saindoux et à feu doux pendant 20 mn. Ajoutez les pommes de terre, augmentez le feu, faites dorer en secouant la poêle de temps en temps. Lorsque tout est doré, salez, poivrez, couvrez, réduisez le feu et laissez cuire encore 30 mn.

■ ***Dîner :*** **Avocats vinaigrette ■ Poulet au curry ■ Riz créole ■ Assortiment de fromages ■ Oranges**

Poulet au curry

1 poulet, 1 yaourt, 3 échalotes, 1 cuil. à soupe de curry, 3 cuil. à soupe de crème fraîche, 100 g de noix de cajou, 100 g de noix de coco râpée, 1 pot de chutney aux mangues, 200 g de riz cuit à la créole ; 2 cuil. à soupe d'huile, sel, poivre.

Ce plat vous permet de recevoir des amis à peu de frais. Coupez vous-même le poulet en morceaux. Dans une cocotte, mettez-le à revenir, doucement, avec l'huile. Laissez seulement blondir. Ôtez les morceaux, réservez-les. Dans la même graisse, faites fondre très doucement les échalotes hachées. Remettez le poulet, salez, poivrez, ajoutez le yaourt, saupoudrez de curry, mouillez avec 1/3 de verre d'eau. Couvrez. Laissez cuire 25 mn.

Mettez le riz créole dans un moule en couronne beurré, tassez-le. Faites-le réchauffer à four très doux.

Démoulez-le sur un plat chaud, posez au centre et tout autour les morceaux de poulet. Déglacez la sauce de la cocotte avec la crème fraîche, versez-la sur le plat. Sur la table, disposez la noix de coco râpée, le chutney et les noix de cajou.

MARS
1re SEMAINE
DIMANCHE

■ ***Déjeuner :*** **Carottes et céleri-rave râpés ■ Paupiettes de veau ■ Pommes vapeur ■ Fromage ■ Gâteau aux noix**

Paupiettes de veau

4 escalopes dans la noix, 1 tranche de 2 cm de pain de mie, 1 verre de lait, 150 g de jambon, 1 œuf, 100 g de bardes de lard, 2 oignons, 2 tomates, 30 g de beurre, 2 cuil. à soupe d'huile, 1 petit verre de porto, 1 cuil. à soupe de crème fraîche, thym, sel, poivre.

Mettez la mie de pain à tremper dans le lait chaud, essorez-la. Aplatissez les escalopes, taillez-les avec un bon couteau pour leur donner une forme rectangulaire. Réservez les morceaux de viande prélevée, hachez-les avec le jambon. Dans un bol, mélangez les viandes hachées, la mie de pain, la moitié de l'œuf entier battu en omelette, sel et poivre.

Devant vous, sur une planche, disposez 4 petites bardes de lard ; sur chacune, mettez une escalope que vous tartinerez de farce. Roulez le tout et ficelez.

Dans une sauteuse, faites fondre le beurre et l'huile, mettez les paupiettes à dorer de tous côtés. Ajoutez les oignons, laissez-les blondir, mettez les tomates coupées en 4, saupoudrez de thym, mouillez avec le porto. Couvrez, laissez mijoter à petit feu 40 mn environ.

Dressez les paupiettes sur un plat chaud, faites réduire le jus de cuisson si cela est nécessaire, déglacez avec la crème, et passez la sauce sur les paupiettes.

■ *Dîner :* Jambon ■ Chips ■ Salade verte ■ Crème vite faite

Crème vite faite

4 petits-suisses, 2 œufs, 2 cuil. à soupe de sucre en poudre, 75 g de crème fraîche, 1 paquet de sucre vanillé.

Dans une terrine, battez les petits-suisses, le sucre en poudre, le sucre vanillé, les jaunes d'œufs et la crème fraîche. Ajoutez les blancs battus en neige.

Versez dans des ramequins, et mettez au réfrigérateur jusqu'au moment de servir.

MARS
2e SEMAINE
LUNDI

■ *Déjeuner :* Escalopes de dinde ■ Chou-fleur à la polonaise ■ Crème instantanée au chocolat

Chou-fleur à la polonaise

1 beau chou-fleur, 1 cuil. à soupe de farine, 75 g de beurre, sel, poivre, 1 cuil. à soupe de chapelure.

Coupez le chou-fleur en bouquets en laissant 2 cm environ de tiges. Lavez-le. Faites bouillir 2 litres d'eau salée, dans laquelle vous aurez mis la farine délayée avec un peu d'eau (ceci pour que le chou-fleur reste bien blanc), jetez-le dedans et laissez cuire à découvert 15 mn.

Égouttez délicatement le chou-fleur en vous servant de l'écumoire.

Prenez un saladier à peu près de la taille du chou-fleur, faites-le chauffer au bain-marie. Dans le fond, posez les bouquets tiges en l'air, remplissez ainsi tout le saladier. Démoulez sur un plat, arrosez de beurre noisette dans lequel vous aurez fait dorer la chapelure. Servez immédiatement.

■ *Dîner :* Rognons de porc persillés ■ Pommes à l'anglaise ■ Laitue ■ Fromage ■ Ananas frais

Rognons de porc persillés

4 rognons de porc, 75 g de beurre, 1 cuil. à soupe d'huile, sel, poivre, persil.

Demandez au tripier de préparer les rognons : il doit ôter la pellicule, les fendre en deux et retirer les petits nerfs qui se trouvent au centre. Lavez les rognons dans l'eau courante tiède, épongez-les dans un linge. Dans une poêle, à feu vif, faites chauffer 25 g de beurre et d'huile. Mettez les rognons à revenir vivement, retournez-les, salez, poivrez. Comptez en tout 5 mn de cuisson.

Égouttez les rognons, posez-les sur un plat chaud, arrosez-les du reste de beurre juste fondu, saupoudrez d'un hachis de persil, servez immédiatement.

MARS
2e SEMAINE
MARDI

■ *Déjeuner :* Œufs en croûte ■ Laitue ■ Yaourts ■ Clémentines

Œufs en croûte

4 tranches de pain de mie de 5 cm d'épaisseur, 3 œufs entiers, 50 g de gruyère râpé, 100 g de crème fraîche, sel, poivre, muscade, 3 verres d'huile.

Avec un bon couteau, creusez chaque croûte pour ôter la mie en laissant le fond. Faites-les dorer à la poêle de tous les côtés, égouttez-les.

Dans un bol, battez les œufs entiers avec la crème, le gruyère, sel, poivre, et un peu de noix de muscade râpée. Remplissez chaque croûte de la préparation et passez 10 mn à four moyen. Servez chaud.

■ *Dîner :* Pétoncles au beurre ■ Pommes de terre en robe des champs ■ Fromage ■ Poires au sirop

Pétoncles au beurre

Ces coquillages, trop souvent ignorés, ressemblent en plus petits aux coquilles Saint-Jacques.
4 douzaines de pétoncles, 100 g de beurre, 1 pain de seigle.

Lavez les pétoncles à plusieurs eaux en les brossant, pour en retirer tout le sable. Une fois lavés, épongez-les dans un torchon et posez-les les uns à côté des autres dans un grand plat allant au four. Faites-les chauffer à four très chaud pendant 8 à 10 mn, amenez-les immédiatement sur la table et mangez-les avec du pain de seigle et du beurre. En même temps, vous servirez un petit muscadet bien frais.

MARS
2e SEMAINE
MERCREDI

■ *Déjeuner :* Moules en petits pots ■ Risotto ■ Compote de pommes

Moules en petits pots

2,5 litres de moules, 1 tranche de pain séché, 3 gousses d'ail, persil, 100 g de beurre, sel, poivre, 2 douzaines de petits pots en terre pour escargots.

Grattez les moules, lavez-les à plusieurs eaux. Faites-les ouvrir sur feu vif, ôtez les coquilles. Réservez les chairs. Malaxez à la fourchette le beurre, que vous aurez sorti au moins 1 h avant du réfrigérateur, salez-le légèrement, poivrez, ajoutez-lui un hachis d'ail et de persil et la mie de pain effritée.

Dans le fond de chaque pot, mettez un peu de ce beurre aillé puis 2 ou 3 moules, bouchez avec du beurre. Posez les pots, ainsi remplis, sur un plat allant au four, et faites gratiner. Servez très chaud.

■ *Dîner :* Steaks tartare ■ Frites ■ Fromage ■ Œufs à la neige

Œufs à la neige

3/4 de litre de lait, 5 œufs, 125 g de sucre en poudre, 2 sachets de sucre vanillé.

Séparez les blancs des jaunes, montez les blancs en neige ferme et faites bouillir le lait dans une grande casserole avec le sucre et le sucre vanillé. À l'aide d'une cuillère à soupe, versez les blancs dans le lait (pas plus de 4 cuil. à la fois). Réduisez le feu et laissez cuire 3 mn en tout, en retournant les blancs à mi-cuisson. Égouttez-les et posez-les sur un linge.

Passez le lait à travers un tamis fin. Dans une casserole, battez les jaunes, versez peu à peu le lait bouillant, mettez sur feu doux et faites prendre la crème, en remuant sans arrêt à la cuiller en bois et en surveillant bien. Cette crème ne doit absolument pas bouillir. Lorsqu'elle est froide, versez-la dans une jatte, posez les blancs sur le dessus et mettez au réfrigérateur. Servez très frais.

MARS
2e SEMAINE
JEUDI

■ *Déjeuner :* Bœuf miroton ■ Pommes vapeur ■ Salade de cresson ■ Raisin

Bœuf miroton

300 g d'oignons, 400 g de bœuf cuit, 1 cuil. à soupe de farine, 2 verres de bouillon, 1/2 verre de vin blanc sec, 1 cuil. à dessert de vinaigre, 30 g de beurre, 1 cuil. à soupe d'huile, persil.

Dans une poêle, faites fondre doucement au beurre et à l'huile les oignons émincés. Lorsqu'ils sont cuits, saupoudrez de farine, remuez avec la cuillère en bois, et mouillez avec le bouillon et le vin blanc. Laissez cuire 5 mn, ajoutez un filet de vinaigre.

Coupez la viande en 4 tranches, posez-les dans la poêle. Laissez réchauffer 10 mn à feu doux. Saupoudrez de persil haché au moment de servir.

■ *Dîner :* Sardines à l'huile ▪ Endives au gratin ▪ Yaourts ▪ Pain perdu

Pain perdu

8 tranches de pain, 2 œufs, 1/3 de litre de lait, 100 g de beurre, sucre en poudre, confiture.

Pour utiliser un reste de pain.

Battez les œufs en omelette, ajoutez le lait chaud et une cuil. à soupe de sucre en poudre. Trempez les tranches dans ce mélange, laissez-les s'humecter et faites dorer tout de suite à la poêle dans le beurre chaud.

Servez immédiatement en saupoudrant de sucre en poudre et en les accompagnant de confiture. On peut également faire du pain perdu avec du pain de mie, du pain brioché et de la brioche.

MARS
2e SEMAINE
VENDREDI

■ *Déjeuner :* Viande de mouton froide mayonnaise ▪ Salade de mâche et d'endives ▪ Fromage ▪ Bananes

Mayonnaise

Pour 1/4 de litre d'huile : *1 jaune d'œuf, 1 cuil. à café de moutarde forte, sel, poivre, quelques gouttes de vinaigre.*

Dans un grand bol, mettez le jaune d'œuf, la moutarde, un peu de sel, du poivre. À l'aide d'un fouet, commencez à mélanger puis ajoutez peu à peu quelques gouttes d'huile. Aussitôt que la sauce commence à prendre, ajoutez l'huile en plus grande quantité. Si elle devient trop épaisse, éclaircissez-la en lui ajoutant tout simplement un peu d'eau froide. Lorsqu'elle est prête, incorporez quelques gouttes de vinaigre.

Un conseil : l'œuf doit être sorti à l'avance du réfrigérateur et doit être à la même température que l'huile.

■ *Dîner :* Pamplemousses ■ Turban de merlan au riz ■ Fromage maison

Turban de merlan au riz

500 g de filets de merlan, 200 g de riz cuit à la créole, 2 œufs durs, 75 g de beurre, 1/4 de litre de lait, 1 cuil. à soupe de farine, 1 verre de crème fraîche, 1 cuil. à café de concentré de tomates, sel, poivre.

Faites un roux avec 50 g de beurre et la farine, délayez avec le lait en le versant d'un seul coup. Remuez avec la cuiller en bois, salez, poivrez. Laissez cuire 5 mn, hors du feu, ajoutez le concentré de tomates et la crème fraîche.

Beurrez un moule à savarin, tassez le riz dedans et faites-le réchauffer tout doucement au four.

Lavez les filets de poisson et faites-les cuire 7 mn à la vapeur.

Au moment de servir, démoulez la couronne de riz sur un plat rond, disposez au centre les filets de poisson, décorez de rondelles d'œufs durs et nappez de sauce.

MARS
2e SEMAINE
SAMEDI

■ *Déjeuner :* Cœurs d'artichauts à l'huile ■ Épaule de mouton farcie ■ Flageolets ■ Fromage ■ Ananas frais

Épaule de mouton farcie

1 épaule de mouton de 1,300 kg environ, 25 g de beurre, 1 cuil. à soupe d'huile, 1 verre de vin blanc sec, sel, poivre, romarin, 1 crépinette de porc.
Pour la farce : *125 g de gorge de porc, 125 g de veau, 1 gousse d'ail, persil, 1 œuf, sel, poivre, 1 cuil. à dessert de cognac.*

Mixez la gorge de porc, le veau, l'ail, le persil. Ajoutez à cette farce l'œuf entier, le cognac, sel et poivre, mélangez. Sur une planche, étendez la crépinette, posez dessus l'épaule de mouton désossée par votre boucher, tartinez copieusement de farce, roulez et ficelez en plusieurs endroits comme pour un rôti. Enveloppez le tout dans la crépinette. Dans une cocotte, faites chauffer le beurre et l'huile, mettez l'épaule à dorer de tous côtés. Salez, poivrez, arrosez de vin blanc et saupoudrez d'un peu de romarin. Couvrez et faites cuire 2 h à feu moyen. Si vous faites cette recette dans un autocuiseur, comptez 40 mn de cuisson à partir de la mise en mouvement de la soupape.

■ ***Dîner :*** **Soufflé au fromage ▪ Flageolets en salade ▪ Pamplemousses au sucre**

La recette du soufflé au fromage est donnée page 81.

MARS
2e SEMAINE
DIMANCHE

■ ***Déjeuner :*** **Huîtres ▪ Coq François Ier ▪ Chips ▪ Salade de cresson ▪ Fromage ▪ Corbeille de fruits**

Coq François Ier

1 beau poulet de grain, 150 g de beurre, 250 g de champignons de Paris, 1 verre de vin blanc, 2 échalotes, 1 petit verre de cognac, 1 grand pot de crème fraîche, 4 fonds de tartelettes, 1 kg de pommes, sel, poivre.

Découpez vous-même proprement le poulet ; mettez-le à revenir dans une sauteuse avec 75 g de beurre, mais sans trop le colorer (ceci est important). Retirez les morceaux, laissez-les en attente et à leur place faites sauter les champignons émincés. Ajoutez les échalotes hachées, remettez le poulet, flambez avec le cognac et mouillez avec le vin blanc. Amenez à ébullition, incorporez maintenant la crème, salez, poivrez, réduisez le feu, couvrez, laissez cuire 25 mn environ. Épluchez les pommes, coupez-les en quartiers et faites-les sauter à la poêle dans le restant du beurre. Au moment de servir, dressez le poulet sur un plat chaud, nappez de sauce, remplissez chaque tartelette de pommes et disposez-les autour du poulet.

■ ***Dîner :*** **Pâté de campagne ■ Batavia ■ Poires à l'agenaise**

Poires à l'agenaise

250 g de pruneaux dénoyautés, 4 poires, 1/4 de litre de vin de bordeaux rouge, 150 g de sucre en poudre.

Rincez les pruneaux et faites-les tremper pendant 2 h dans le vin rouge allongé d'un quart de litre d'eau. Saupoudrez-les de sucre en poudre, ajoutez les poires épluchées et coupées en quartiers, faites cuire 10 à 12 mn. À l'aide de l'écumoire, égouttez les fruits, disposez-les dans un compotier, faites réduire quelques instants, à feu vif, le sirop, versez-le sur les fruits, et laissez refroidir avant de mettre au réfrigérateur.

MARS
3e SEMAINE
LUNDI

■ ***Déjeuner :*** **Omelette au fromage ■ Romaine ■ Yaourts ■ Madeleines maison ■ Confiture d'abricots**

Madeleines maison

100 g de sucre en poudre, 100 g de farine, 100 g de beurre, 2 œufs, 1 citron, 1 plaque à madeleines.

Dans une terrine, travaillez avec un fouet à sauce les œufs et le sucre en poudre jusqu'à ce que vous obteniez le ruban (en soulevant le fouet enrobé de pâte, cette dernière doit retomber dans la terrine comme un long ruban.

Incorporez ensuite peu à peu la farine, tamisée, puis le beurre juste fondu et le zeste de citron râpé ; mélangez bien le tout. Beurrez les moules de la plaque, remplissez-les de pâte et faites cuire 20 mn à four doux.

■ ***Dîner :*** **Radis ■ Lapin au vouvray ■ Pommes vapeur ■ Fromage ■ Poires**

Lapin au vouvray

1 lapin, 2 carottes, 1 oignon, 1 gousse d'ail, 1 échalote, 200 g de lard de poitrine fumé, 1/2 bouteille de vouvray sec, 250 g de champignons de Paris, 50 g de beurre, bouquet garni.

Le matin, dans une terrine, disposez le lapin coupé en morceaux, ajoutez l'oignon entier, l'échalote, la gousse d'ail, les carottes coupées en rondelles, le bouquet garni, mouillez avec le vin.

Le soir, égouttez les morceaux de lapin, épongez-les dans un papier absorbant. Coupez le lard en dés, faites-le revenir à la cocotte dans le beurre, ajoutez les morceaux de lapin, faites-les saisir. Mouillez avec la marinade passée au chinois. Laissez cuire à couvert 40 mn. Quinze minutes avant la fin de la cuisson, incorporez les champignons coupés en lamelles. Dressez les morceaux de lapin sur un plat chaud, faites réduire la sauce à feu vif si celle-ci est trop abondante.

MARS
3e SEMAINE
MARDI

■ ***Déjeuner :*** **Pamplemousses ■ Salade d'endives au gruyère et au jambon ■ Pommes**

Ce soir, on reçoit des amis : déjeuner léger mais suffisant pour les enfants qui vont cet après-midi à l'école ou au lycée.

■ *Dîner :* Filets de soles normande ■ Rôti de filet de bœuf ■ Pommes dauphine ■ Salade de mâche et betterave ■ Assortiment de fromages ■ Sorbet à la noix de coco

Filets de soles à la normande

2 soles de 600 g, 2 oignons, 2 échalotes, 1 carotte, 2 verres de vin blanc sec, thym, laurier, persil, 200 g de champignons, 8 cuil. à soupe de crème fraîche, 1 litre de moules, 125 g de crevettes décortiquées, 2 œufs, 100 g de beurre, sel, poivre.

Faites lever les filets de soles par le poissonnier, mais conservez les têtes et les arêtes. Émincez carotte et oignons et faites-les étuver dans 75 g de beurre. Ajoutez les déchets de poisson, un peu de thym, 1 feuille de laurier, sel, poivre, mouillez avec 1 verre de vin et 2 verres d'eau ; laissez cuire à couvert et à petit feu 1/2 heure. Passez ce fumet au chinois.

Ouvrez les moules à feu vif, sortez-les de leur coquille, laissez-les en attente. Beurrez un plat allant au four, disposez dans le fond un hachis d'échalotes et de persil. Posez dessus les champignons émincés et les filets de soles pliés en deux. Mouillez à mi-hauteur avec le reste de vin blanc et le fumet, recouvrez d'un papier sulfurisé beurré et faites cuire 10 mn environ au four à feu doux.

Égouttez les filets de soles, dressez-les sur le plat de service, tenez au chaud. Passez à nouveau le fond de cuisson et faites-le réduire à feu vif de 2/3. Baissez le feu, ajoutez la crème et faites réduire à nouveau jusqu'à ce que la sauce nappe le dos d'une cuillère en bois. Ajoutez alors les crevettes décortiquées et les moules. Hors du feu, liez avec 2 jaunes d'œufs. Nappez les filets de cette sauce, servez immédiatement.

■ *Déjeuner :* Jambon blanc ■ Spaghettis à la tomate ■ Petits-suisses ■ Clémentines

Spaghettis à la tomate

350 g de spaghettis, 75 g de gruyère râpé, 1 boîte de sauce italienne, 50 g de beurre, 1 cuil. à dessert d'huile, sel.

Dans un fait-tout, faites bouillir une grande quantité d'eau salée. Jetez dedans les spaghettis et ajoutez l'huile. Remuez de temps en temps, à la cuillère en bois. Comptez 10 à 12 mn de cuisson, à découvert évidemment. Pendant ce temps, faites chauffer doucement la sauce. Aussitôt les pâtes cuites, égouttez-les. Versez-les immédiatement dans le plat de service, ajoutez le beurre, le fromage, la sauce. Mélangez et apportez immédiatement sur la table.

■ *Dîner :* Potage poireaux-pommes de terre ■ Chou-fleur au gratin ■ Fromage ■ Bougnettes à la catalane

Bougnettes à la catalane

500 g de farine, 100 g de beurre, 6 œufs, 10 g de levure de boulanger, 1 citron, sucre en poudre, 1 litre d'huile.

Faites fondre la levure dans un peu d'eau tiède légèrement sucrée. Dans un saladier, faites un puits avec la farine, mettez au centre les œufs entiers et le zeste du citron râpé. Mélangez en ajoutant l'eau et la levure et le beurre juste fondu. Travaillez jusqu'à obtention d'une boule. Recouvrez-la d'un linge et laissez reposer 2 h dans un endroit tiède.

Détachez de la boule des morceaux de pâte, aplatissez-les au rouleau de manière à obtenir de petites crêpes de 8 cm de diamètre. Faites-les frire à la poêle dans l'huile chaude. Égouttez-les, posez-les sur un papier absorbant et saupoudrez-les largement de sucre.

MARS
3e SEMAINE
JEUDI

■ *Déjeuner :* Cœurs de palmiers ▪ Osso-buco ▪ Riz créole ▪ Poires

Osso-buco

4 belles tranches de jarret de veau, 1 kg de tomates, 2 poireaux, 1 carotte, 1 petit céleri en branche, 1 livre de poivrons, 2 cuil. à soupe d'huile, farine, sel, poivre.

Épluchez les poireaux, la carotte, le petit céleri, coupez tous les légumes en julienne très fine. Épluchez les tomates, coupez-les en deux, égrenez-les et coupez-les en dés. Farinez légèrement chaque tranche de jarret, faites-les revenir à l'huile, dans une cocotte, salez, poivrez, ajoutez la julienne de légumes et la moitié des tomates. Mouillez avec 1 bon verre d'eau, couvrez et faites cuire 1 h 30 à feu doux. À part, faites cuire à la poêle séparément et dans l'huile le reste des tomates épépinées et coupées en 4 et les poivrons épépinés et coupés en lanières. Pour servir, dressez les tranches sur un plat chaud, arrosez-les de sauce. À part, disposez les poivrons et les tomates et apportez le riz en même temps.

■ *Dîner :* Salade de riz au thon et aux olives ▪ Camembert ▪ Gâteau aux noix

Gâteau aux noix

200 g de sucre cristallisé, 8 œufs, 200 g de cerneaux de noix, 50 g de farine, 1 cuil. à café de levure en poudre.

Dans une terrine, travaillez au fouet à sauce le sucre avec les jaunes d'œufs, jusqu'à ce que le mélange blanchisse, ajoutez alors la farine tamisée avec la levure et les noix finement hachées au mixer. Incorporez alors 5 blancs d'œufs battus en neige ferme. Beurrez un moule à manqué, remplissez-le avec le mélange et faites cuire à four moyen pendant 35 mn. Démoulez le gâteau sur une grille et servez-le froid.

MARS
3e SEMAINE
VENDREDI

■ ***Déjeuner :*** **Moules en brochettes ▪ Salade composée (pommes de terre, betteraves, jambon) ▪ Fromage blanc**

Moules en brochettes

1,5 litre de grosses moules, 250 g de lard de poitrine fumé, 1 œuf, 50 g de beurre, 2 cuil. à soupe d'huile, 100 g de farine, 100 g de chapelure, 1 citron.

Grattez les moules, lavez-les à plusieurs eaux, faites-les ouvrir à feu vif. Décortiquez-les. Coupez le lard en petits dés. Sur des brochettes, enfilez alternativement moules et lardons.

Préparez devant vous dans l'ordre suivant : une assiette avec la farine, une autre avec l'œuf battu, une troisième avec la chapelure. Roulez dedans chaque brochette. Dans une grande poêle, faite-les dorer de toutes parts dans la matière grasse.

Comptez environ 5 mn de cuisson. Servez très chaud en arrosant du jus de citron.

■ ***Dîner :*** **Salade de concombre ▪ Filets de merlans en papillotes ▪ Pommes à l'anglaise ▪ Fromage ▪ Oranges**

Filets de merlans en papillotes

4 beaux filets de merlans, 250 g de champignons de Paris, 1 jaune d'œuf, 1 cuil. à soupe de crème, 4 cuil. à dessert de vin blanc sec, 30 g de beurre, sel, poivre, 1 citron, papier aluminium.

Ôtez le bout terreux des champignons, lavez-les sous l'eau courante. Arrosez-les de jus de citron, hachez-les et passez-les rapidement au beurre dans une poêle. Dans un bol, mélangez les champignons, le jaune d'œuf, la crème, sel et poivre.

Découpez 4 carrés de papier aluminium ; sur chacun, posez un filet de merlan dans sa longueur. Étendez dessus une cuil. de farce, roulez les filets et arrosez-les de vin blanc, enveloppez le tout dans le papier d'aluminium, comme un paquet. Faites cuire à four moyen, 10 mn environ. Servez chaud dans les papillotes, en présentant en même temps une saucière de beurre fondu.

MARS
3e SEMAINE
SAMEDI

■ ***Déjeuner :*** **Ragoût de mouton aux haricots ■ Salade de chicorée frisée ■ Fromage ■ Abricots au sirop**

Ragoût de mouton aux haricots

850 g d'épaule de mouton, 300 g de flageolets secs, 2 tomates, 3 oignons, bouquet garni, 1 cuil. à dessert de saindoux, 2 gousses d'ail, sel, poivre.

Plongez les haricots dans une grande quantité d'eau froide, amenez à ébullition et laissez cuire 15 mn. Égouttez-les, plongez-les, cette fois dans de l'eau bouillante salée, avec le bouquet garni et 1 oignon. Aussitôt l'ébullition reprise, maintenez-la très doucement, couvrez et laissez cuire 1 h 30.

D'autre part, dans une cocotte, faites revenir au saindoux la viande coupée en morceaux, ajoutez les oignons émincés, les tomates épluchées et épépinées, l'ail, sel et poivre. Couvrez d'eau aux 3/4, faites cuire 1 h 30 à couvert. Au bout de ce temps, ajoutez les haricots égouttés, laissez cuire encore 30 mn. Si cela est nécessaire, ajoutez un peu d'eau de cuisson des haricots.

■ *Dîner :* Avocats aux crevettes ■ Endives braisées ■ Fromage ■ Bananes flambées

Avocats aux crevettes

2 avocats, 1 paquet de crevettes décortiquées surgelées, 1 cuil. à dessert de moutarde, 2 cuil. à soupe de vinaigre, 7 cuil. à soupe d'huile, sel et poivre, quelques feuilles de laitue.

Mettez les crevettes à décongeler selon les indications portées sur l'emballage. Dans un bol, délayez la moutarde avec sel, poivre et le vinaigre, mélangez à la cuillère en bois. Ajoutez l'huile peu à peu et travaillez cette sauce comme une mayonnaise. Coupez les avocats en deux, ôtez les noyaux et remplacez-les par les crevettes égouttées. Recouvrez de sauce.

Sur chaque assiette, posez un lit de laitue, mettez dessus un demi-avocat et servez vite. La sauce peut être préparée à l'avance, mais les avocats ne doivent être ouverts qu'à la dernière minute.

MARS
3e SEMAINE
DIMANCHE

■ *Déjeuner :* Grand ailloli ■ Sorbet aux fruits de la Passion

Grand ailloli

Pour 8 personnes : *2 morues moyennes, 1,500 kg de seiches, 2 tomates, 1 verre de vin blanc sec, 16 carottes, 16 pommes de terre, 1/2 pomme de terre cuite dans sa peau, 8 patates douces, 8 petits artichauts, 8 œufs durs, 2 jaunes d'œufs, 1/2 litre d'huile d'olive, 750 g livre de haricots verts, 3 douzaines d'escargots de mer, 16 tranches de pain rassis, 2 betteraves, 11 gousses d'ail, 1 oignon, thym, laurier, sel, poivre.*

Dans un mortier, pilez 9 gousses d'ail, ajoutez 2 jaunes d'œufs, sel, poivre. Mélangez et incorporez peu à peu l'huile d'olive, comme vous le feriez pour une mayonnaise, laissez l'ailloli en attente. Par grande chaleur ajoutez aux jaunes d'œufs 1/2 pomme de terre cuite dans sa peau, épluchée et écrasée.

Faites enlever l'encre des seiches par le poissonnier, lavez-les, ôtez les cartilages. Coupez les seiches en lanières, faites-les cuire à petit feu 20 mn, dans une cocotte, avec les tomates pelées, épépinées et coupées, 2 gousses d'ail, l'oignon émincé, le vin blanc, thym, laurier, sel et poivre, couvrez. Égouttez les seiches. Faites réduire le jus de cuisson d'1/4. Remettez les seiches.

Lavez tous les légumes, ne les épluchez pas, faites-les cuire à l'eau : les carottes 2 h, les pommes de terre 20 mn, les patates douces 15 mn, les artichauts 20 mn, les haricots 30 mn. Au moment de servir, dressez-les sur un plat avec les œufs durs. Faites pocher 10 mn la morue dessalée. Effeuillez-la et mettez-la sur un autre plat avec les escargots cuits 15 mn à l'eau bouillante. Tenez tout au chaud. Dans une soupière, délayez 1 cuil. à dessert d'ailloli avec 3 louches du bouillon de morue, ajoutez les seiches et leur jus de cuisson, mélangez. Dans chaque assiette creuse, disposez 2 tranches de pain séchées au four et tartinées d'ailloli. Servez en premier les seiches sur ces tranches.

Puis apportez la morue, les légumes, les betteraves coupées en dés et en même temps le mortier d'ailloli.

■ ***Dîner :*** **Thé ou chocolat au lait ■ Brioches ■ Confiture d'oranges**

Un dîner-goûter léger s'impose.

MARS
4e SEMAINE
LUNDI

■ *Déjeuner :* Rognons de veau au cognac ■ Pommes de terre sautées ■ Oranges

Rognons de veau au cognac

2 rognons de veau ou 500 g de rognons de génisse, 30 g de beurre, 1 petit verre de cognac, 100 g de crème fraîche, sel, poivre.

Demandez à votre tripier de préparer les rognons, d'ôter la peau, la graisse et de les couper en cubes.

Faites revenir à la poêle et au beurre les morceaux de rognon, sur feu moyen, pendant 5 mn environ. Salez, poivrez. Jetez le beurre et le jus. Arrosez les rognons de cognac, flambez. Réduisez le feu, ajoutez la moitié de la crème, laissez-la bouillir quelques instants pour qu'elle épaississe. Puis ajoutez le restant de crème, laissez mijoter 1 à 2 mn. Servez immédiatement sur des assiettes chaudes.

■ *Dîner :* Gougère ■ Salade d'endives, pommes et noix ■ Fromage ■ Pommes au four

Gougère

1/4 de litre d'eau, 150 g de farine, 100 g de beurre, 5 œufs, 1 jaune d'œuf, 150 g de gruyère, sel, poivre, noix de muscade.

Versez dans une casserole l'eau, le beurre et le sel, amenez à ébullition. Hors du feu, jetez d'un seul coup la farine et remuez immédiatement avec une cuillère en bois, jusqu'à ce que la pâte devienne homogène. Remettez la casserole sur feu doux et travaillez encore la pâte jusqu'à ce qu'elle ne colle plus ni à la cuillère ni à la casserole, retirez du feu.

Ajoutez les œufs entiers un par un, en battant bien la pâte entre chaque œuf. Lorsqu'elle est à point, ajoutez-lui les 3/4 du gruyère coupé en fines lamelles, un peu de sel, poivre, et un soupçon de noix de muscade râpée. Sur une tôle beurrée disposez, à l'aide d'une cuillère à soupe, la pâte en forme de couronne. Dorez la surface au jaune d'œuf et piquez sur le dessus le reste du gruyère coupé en dés. Faites cuire à four moyen 30 mn. Servez chaud.

MARS
4e SEMAINE
MARDI

■ ***Déjeuner :*** **Steaks hachés à la moelle ▪ Purée de pommes de terre ▪ Fromage ▪ Clémentines**

Steaks hachés à la moelle

600 g de bifteck haché de bœuf ou de cheval, 1 os à moelle, 2 beaux oignons, 1 œuf, 80 g de beurre, sel, poivre, 1/3 de litre de vin blanc sec, persil.

Enveloppez l'os à moelle dans une feuille de papier aluminium, mettez-le 10 mn à four moyen. Recueillez la moelle. Hachez finement les oignons, faites-les fondre à feu doux, sans prendre couleur, dans la moitié du beurre.

Dans une terrine, mélangez la viande hachée, la moelle, les oignons, l'œuf entier, sel et poivre. Formez 4 biftecks et faites-les cuire à la poêle dans le beurre chaud 3 mn de chaque côté. Dressez-les sur un plat chaud. Versez le vin blanc dans la poêle, grattez rapidement le fond avec une fourchette, versez cette sauce sur les biftecks et servez immédiatement. Saupoudrez de persil haché.

■ *Dîner :* Œufs au fromage ■ Laitue ■ Yaourts ■ Tarte aux pommes

Tarte aux pommes

250 g de farine, 125 g de beurre, 1/2 verre d'eau salée, 1,500 kg de pommes, 250 g de sucre en poudre.

Épluchez 1 kg de pommes, coupez-les en quartiers et faites-les cuire 20 mn environ avec 200 g de sucre et 1/2 verre d'eau. La compote doit être bien sèche ; écrasez-la grossièrement à la fourchette, et laissez-la refroidir.

Faites une pâte lisse en travaillant du bout des doigts la farine et le beurre divisé en morceaux, mouillez avec 1/2 verre d'eau légèrement salée. Formez une boule et étendez cette pâte au rouleau. Beurrez et farinez légèrement un moule à tarte, posez la pâte dessus. Avec un couteau, pratiquez quelques incisions dans le fond. Versez dedans la compote, étalez-la bien, posez dessus des tranches de pommes coupées régulièrement. Faites cuire au four moyen pendant 30 mn. Sortez la tarte du four, saupoudrez-la du reste de sucre.

MARS
4e SEMAINE
MERCREDI

■ *Déjeuner :* Carottes râpées ■ Entrecôte poêlée ■ Croquettes de pommes de terre ■ Fromage ■ Kiwis

Croquettes de pommes de terre

1 kg de pommes de terre, 50 g de beurre, 4 jaunes d'œufs, sel, poivre, muscade, huile pour friture.
Pour la sauce : *2 œufs, 250 g de chapelure, 100 g de farine.*

Faites cuire 20 mn à l'eau salée les pommes de terre épluchées. Égouttez-les et passez-les au moulin à légumes. Travaillez cette purée sur feu doux pour la dessécher, ajoutez le beurre. Hors du feu, incorporez un à un les jaunes d'œufs. Avec une cuil. à soupe prélevez un peu de pâte, façonnez-la dans vos mains en forme de petits boudins et roulez-les dans la farine.

Passez chaque boudin dans l'œuf battu, puis dans la chapelure, jetez-les dans la friture très chaude, en n'en mettant pas plus de six à la fois. Égouttez-les sur un papier absorbant et tenez-les au chaud en attendant que les autres soient prêts. Salez légèrement, poivrez, muscadez.

■ ***Dîner :*** **Pâté de campagne ■ Macaronis au gratin ■ Pain de fruits ■ Gâtée de groseille**

Pain de fruits

125 g de sucre, 150 g de farine, 75 g de beurre, 3 œufs, 125 g de noisettes en poudre, 60 g d'amandes en poudre, 100 g de figues sèches, 100 g d'écorce de citron confit, 125 g de raisins de Smyrne, 1 cuil. à café de cannelle, 1 cuil. à café de levure en poudre, sel.

Tapissez entièrement un moule à cake de papier beurré. Faites tremper les raisins dans un peu d'eau tiède. Coupez les figues et l'écorce de citron en très petits dés. Dans une terrine, travaillez les œufs entiers, le sucre et le sel jusqu'à ce que le mélange fasse le ruban. Ajoutez le beurre ramolli, la farine tamisée, la levure, la cannelle, les figues, citrons, raisins et poudres d'amandes et de noisettes.

Remplissez le moule, faites cuire à four doux 1 h environ.

MARS
4e SEMAINE
JEUDI

■ *Déjeuner :* Salade de concombre ■ Fenouil au jambon ■ Petits-suisses ■ Bananes

Fenouil au jambon

2 cœurs de fenouil, 4 tranches de jambon, 1 bol de sauce béchamel, 50 g de gruyère râpé.

Épluchez les fenouils, faites-les cuire dans de l'eau bouillante salée pendant 30 à 35 mn environ. Égouttez-les.

Coupez chaque fenouil en quatre et chaque tranche de jambon en deux. Entourez un morceau de fenouil d'une tranche de jambon, disposez-les ainsi tous dans un plat à gratin. Nappez de sauce béchamel. Saupoudrez de gruyère râpé et faites gratiner 10 mn à four chaud.

■ *Dîner :* Bœuf aux tomates ■ Tagliatelles ■ Fromage ■ Poires

Bœuf aux tomates

400 g de restes de pot-au-feu, 3 oignons, 1 grande boîte de concentré de tomates, thym, 1/2 verre de bouillon, 300 g de pâtes, 100 g de beurre, 50 g de râpé, sel, poivre.

Dans une poêle, faites fondre doucement les oignons émincés dans 50 g de beurre. Remuez de temps en temps. Ajoutez 4 tranches de bœuf bouilli, retournez-les au bout de 5 mn. Mouillez avec le concentré et le bouillon, saupoudrez de thym, salez, poivrez, couvrez, laissez mijoter 5 à 8 mn.

Faites cuire les pâtes à l'eau, égouttez-les, versez-les dans un plat creux, parsemez de quelques petits morceaux de beurre. Posez les tranches de viande sur le dessus des pâtes, recouvrez avec la sauce tomate et saupoudrez de râpé. Servez immédiatement.

■ ***Déjeuner :*** **Cabillaud au four ✻ ▪ Riz créole ▪ Salade d'oranges**

Cabillaud au four ✻

4 tranches de cabillaud de 2 cm d'épaisseur environ, 2 tomates, 2 oignons, thym, 1 cuil. à soupe d'huile, sel, poivre, persil.

Huilez le fond d'un plat allant au micro-ondes. Disposez dans le fond les oignons émincés, posez dessus les tranches de poisson et tout autour les tomates coupées en quatre. Salez, poivrez, saupoudrez de thym et de persil haché. Couvrez d'un film étirable et faites cuire 6 mn au micro-ondes.

■ ***Dîner :*** **Œufs en meurette ▪ Salade d'endives ▪ Fromage ▪ Pommes hérisson**

Œufs en meurette

4 œufs, 2 échalotes, 1 oignon, thym, laurier, persil, 1 gousse d'ail, 50 g de beurre, 1 cuil. à dessert de farine, 1 bouteille de bon vin rouge, 4 tranches de pain de mie rond, 3 cuil. à soupe de bon vinaigre rouge.

Dans une casserole, faites bouillir le vin, avec les échalotes, thym, laurier, ail, oignon. Laissez-le réduire de moitié et passez-le à travers une passoire fine, laissez-le refroidir. Dans une assiette plate, travaillez à la fourchette le beurre et la farine. Remettez le vin sur le feu et incorporez peu à peu la liaison farine-beurre en battant avec le fouet à sauce. Lorsque la sauce est liée, tenez-la au chaud.

Jetez les œufs entiers dans une casserole d'eau bouillante vinaigrée. Couvrez et ôtez aussitôt la casserole du feu. Comptez 4 mn environ. Égouttez les œufs, posez-les sur un linge propre, coupez avec des ciseaux les effilochures des blancs. Recouvrez les œufs d'un autre linge, le temps de faire frire les croûtons à l'huile. Sur le plat de service, dressez les œufs sur les croûtons et nappez de sauce. Saupoudrez de persil haché.

MARS
4e SEMAINE
SAMEDI

■ ***Déjeuner :*** **Brandade de morue ▪ Salade frisée ▪ Yaourts ▪ Clémentines**

Brandade de morue

500 g de morue, 2 gousses d'ail, 2 verres d'huile, 1 verre de lait, 2 cuil. à soupe de crème fraîche, 8 croûtons frits.

Si vous utilisez de la morue entière, faites-la dessaler 24 h ; de la morue en filets, 12 h. Mettez-la à cuire à l'eau froide, en la laissant frémir 10 mn. Effeuillez la morue, passez-la au mixer. Incorporez peu à peu l'huile chaude, toujours en faisant tourner le mixer. Puis le lait chaud, l'ail, et enfin la crème. Sortez la brandade du mixeur, tenez-la au chaud au bain-marie. Décorez de croûtons frits.

■ ***Dîner :*** **Entrecôte poêlée ▪ Pommes de terre en galette ▪ Laitue ▪ Fromage ▪ Ananas frais**

Pommes de terre en galette

1 kg de pommes de terre, 4 cuil. à soupe d'huile, 25 g de beurre, sel, poivre.

Épluchez, lavez, essuyez les pommes de terre, coupez-les en fines rondelles. Dans une grande poêle, faites chauffer l'huile et le beurre, jetez-y les pommes de terre. Secouez la poêle de temps en temps pour qu'elles dorent toutes. Salez, poivrez, couvrez, réduisez le feu et laissez cuire doucement 20 mn.

Glissez la galette dans la poêle, continuez la cuisson 10 mn.

MARS
4ᵉ SEMAINE
DIMANCHE

■ ***Déjeuner :*** **Fruits de mer ■ Ris de veau aux petits pois ■ Fromage ■ Diplomate au chocolat**

Ris de veau aux petits pois

700 g de ris de veau, 200 g de lard de poitrine fumé, 400 g de petits pois surgelés, blanchis, 1/2 boîte de fonds d'artichauts, 100 g de beurre, sel, poivre.

Achetez des ris de veau bien blancs. Mettez-les dans une casserole d'eau froide et faites-les pocher 10 mn. Sortez-les à l'aide de l'écumoire, plongez-les dans l'eau froide. Égouttez-les et, avec un bon couteau, taillez-les en escalopes. Dans une cocotte, faites revenir au beurre le lard coupé en dés, ajoutez les petits pois égouttés. Laissez cuire 10 mn. Dans une poêle, faites dorer les fonds d'artichauts, transvasez-les dans la cocotte. Toujours dans la poêle, faites dorer au beurre les ris de veau. Ajoutez-les au contenu de la cocotte, salez, poivrez, laissez mijoter quelques instants. Servez très chaud en dressant les escalopes de ris en couronne, au centre les petits pois, terminez par les fonds d'artichauts.

■ ***Dîner :*** **Taboulé ■ Fromage blanc ■ Crème au café**

Crème au café

1/2 litre de lait, 2 jaunes d'œufs, 1 œuf entier, 80 g de sucre en poudre, 30 g de farine, 1/2 tasse de café très fort ou 1 cuil. à soupe de café soluble.

Dans une casserole, délayez le sucre et la farine avec les œufs. Versez peu à peu le lait bouillant en remuant à l'aide d'une cuillère en bois, ajoutez le café. Amenez doucement à ébullition en continuant de remuer. Laissez cuire 5 mn. Versez la crème dans des petits pots, mettez-la au frais, jusqu'au moment de la servir.

Avril

AVRIL
1re SEMAINE
LUNDI

■ ***Déjeuner :*** **Œufs frits à l'espagnole ■ Batavia ■ Fromage ■ Bananes**

Œufs frits à l'espagnole

8 œufs, 1/4 de litre d'huile, 1/2 chorizo.

Coupez le chorizo en rondelles. Faites chauffer l'huile dans une grande poêle, cassez les œufs un à un dans une tasse et versez-les immédiatement dans l'huile chaude. Précipitez-y également les tranches de chorizo. Réduisez le feu.

Avec l'écumoire, remontez le blanc des œufs, comme pour des œufs pochés, de sorte qu'ils enferment chacun 2 tranches de chorizo. Tout ceci doit être fait très rapidement. Égouttez et servez très vite.

■ ***Dîner :*** **Tête de veau vinaigrette ■ Pommes à l'anglaise ■ Fromage blanc ■ Mirabelles au sirop**

Tête de veau vinaigrette

1/2 tête de veau de 600 g environ, 1 oignon piqué de 3 clous de girofle, 1 bouquet garni, sel, poivre, 1 œuf dur haché, 9 cuil. à soupe d'huile, 3 cuil. à soupe de vinaigre, 1 cuil. à café de persil haché, 1 cuil. à café d'échalote hachée, 1 citron.

Frottez la tête avec le citron pour éviter qu'elle noircisse. Mettez-la dans un fait-tout, recouvrez-la d'eau froide, amenez à ébullition.

À ce moment, écumez si cela est nécessaire, ajoutez l'oignon, le bouquet garni, sel et poivre. Couvrez et laissez cuire à petite ébullition pendant 1 h 30 (30 mn en autocuiseur).

D'autre part, préparez la sauce en mélangeant l'huile, le vinaigre, le sel, le poivre, le persil, l'échalote et l'œuf dur. Laissez la tête de veau au chaud jusqu'au moment de la servir. Égouttez-la, découpez-la en tranches sur un plat chaud, servez immédiatement, entourée des pommes à l'anglaise, avec la sauce à part.

AVRIL
1re SEMAINE
MARDI

■ *Déjeuner :* **Choux nouveaux aux lardons ▪ Fromage ▪ Oranges**

Choux nouveaux aux lardons

3 petits choux nouveaux, 4 pommes de terre cuites en robe des champs, 250 g de lard de poitrine coupé en dés, 1 cuil. à soupe de saindoux, sel, poivre, vinaigre.

Ôtez les premières feuilles des choux et lavez-les à l'eau vinaigrée. Faites-les cuire 10 mn dans de l'eau bouillante salée, égouttez-les, coupez-les en quatre.

Dans une cocotte, faites dorer les lardons au saindoux, ajoutez les choux, laissez revenir doucement 5 bonnes minutes, puis ajoutez les pommes de terre entières, poivrez, couvrez et faites mijoter 15 mn.

■ *Dîner :* **Turbot poché sauce hollandaise ▪ Pommes vapeur ▪ Compote de pommes**

Turbot poché sauce hollandaise

1 beau turbot de 1,500 kg, 1 sachet de court-bouillon.
Pour la sauce : *4 jaunes d'œufs, 200 g de beurre, 1/2 citron, sel.*

Videz le poisson. Si vous n'avez pas de turbotière, coupez le poisson en 4 morceaux à l'aide de bons ciseaux. Mettez-le dans un fait-tout, saupoudrez de la poudre du sachet de court-bouillon, recouvrez largement d'eau froide et amenez très doucement à ébullition. Laissez frémir 5 mn, éteignez le feu, maintenez le poisson dans son court-bouillon.

Pendant ce temps, préparez la sauce : dans une casserole, battez au fouet à sauce les jaunes d'œufs avec une cuil. à soupe d'eau chaude. Mettez la casserole au bain-marie chaud, mais non bouillant. Ajoutez peu à peu le beurre coupé en morceaux. Aussitôt que la sauce commence à épaissir, retirez-la du bain-marie. Ajoutez du beurre, mélangez, remettez au bain-marie et ainsi de suite. À chaleur trop forte, la sauce risquerait de tourner. Lorsque tout le beurre sera mélangé, salez, ajoutez le jus de citron.

Égouttez le poisson. Ôtez la peau, disposez les morceaux sur un plat long. Servez la sauce en saucière.

AVRIL
1re SEMAINE
MERCREDI

■ ***Déjeuner :*** **Brochettes d'agneau aux herbes ▪ Riz créole ▪ Crème vite faite**

Brochettes d'agneau aux herbes

400 g d'épaule d'agneau, 1 petit verre d'huile d'olive, 250 g de lard de poitrine coupé en dés, sel, poivre, thym, romarin, 4 brochettes.

Coupez la viande en gros dés. Enfilez sur chaque brochette 2 morceaux d'agneau, 1 morceau de lard, comptez 6 à 8 morceaux d'agneau par brochette.

Posez toutes les brochettes sur un plat, salez, poivrez, saupoudrez d'un peu de thym et de romarin, arrosez d'huile. Laissez mariner au moins 1 h, en retournant de temps en temps.

Allumez le grilloir du four 10 mn à l'avance, posez les brochettes sur la grille, dans le milieu du four, laissez la porte ouverte et faites dorer 3 à 4 mn de chaque côté. Dressez le riz créole sur un plat long et posez les brochettes sur le dessus.

■ *Dîner :* Salade de chicorée aux œufs durs ■ Petits-suisses ■ Beignets aux pommes

Beignets aux pommes

125 g de farine, 1 œuf, 1 cuil. à soupe de rhum, 2 petits verres de lait, 3 pommes, 1 pincée de sel, 50 g de sucre, friture.

Dans une terrine, faites une fontaine avec la farine et le sel. Au centre, mettez le jaune d'œuf, mélangez et délayez petit à petit avec le lait, laissez reposer la pâte (qui doit être un peu épaisse) au moins 1 heure. À l'aide d'un vide-pomme, évidez les pommes, épluchez-les, coupez-les en tranches un peu épaisses, faites-les macérer avec le sucre et le rhum.

Au moment de préparer les beignets, battez le blanc en neige ferme, incorporez-le à la pâte. Épongez les tranches de pomme, trempez-les une à une dans la pâte, puis plongez-les aussitôt dans la friture chaude (pas plus de cinq à la fois). Faites-les dorer sur les deux faces, égouttez-les et posez-les sur un papier absorbant. Tenez-les au chaud en attendant les autres, à l'entrée du four.

AVRIL
1re SEMAINE
JEUDI

■ *Déjeuner :* Salade de tomates ■ Rôti de porc à la sauge ■ Pommes de terre sautées ■ Yaourts ■ Mendiant

Rôti de porc à la sauge

1 kg d'échine de porc désossée, 5 feuilles de sauge, 2 gousses d'ail, sel, poivre, 20 g de beurre.

Coupez les gousses d'ail en petits filets. Pratiquez plusieurs incisions dans le rôti, faites-y pénétrer les filets d'ail et les feuilles de sauge. Salez, poivrez. Posez le rôti dans un plat allant au four, tartinez-le sur le dessus de beurre, versez dans le fond du plat

1 verre d'eau. Allumez le four 15 mn à l'avance. Enfournez le rôti à chaleur moyenne, faites-le cuire 1 h 30, en arrosant plusieurs fois.

Éteignez le feu, laissez la viande dans le four encore 5 mn.

Coupez le rôti en tranches et dressez sur un plat chaud.

■ **Dîner :** Soupe à l'oseille ▪ Chou-fleur au gratin ▪ Laitue ▪ Pommes

Soupe à l'oseille

250 g d'oseille, 2 pommes de terre, 30 g de beurre, 75 g de crème fraîche.

Lavez les feuilles d'oseille, égouttez-les, hachez-les grossièrement. Dans une casserole à fond épais, faites-les étuver au beurre, à feu doux. Mouillez avec 1,5 litre d'eau, ajoutez les pommes de terre coupées en quatre et le sel. Laissez cuire 15 mn. Passez au mixeur et ajoutez la crème fraîche au moment de servir.

AVRIL
1re SEMAINE
VENDREDI

■ **Déjeuner :** Mulets au four ✻ ▪ Pommes à l'anglaise ▪ Fromage blanc aux fruits

Mulets au four ✻

4 mulets, 3 tomates, 3 cuil. à soupe de vin blanc sec, 2 oignons, sel, poivre, thym, persil, 30 g de beurre.

Videz les poissons, lavez-les, épongez-les et disposez-les dans un plat allant au micro-ondes. Ajoutez les tomates, coupées en quartiers, les oignons, du persil haché, quelques noisettes de beurre, sel et poivre, saupoudrez de thym égrené et mouillez avec le vin blanc. Couvrez d'un film transparent.

Faites cuire au micro-ondes, chaleur maximale, pendant 6 mn.

■ ***Dîner :*** **Lasagnes à la viande ■ Romaine ■ Fromage ■ Pamplemousses au sucre**

Lasagnes à la viande

350 g de lasagnes, 250 g de restes de viande ou de porc hachés, 1 bol d'épinards cuits et égouttés, 1 oignon, persil, 1 tasse à déjeuner de sauce béchamel, 125 g de crème fraîche, 30 g de beurre, muscade, 100 g de gruyère râpé, 30 g de parmesan râpé, sel, poivre.

Dans un grand fait-tout, mettez à cuire à l'eau bouillante salée 4 ou 5 lasagnes à la fois (12 mn de cuisson). Sortez-les avec l'écumoire et plongez-les dans une casserole d'eau froide où vous les laisserez 10 mn environ. Faites ainsi pour tout le paquet, puis égouttez toutes les lasagnes et posez-les sur un linge propre. Hachez la viande, l'oignon, le persil et les épinards. Liez cette farce avec 2 cuil. à soupe de sauce béchamel, salez, poivrez, saupoudrez de muscade râpée, mélangez. Incorporez à la béchamel la crème et les fromages râpés.

Beurrez un plat allant au four, disposez alternativement une couche de lasagnes, une couche de farce, une couche de sauce. Remplissez ainsi tout le plat, terminez par la sauce et parsemez le dessus de quelques dés de beurre. Faites cuire à four moyen pendant 20 mn.

AVRIL
1re SEMAINE
SAMEDI

■ ***Déjeuner :*** **Artichauts vinaigrette ■ Hamburgers ■ Frites ■ Crêpes Suzette**

Hamburgers

600 g de bifteck haché, 4 œufs, 50 g de beurre, sel, poivre, 100 g de farine.

Salez et poivrez la viande hachée, formez-en quatre biftecks. Passez-les légèrement dans la farine. Faites cuire les biftecks à la poêle dans 30 g de beurre, comptez 3 à 4 mn de cuisson. Pendant ce temps, faites cuire les œufs au plat dans le reste du beurre et disposez-les sur les biftecks.

Crêpes Suzette

Pour 8 personnes : *16 crêpes très fines, 75 g de beurre ramolli, 40 g de sucre en poudre, le zeste râpé de 2 oranges, 2 cuil. à soupe de Grand Marnier.*

Travaillez à la fourchette le beurre, le sucre et les zestes d'oranges. Tartinez très légèrement chaque crêpe d'un peu de ce beurre. Au fur et à mesure, pliez-les en quatre, posez-les 4 par 4 sur un plat en métal, ajoutez 1 morceau de beurre orangé. Faites chauffer sur un réchaud à alcool en retournant les crêpes plusieurs fois. Au fur et à mesure qu'elles sont chaudes, placez-les à l'extrémité du plat et remettez quatre crêpes à chauffer toujours dans du beurre à l'orange. Lorsqu'elles sont toutes chaudes, arrosez-les de Grand Marnier et faites flamber, arrosez plusieurs fois les crêpes. Servez immédiatement.

■ *Dîner :* Foie d'agneau grillé ■ Purée de pommes de terre ■ Tourteau au fromage

Tourteau au fromage

200 g de fromage blanc frais, 150 g de sucre en poudre, 6 œufs.

Dans une terrine, travaillez à la spatule le fromage, le sucre et les jaunes d'œufs. Lorsque le mélange est bien homogène, incorporez les blancs battus en neige, en soulevant la masse par en dessous.

Versez cette pâte dans un moule à manqué beurré, faites cuire à four chaud pendant 20 mn, amenez à chaleur moyenne et laissez cuire encore 20 bonnes minutes.

Le gâteau est cuit lorsque, en enfonçant une aiguille, elle en ressort sèche.

AVRIL
1re SEMAINE
DIMANCHE

■ *Déjeuner :* Salade de pousses d'épinards ■ Gigot d'agneau en croûte ■ Haricots verts ■ Assortiment de fromages ■ Bavaroise au kirsch

Salade de pousses d'épinards

300 g de jeunes épinards, 4 foies de volailles, huile d'arachide, vinaigre de Xérès, 25 g de beurre, cerfeuil, estragon, ciboulette, sel, poivre.

Équeutez les épinards, lavez-les à plusieurs eaux essorez-les comme vous le feriez pour une salade verte. Ciselez la ciboulette, l'estragon, le cerfeuil. Préparez dans un bol une vinaigrette avec 6 cuillerées à soupe d'huile d'arachide, 2 cuil. à soupe de vinaigre de Xérès, sel et poivre.

Mettez les épinards dans un grand saladier, arrosez-les de vinaigrette, mélangez, réservez. Dans une poêle, faites raidir rapidement au beurre les foies de volailles. Sortez-les de la poêle, tenez-les au chaud et déglacez le jus de cuisson avec 2 cuil. à soupe de vinaigre de Xérès, donnez un bouillon.

Répartissez la salade d'épinards dans des assiettes individuelles, saupoudrez des herbes ciselées et posez dessus les foies de volailles escalopés. Arrosez du jus de déglaçage et servez aussitôt.

Gigot d'agneau en croûte

1 petit gigot, 4 rognons d'agneau, 250 g de champignons, 1 petit verre de madère, thym, romarin, estragon, 300 g de pâte feuilletée, 75 g de beurre, 1 jaune d'œuf, 1 cuil. à café de lait, sel, poivre.

Demandez à votre boucher de retirer l'os du gigot. Faites revenir rapidement au beurre les champignons coupés en lamelles. Coupez en gros dés les rognons, passez-les à la poêle dans un peu de beurre, salez, poivrez. Ajoutez les champignons, déglacez la sauce en arrosant de madère et en grattant le fond de la poêle avec une fourchette ; saupoudrez délicatement de thym et de romarin émiettés, d'estragon haché.

Versez cette farce dans la cavité laissée par l'os du gigot, rapprochez les chairs et recousez-les.

Frottez le gigot avec un peu de beurre, mettez-le au four chaud (allumé 10 mn à l'avance) et laissez-le 20 mn, en le retournant pour qu'il dore sur toutes les faces. Pendant ce temps, étendez la pâte au rouleau en 2 rectangles et délayez le jaune d'œuf dans le lait. Sortez le gigot du four, posez-le sur la moitié de la pâte, recouvrez-le avec le second morceau, enfermez-le complètement dans cette pâte, en soudant les bords avec un peu d'eau. Avec un couteau, faites quelques dessins sur le dessus et dorez au jaune d'œuf. Remettez à four moyen 20 mn environ.

■ ***Dîner :*** Salade niçoise ■ Clémentines

AVRIL
2re SEMAINE
LUNDI

■ *Déjeuner :* Jambon au madère ▪ Épinards en branches ▪ Yaourts ▪ Pommes

Jambon au madère

4 tranches de jambon de Paris, 1 verre à porto de madère, 150 g de crème fraîche.

Dans une grande casserole, posez les tranches de jambon. Mouillez-les avec le madère, faites chauffer à feu doux 10 mn. Ôtez les tranches, posez-les sur un plat chaud, laissez-les en attente. Ajoutez la crème au madère, augmentez le feu et laissez bouillir 5 mn. La sauce doit devenir onctueuse. Versez-la très chaude sur le jambon.

■ *Dîner :* Soupe poireaux-pommes de terre ▪ Omelette auvergnate ▪ Salade de fruits

Omelette auvergnate

8 œufs, 2 pommes de terre, 150 g de lard maigre, 100 g de tomme d'Auvergne fraîche (à défaut de tomme de Savoie), 1 cuil. à soupe de graisse d'oie ou de saindoux, 2 cuil. à soupe d'huile, sel, poivre.

Coupez le lard en dés, faites-le revenir dans une poêle, réservez-le. Dans la même poêle, faites dorer à la graisse d'oie les pommes de terre coupées en dés, laissez-les cuire 20 mn. Battez les œufs, salez, poivrez. Versez-les dans une autre poêle où vous aurez fait chauffer l'huile. Ajoutez les pommes de terre égouttées et les lardons. Quelques minutes avant la fin de la cuisson, ajoutez la tomme coupée en fines lamelles. Servez aussitôt que l'omelette est à point.

■ ***Déjeuner :*** **Croquettes de brandade ▪ Scarole ▪ Fromage blanc ▪ Poires**

Croquettes de brandade

400 g de brandade de morue (faite par vous, voir recette page 107, ou achetée toute prête chez un bon charcutier), 150 g de farine, 100 g de chapelure, 2 œufs, huile pour friture, persil, 1 citron.

Formez des croquettes, roulez-les dans la farine, dans les œufs battus et dans la chapelure. Mettez-les par 5 ou 6 dans une poêle contenant de la friture chaude.

Laissez-les dorer 2 à 3 mn. Égouttez-les, posez-les sur un papier absorbant. Servez-les entourées de persil haché et de tranches de citron.

■ ***Dîner :*** **Borsch ▪ Filets de harengs ▪ Salade de pommes de terre ▪ Crème renversée au caramel**

Borsch

1 kg de bœuf dans le gîte, 1 oignon piqué de 3 clous de girofle, 1 branche de céleri, 4 navets, 3 betteraves crues, 1 petit chou, 150 g de crème, aigre de préférence, sel, poivre.

Dans une grande marmite, mettez la viande, recouvrez-la de 2 litres 1/2 d'eau. Amenez à ébullition, écumez, salez, poivrez. Ajoutez l'oignon, la branche de céleri coupée en morceaux et 2 betteraves 1/2.

Couvrez, laissez cuire 1 h. Ajoutez alors les navets coupés en dés et le chou blanc, comptez encore 1 h 30 de cuisson ; 5 mn avant de servir, coupez la viande en morceaux, mettez-la dans la soupière, trempez rapidement le morceau de betterave crue dans le bouillon et retirez-le. Versez légumes et bouillon dans la soupière. Servez à part la crème en saucière.

AVRIL
2e SEMAINE
MERCREDI

■ ***Déjeuner :*** **Radis ▪ Steaks hachés ▪ Purée de carottes ▪ Flognarde**

Flognarde

6 cuil. à soupe de sucre, 6 cuil. à soupe de farine, 3/4 de litre de lait, 3 œufs, 1 zeste de citron, 30 g de beurre, 50 g de sucre glace.

Mélangez la farine et le sucre, faites une fontaine, mettez les œufs entiers, commencez à mélanger et délayez peu à peu avec le lait. Parfumez avec le zeste de citron.

Beurrez un plat allant au four, versez la préparation, parsemez le dessus de noisettes de beurre. Faites cuire à four chaud pendant 30 mn environ. À la sortie du four, saupoudrez de sucre glace.

Cet entremets se mange tiède ou froid.

■ ***Dîner :*** **Fonds d'artichauts à l'huile ▪ Macaronis au gratin ▪ Yaourts aux fruits ▪ Ananas frais**

Fonds d'artichauts à l'huile

8 artichauts, 2 carottes, 3 oignons, 500 g de petits pois frais, 2 tasses d'huile d'olive, sel, poivre.

Épluchez les artichauts, ôtez le foin, ne gardez que les fonds. Dans une casserole, posez les fonds d'artichauts, les carottes coupées en dés, les petits pois et les oignons émincés ; mouillez avec l'huile d'olive et 3 verres d'eau, salez, poivrez. Couvrez et faites cuire 1 h à petit feu. Servez froid.

AVRIL
2e SEMAINE
JEUDI

■ ***Déjeuner :*** **Poulpe en salade ■ Gratin de courgettes ■ Fromage blanc**

Poulpe en salade

1 poulpe, 1 oignon piqué de 2 clous de girofle, 1 bouquet garni, 3 gousses d'ail, 1 citron, 5 cuil. à soupe d'huile d'olive, sel, poivre, persil.

Faites nettoyer le poulpe par votre poissonnier. Mettez-le dans un autocuiseur, avec bouquet garni, oignon, sel, poivre. Remplissez d'eau aux 3/4. Faites cuire 1 h à partir du chuchotement de la soupape. Égouttez et ôtez la peau du poulpe. Laissez-le refroidir, coupez-le en fines lanières, dressez-le dans un plat. Arrosez-le d'huile et de jus de citron, poivrez, saupoudrez d'un hachis d'ail et de persil. Servez frais.

■ ***Dîner :*** **Salade de concombres ■ Tournedos béarnaise ■ Fenouils braisés ■ Fromage ■ Oranges**

Sauce béarnaise

250 g de beurre, 3 œufs, 5 échalotes hachées, 2 cuil. à soupe d'estragon haché, 1 cuil. à soupe de cerfeuil haché, sel, poivre, 1 verre de vinaigre.

Sur feu vif, faites réduire le vinaigre avec les échalotes et une cuillerée d'estragon, jusqu'à évaporation complète. Laissez refroidir. Ajoutez les jaunes d'œufs, 2 cuil. à soupe d'eau, sel, poivre, remuez.

Portez au bain-marie, ajoutez le beurre par fractions en remuant sans arrêter jusqu'à consistance de mayonnaise. Ajoutez le reste d'estragon et le cerfeuil. Mélangez.

AVRIL
2e SEMAINE
VENDREDI

■ ***Déjeuner :*** **Filets de haddock pochés ▪ Pommes vapeur ▪ Yaourts ▪ Bananes**

Filets de haddock pochés

600 g de vrai haddock, 1/2 litre de lait, 1 citron, persil, 75 g de beurre.

Mettez le haddock à tremper 30 mn dans le lait. Essuyez le poisson avec un papier absorbant, posez-le dans le fond d'une grande casserole, recouvrez largement d'eau. Amenez doucement à ébullition, puis retirez du feu et laissez le poisson dans son eau une dizaine de minutes environ.

Égouttez-le, posez-le sur un plat chaud. Ajoutez le beurre en parcelles, le jus de citron et le persil haché.

■ ***Dîner :*** **Soupe de cresson ▪ Œufs brouillés à la Cécile ▪ Fromage ▪ Brioche ▪ Confiture de fraises**

Œufs brouillés à la Cécile

8 œufs, 30 g de beurre, 1 cœur de fenouil, 2 cuil. à soupe d'huile d'olive, sel, poivre.

Coupez le fenouil en julienne et faites-le revenir doucement à l'huile d'olive jusqu'à ce qu'il devienne transparent. Laissez en attente.

Battez les œufs avec un fouet à sauce jusqu'à ce que blancs et jaunes soient parfaitement mélangés, salez, poivrez. Beurrez le fond et les parois d'une casserole à fond épais, versez les œufs, ajoutez le reste du beurre divisé en petits morceaux. Posez la casserole sur feu très doux et remuez sans arrêt au fouet jusqu'à ce que les œufs épaississent. Ajoutez le fenouil, égoutté et chaud. Terminez la cuisson hors du feu, en remuant encore quelques instants.

AVRIL
2e SEMAINE
SAMEDI

■ *Déjeuner :* Canard aux navets nouveaux ■ Fromage blanc ■ Sorbet au cassis

Canard aux navets nouveaux

1 canard nantais de 1,500 kg environ, 1 kg de navets, 50 g de beurre, 1 cuil. à soupe d'huile, 3 cuil. à soupe de sucre, sel, poivre.

Huilez le canard sur toutes ses faces. Faites-le cuire à four chaud en comptant 50 mn de cuisson environ. Salez, poivrez.

Dans une sauteuse, faites chauffer doucement le beurre, ajoutez les navets épluchés et coupés en gros dés, laissez-les blondir doucement et saupoudrez de sucre. Ils vont prendre une jolie couleur. Laissez-les cuire ainsi 15 mn en les retournant de temps en temps. Dressez le canard coupé sur un plat chaud, entourez-le des navets.

■ *Dîner :* Petites pommes nouvelles ■ Laitue ■ Bananes flambées

Petites pommes nouvelles

850 g de petites pommes de terre nouvelles, huile de friture, persil, sel.

Épluchez les pommes de terre, lavez-les, épongez-les dans un linge. Mettez-les dans le panier à friture et plongez-les ainsi dans l'huile très chaude. Lorsqu'elles commencent à blondir, ôtez le panier, éteignez le feu. 10 mn avant de servir, plongez-les à nouveau dans l'huile chaude où elles vont dorer très rapidement.

Égouttez-les à nouveau, posez-les sur un papier absorbant, salez-les et saupoudrez-les de persil haché. Servez immédiatement.

AVRIL
2e SEMAINE
DIMANCHE

■ *Déjeuner :* Salade libanaise ▪ Côtes d'agneau grillées ▪ Purée d'artichauts ▪ Assortiment de fromages ▪ Marquise au chocolat

Salade libanaise

1 concombre, 1 grosse botte de persil non frisé, 4 tomates, 150 g de mâche, 8 oignons nouveaux, 2 gousses d'ail, 2 poivrons, 5 cuil. à soupe d'huile d'olive, 1 citron, sel, poivre.

Dans un saladier en bois, pilez les gousses d'ail jusqu'à ce que vous obteniez une pâte. Disposez pêle-mêle le persil haché, le concombre dégorgé et coupé en gros dés, les tomates coupées grossièrement, la mâche, les oignons entiers, les poivrons épépinés et coupés en lanières. Salez légèrement mais poivrez énormément.

Arrosez avec l'huile et le jus du citron. Mélangez la salade seulement au moment de la servir.

Marquise au chocolat

(À préparer la veille.) *250 g de chocolat à croquer, 175 g de beurre, 100 g de sucre en poudre, 4 œufs, 250 g de crème fraîche, 30 g de sucre glace, 2 cuil. à soupe d'eau glacée.*

Dans un bol au bain-marie, faites fondre le chocolat en lui ajoutant 1 cuil. à soupe d'eau, travaillez le beurre (que vous aurez sorti à l'avance du réfrigérateur) à la cuillère de bois, ajoutez le sucre en poudre. Lorsqu'il est à l'état de crème, incorporez le chocolat, puis un à un les jaunes d'œufs. Ajoutez encore les blancs battus en neige ferme et mélangez délicatement. Beurrez un moule à cake, versez la préparation dedans et laissez toute une nuit au réfrigérateur. Dans un grand bol froid, battez au fouet à sauce la crème fraîche et l'eau glacée, jusqu'à ce que la crème devienne mousseuse, ajoutez le sucre glace, donnez encore un ou deux tours de fouet. Pour servir, démoulez le gâteau sur un plat et décorez-le de crème.

■ ***Dîner :*** **Thé ou chocolat au lait ■ Toasts grillés ■ Beurre, confitures**

AVRIL
3e SEMAINE
LUNDI

■ ***Déjeuner :*** **Crépinettes ■ Choux nouveaux sautés ■ Fraises au sucre**

Crépinettes

Les crépinettes sont des saucisses plates enfermées dans une crépine de porc.

4 crépinettes, 4 feuilles de sauge, sel, poivre.

Enfoncez dans chaque crépinette 1 feuille de sauge.

Faites-les dorer sur les deux faces à la poêle sans matière grasse. Lorsqu'elles ont pris une jolie couleur, salez, poivrez, réduisez le feu et faites-les cuire doucement 20 mn.

■ ***Dîner :*** **Petits pois aux lardons ■ Laitue ■ Fromage ■ Salade d'oranges**

Petits pois aux lardons

1,500 kg de petits pois, 250 g de lard de poitrine fumé, 2 oignons, 1 cuil. à soupe de beurre, sel, poivre, 1 laitue, 1 sucre, 1 petit bouquet garni.

Coupez le lard en dés, faites-le blondir au beurre dans une cocotte. Ajoutez les petits pois écossés, les oignons, coupés en quatre, la laitue effeuillée, le bouquet garni, sel, poivre, le sucre et 1 petit verre d'eau. Couvrez, laissez cuire doucement 30 mn environ.

AVRIL
3e SEMAINE
MARDI

■ ***Déjeuner :*** **Jambon de Paris ■ Salade d'endives ■ Yaourts ■ Clémentines**

Déjeuner très simple, ce soir vous recevez des amis à dîner.

■ ***Dîner :*** **Soufflé au homard ■ Tournedos poêlés aux champignons de Paris sautés ■ Salade de mâche et trévise ■ Poires au cassis**

Soufflé au homard

1 homard vivant ou surgelé de 700 g, 1/4 litre de vin blanc sec, 1 verre à porto de Xérès, 3 jaunes d'œufs, 6 blancs, 50 g de farine, 50 g de beurre, 1 cuil. à soupe d'huile, 1/4 de litre de lait, sel, poivre, muscade râpée.

Lavez le homard, coupez-le en tronçons, faites-le revenir à feu vif dans la moitié du beurre et l'huile. Lorsqu'il commence à rougir, déglacez avec le Xérès et mouillez avec le vin blanc. Complétez par un peu d'eau, salez, poivrez. Le homard doit être recouvert à moitié. Faites cuire 20 mn.

Décortiquez les tronçons et les pattes. Hachez la moitié de la chair, coupez le reste en dés. Faites réduire la cuisson à 1 verre à liqueur. Dans une casserole, faites un roux avec le beurre et la farine, mouillez d'un seul coup avec le lait froid, sel, poivre, muscade râpée. Faites cuire 10 mn. Hors du feu, incorporez les jaunes d'œufs, la chair hachée, la cuisson réduite, mélangez et ajoutez les blancs battus en neige. Dans un moule à soufflé beurré, versez successivement une couche d'appareil à soufflé, une couche de homard. Cuire à four moyen pendant 30 mn. Servez aussitôt.

AVRIL
3e SEMAINE
MERCREDI

■ ***Déjeuner :*** **Concombres en salade ■ Biftecks ■ Frites ■ Gâteau de Gênes ■ Crème vanille en petits pots**

Gâteau de Gênes

250 g d'amandes en poudre, 125 g de beurre, 300 g de sucre en poudre, 5 œufs, 100 g de farine, 1 petit verre à liqueur de kirsch.

Travaillez le beurre pour le ramollir, ajoutez-lui le sucre en poudre, mélangez pour obtenir une crème. Incorporez les œufs un à un, puis les amandes en poudre, et enfin la farine tamisée et le kirsch. Beurrez un moule à manqué, garnissez le fond d'une rondelle de papier sulfurisé beurré. Versez la pâte, faites cuire à four moyen pendant 15 mn.

En enfonçant une aiguille à brider dans le gâteau, elle doit ressortir sèche. Laissez tiédir avant de démouler.

■ ***Dîner :*** **Spaghettis aux moules ■ Fromage blanc ■ Pommes au four**

Spaghettis aux moules

250 g de spaghettis, 2 litres de moules, 1 carotte, 2 échalotes, 1 branche de céleri, 1 tube de safran, 1 gousse d'ail, 1 cuil. arasée de farine, 1 cuil. à soupe d'huile d'olive, 20 g de beurre, 50 g de crème, sel, poivre.

Grattez, lavez les moules et faites-les ouvrir avec 1 verre d'eau sur feu vif. Décoquillez-les et passez leur eau à travers un papier ménager absorbant, réservez-la. Dans une grande casserole, faites étuver à l'huile et au beurre tous les légumes émincés et l'ail haché, saupoudrez avec la farine, remuez, laissez cuire quelques secondes. Hors du feu, mouillez avec l'eau réservée, salez légèrement, poivrez, faites cuire 8 mn.

Ajoutez les spaghettis, cuits 12 mn à l'eau bouillante et égouttés, le safran, les moules et la crème. Laissez chauffer doucement en remuant, servez chaud.

AVRIL
3e SEMAINE
JEUDI

■ ***Déjeuner :*** **Salade de riz au crabe ■ Yaourts ■ Compote de rhubarbe**

Salade de riz au crabe

200 g de riz, 1 boîte de crabe, 1 tasse à thé de mayonnaise, sel, poivre, 100 g d'olives noires, 2 œufs durs.

Faites cuire le riz à la créole, égouttez-le, laissez-le refroidir. Égouttez le crabe, ôtez les cartilages. Dans une terrine, mélangez le riz, le crabe émietté, les olives et la mayonnaise.

Versez le tout dans le saladier de service, décorez le dessus de tranches d'œufs durs.

■ ***Dîner :*** **Goulash ■ Pommes vapeur ■ Fromage ■ Biscuit au citron**

Goulash

1 kg de bœuf dans le gîte ou la macreuse, 500 g d'oignons, 1 cuil. à soupe de saindoux, 1 cuil. à soupe de paprika, 1/2 cuil. à café de marjolaine, 4 tomates, 2 poivrons verts, sel, poivre.

Faites revenir au saindoux dans une cocotte les oignons coupés en rondelles. Ajoutez la viande coupée en gros dés, salez, poivrez, saupoudrez de paprika et de marjolaine. Laissez mijoter à découvert 15 mn.

Ajoutez encore les poivrons et les tomates, ébouillantés, épluchés, égrenés et coupés en morceaux, mouillez avec un petit verre à moutarde d'eau. Couvrez et faites cuire à four doux 3 h.

AVRIL
3e SEMAINE
VENDREDI

■ ***Déjeuner :*** **Galette aux œufs ▪ Salade de cresson ▪ Fromage blanc ▪ Clémentines**

Galette aux œufs

8 œufs, 1 tranche de pain de mie de 2 cm d'épaisseur, 3/4 de verre à moutarde de lait, sel, poivre, huile.

Faites durcir 2 œufs, écalez-les. Dans une terrine, battez le reste des œufs, salez, poivrez, ajoutez 1 cuil. à dessert d'huile.

Ajoutez la mie de pain trempée dans le lait chaud et essorée et les œufs durs coupés en rondelles, mélangez délicatement.

Dans une sauteuse à fond épais, mettez à chauffer 3 cuil. à soupe d'huile, versez la préparation, et laissez cuire à feu très doux, jusqu'à ce que la galette soit entièrement prise. Posez un grand plat rond sur la sauteuse et retournez-la. Servez la galette chaude ou froide, accompagnée de salade.

■ *Dîner :* Crevettes grises ▪ Sardines farcies aux épinards ▪ Fromage ▪ Poires

Sardines farcies aux épinards

16 sardines, 400 g d'épinards en branches surgelés, 1 oignon, 2 cuil. à soupe d'huile d'olive, 1 cuil. à soupe de chapelure, muscade, sel, poivre.

Écaillez les sardines, videz-les, ôtez la tête. Ouvrez les sardines pour retirer l'arête, épongez-les. Plongez les épinards 5 mn dans une casserole d'eau bouillante, égouttez-les, hachez-les grossièrement. Faites blondir doucement à l'huile l'oignon haché, ajoutez les épinards, salez, poivrez, saupoudrez de muscade râpée. Prélevez 2 cuil. à soupe de cette préparation, laissez-la en attente.

Versez le reste dans un plat allant au four. Posez une pincée d'épinards sur chaque sardine, roulez-les sur elles-mêmes en commençant par le haut. Posez les sardines sur le lit d'épinards, saupoudrez de chapelure, arrosez de quelques gouttes d'huile. Faites cuire à four moyen 10 à 12 mn.

AVRIL
3e SEMAINE
SAMEDI

■ ***Déjeuner :*** **Salade de tomates ▪ Foie d'agneau poêlé ▪ Purée de pommes de terre ▪ Fromage ▪ Crème mic-mac**

Foie d'agneau poêlé

4 tranches de foie d'agneau de 120 g chacune, 50 g de beurre, citron, persil, sel, poivre.

La cuisson du foie, qu'il s'agisse d'agneau ou de veau, est très rapide mais demande de l'attention. L'important est de faire chauffer doucement le beurre, de façon qu'il soit chaud mais blond.

Lorsque l'on met les tranches de foie à cuire, il faut compter 3 à 4 mn de cuisson sur chaque face (jamais à feu vif). Lorsque le foie est cuit, posez les tranches sur un plat chaud, ajoutez le jus de citron au beurre qui est dans la poêle, versez la sauce sur le foie. Saupoudrez de persil haché.

■ *Dîner :* Soufflé de pommes de terre ■ Scarole ■ Fromage blanc ■ Ananas frais au sucre

Soufflé de pommes de terre

1 bol de purée, 2 petites tranches de jambon, 3 œufs, sel, poivre, muscade, 20 g de beurre, 30 g de gruyère râpé.

C'est une bonne manière d'utiliser un reste de purée.

Mélangez dans une terrine le reste de purée, les jaunes d'œufs, le jambon haché et le gruyère râpé. Salez, poivrez, saupoudrez d'un peu de noix de muscade râpée. Battez les blancs en neige ferme, ajoutez-les avec délicatesse à la préparation.

Beurrez largement un moule à soufflé, versez-y la préparation. Faites cuire à four doux pendant 30 à 35 mn. Servez immédiatement.

AVRIL
3e SEMAINE
DIMANCHE

■ *Déjeuner :* Asperges sauce hollandaise ■ Épaule d'agneau ■ Flageolets, haricots verts ■ Assortiment de fromages ■ Coupe de fruits au Grand Marnier

Sauce hollandaise

Pour 6 personnes : *3 œufs, 250 g de beurre, 2 cuil. à soupe de vinaigre de cidre, 1 citron, sel, poivre.*

Dans une casserole à fond arrondi, mettez les jaunes d'œufs, le vinaigre, sel, poivre. Remuez. Plongez la casserole dans l'eau chaude non bouillante, ajoutez le beurre par fractions en remuant sans arrêt, jusqu'à consistance de mayonnaise. Ajoutez le jus du citron par petites cuillerées, goûtez, rectifiez l'assaisonnement.

Si vous ajoutez à la sauce 3 cuil. à soupe de crème fraîche, fouettée ferme, vous obtiendrez une sauce chantilly.

■ ***Dîner :*** **Thé ou chocolat au lait ■ Tarte du Nord ■ Confiture de cerises noires**

Tarte du Nord

200 g de farine, 100 g de beurre, 1 jaune d'œuf, 1/2 verre d'eau, 1 pincée de sel, 200 g de vergeoise ou, à défaut, de sucre cristallisé, 50 g de beurre.

Préparez la pâte en travaillant, avec le bout des doigts, la farine, le beurre divisé en morceaux et le jaune d'œuf, Mouillez avec l'eau salée. Formez une boule. Laissez reposer 1 h.

Étendez la pâte au rouleau et posez-la sur une plaque à tarte légèrement beurrée et farinée. Faites quelques entailles dans le fond avec la pointe d'un couteau. Saupoudrez de la moitié de la vergeoise, disposez quelques noisettes de beurre, recouvrez du reste de vergeoise, terminez par quelques petits morceaux de beurre. Faites cuire à four moyen pendant 30 mn. Servez tiède.

AVRIL
4e SEMAINE
LUNDI

■ ***Déjeuner :*** **Jambon blanc ■ Jardinière de légumes frais ■ Fromage blanc ■ Kiwis**

Jardinière de légumes frais

1 kg de petits pois, 500 g de carottes, 250 g de haricots verts, 8 petites pommes de terre, 30 g de beurre, 1 bouquet de persil, 1 brindille de thym, sel.

Épluchez tous les légumes, coupez les carottes et les haricots verts en dés. Mettez les carottes à l'eau froide, salez, couvrez, ajoutez le thym, faites-les cuire 50 mn. À ce moment, ajoutez les petits pois, les haricots verts et les pommes de terre. Lorsque l'ébullition a repris, comptez encore 20 mn de cuisson. Égouttez les légumes, versez-les immédiatement dans le légumier, saupoudrez de persil, mettez le beurre, mélangez et amenez immédiatement sur la table.

■ *Dîner :* Radis ■ Brochettes de rognon ■ Riz créole ■ Compote de pommes

Brochettes de rognon

8 rognons d'agneau, 1 bouquet de persil, 1/2 citron, sel, poivre, 50 g de beurre, 1 cuil. à soupe d'huile, 4 brochettes.

Demandez au tripier d'ôter la pellicule qui recouvre les rognons et de les fendre sans les détacher complètement. Enfilez 2 rognons par brochette, salez, poivrez et, avec un pinceau, badigeonnez-les d'huile. Allumez 10 mn à l'avance le grilloir du four. Posez les brochettes sur la grille, enfournez et faites cuire, porte ouverte. Au bout de 3 mn environ, retournez les brochettes, laissez cuire encore 3 mn. Posez-les sur un plat chaud et servez immédiatement.

C'est avec du beurre fondu auquel vous ajouterez le persil haché, le jus de citron, sel et poivre, que vous servirez ces brochettes de rognon.

AVRIL
4e SEMAINE
MARDI

■ *Déjeuner :* Artichauts en cocotte ■ Salade de laitue à l'orange ■ Fromage

Artichauts en cocotte

12 petits artichauts, 4 carottes, 1 navet, 2 oignons, 2 tomates, 250 g de lard de poitrine fumé, 1 citron, 1 cuil. à soupe d'huile, 30 g de beurre, sel, poivre.

Coupez le plus court possible la pointe des feuilles d'artichauts et coupez ceux-ci en 4. Ôtez le foin, lavez les artichauts à l'eau citronnée. Coupez le navet et le lard en dés, les carottes et les oignons, en rondelles, épluchez les tomates, épépinez-les, coupez-les en 4.

Dans une cocotte, faites fondre au beurre et à l'huile les lardons. Ajoutez tous les légumes, laissez-les revenir 15 mn, mouillez avec 1 verre d'eau, salez, poivrez, couvrez et laissez cuire 30 mn.

■ ***Dîner :*** **Crème de volaille (en sachet ou surgelée) ■ Hachis exotique au riz ■ Fraises au sucre**

Hachis exotique

300 g de bifteck haché, 250 g d'épaule de veau haché, 2 poivrons, 5 tomates, 1 œuf, 200 g de riz, 1 cube de bouillon de bœuf, 50 g de chapelure, 1 bouquet de persil, 25 g de beurre, 1 cuil. à soupe de saindoux, sel, poivre, cayenne.

Faites griller les poivrons pour les éplucher, égrenez-les, coupez-les en lamelles. Mélangez les viandes hachées, l'œuf, les poivrons, sel, poivre, et une pincée de cayenne. Faites revenir ce mélange au saindoux, réservez-le. Faites cuire le riz à la créole pendant 18 mn, égouttez-le. Épluchez les tomates, hachez-les ainsi que la gousse d'ail.

Dans un plat à gratin, disposez alternativement une couche de tomates, une couche de riz, une couche de hachis. Mouillez avec le bouillon délayé à l'eau chaude, saupoudrez de chapelure et de persil haché, parsemez de beurre. Faites cuire à four doux 30 mn environ.

AVRIL
4e SEMAINE
MERCREDI

■ ***Déjeuner :*** **Pamplemousses ■ Jarret de veau aux carottes ■ Fromage ■ Salade de fruits frais**

Jarret de veau aux carottes

1 jarret de veau, 2 tomates, 2 gros oignons, 1 kg de carottes nouvelles, romarin, persil, sel, poivre, 30 g de beurre, 1 cuil. à soupe d'huile.

Dans une cocotte, faites chauffer le beurre et l'huile, mettez le jarret à dorer sur toutes ses faces. Lorsqu'il a une belle couleur, ajoutez les oignons coupés en quatre, laissez-les revenir quelques instants. Puis, incorporez les tomates épluchées, les carottes coupées en rondelles et 1 petite branche de romarin. Salez, poivrez, couvrez, laissez cuire 1 h 10 à feu moyen.

Pour servir, dressez les légumes sur un plat long, disposez dessus le jarret coupé en tranches, saupoudrez de persil haché.

■ ***Dîner :*** **Escalopes de dinde poêlées ■ Pommes de terre à la crème ■ Salade de cresson ■ Compote de reines-claudes**

Pommes de terre à la crème

8 grosses pommes de terre B.F., 3/4 de litre de lait, 25 g de beurre, 100 g de crème fraîche, sel, poivre, muscade râpée.

Lavez les pommes de terre et faites-les cuire à l'eau avec la peau pendant 20 mn. Égouttez-les. Dans une sauteuse, faites bouillir et réduire le lait de moitié. Jetez dedans les pommes de terre épluchées coupées en rondelles épaisses, le beurre, sel, poivre et saupoudrez de muscade râpée. Secouez la casserole de temps en temps. Couvrez et laissez mijoter 1/4 d'heure.

À ce moment, ajoutez la crème et laissez encore mijoter à découvert 5 mn. Servez immédiatement dans un plat chaud.

AVRIL
4e SEMAINE
JEUDI

■ ***Déjeuner :*** **Dorade des îles ▪ Salade niçoise ▪ Yaourts ▪ Fraises au sucre**

Dorade des îles

1 belle dorade, 8 citrons verts, 75 g de crème fraîche, sel, poivre, 4 feuilles de laitue.

Faites détailler la dorade en filets. Lavez-les, épongez-les, disposez-les dans un plat long. Salez, poivrez et arrosez de tout le jus des 8 citrons. Couvrez d'un papier aluminium et laissez mariner 4 h au réfrigérateur. Servez le poisson égoutté et posé sur des feuilles de laitue, en l'arrosant de crème fraîche salée et poivrée.

■ ***Dîner :*** **Céleri rémoulade ▪ Biftecks grillés ▪ Coquillettes au fromage râpé ▪ Pudding sans façon**

Pudding sans façon

1/2 litre de lait, 50 g de beurre, 50 g de farine, 3 œufs,
4 cuil. à soupe de sucre, 1 citron.
Pour le caramel : *75 g de sucre, 1/2 verre d'eau.*

Dans une casserole à fond épais, faites fondre le beurre, jetez la farine, mélangez rapidement.

Hors du feu, ajoutez le lait bouillant parfumé au zeste de citron, remuez, remettez sur le feu, laissez cuire 5 mn toujours en remuant. Laissez refroidir en remuant de temps en temps. Ajoutez un à un les jaunes d'œufs, puis les blancs battus en neige ferme. Mélangez délicatement.

Faites un caramel dans un moule à charlotte ; lorsqu'il est bien doré, répartissez-le sur tous les bords. Versez la préparation dans le moule et faites cuire à four moyen, et au bain-marie, pendant 1 h. Laissez tiédir, démoulez et servez.

AVRIL
4e SEMAINE
VENDREDI

■ ***Déjeuner :*** **Omelette aux oignons ■ Batavia ■ Fromage ■ Compote d'abricots**

Omelette aux oignons

8 œufs, 4 beaux oignons, 30 g de beurre, 2 cuil. à soupe d'huile, sel, poivre.

Épluchez les oignons, coupez-les en fines rondelles.

Faites-les fondre très doucement à la poêle dans la moitié du beurre et la moitié de l'huile. Il faut compter près de 45 mn pour que les oignons cuisent à très petit feu. Ôtez-les de la poêle, laissez-les en attente.

Battez les œufs, salez, poivrez, versez-les dans le reste de matière grasse chaude (la poêle bien nettoyée), ajoutez aussitôt les oignons. Faites cuire l'omelette en la soulevant fréquemment avec une fourchette. L'omelette aux oignons se mange chaude ou froide.

■ ***Dîner :*** **Poireaux vinaigrette ■ Quenelles de brochet en bisque ■ Fromage blanc ■ Fraises au sucre**

Quenelles de brochet en bisque

8 belles quenelles achetées chez le charcutier, 1 boîte de bisque de homard, 100 g de crème fraîche, 1 pincée de cayenne, 20 g de râpé.

Mélangez la crème fraîche au contenu de la boîte de bisque et ajoutez une pincée de cayenne.

Disposez les quenelles dans un plat à gratin, nappez de la sauce et saupoudrez de râpé. Passez à four chaud pendant 20 mn. Servez très chaud.

■ ***Déjeuner :*** **Carottes râpées ■ Boudin noir ■ Pommes en l'air ■ Yaourt aux framboises**

Yaourt aux framboises

4 yaourts nature, 400 g de framboises surgelées, 50 g de crème fraîche, 1 cuil. à dessert de sucre.

Dans une jatte, mélangez les yaourts, la crème, les 3/4 des framboises décongelées et le sucre. Mettez au réfrigérateur jusqu'au moment de servir. À la dernière minute, décorez le dessus de la crème avec le restant des framboises.

■ ***Dîner :*** **Grillade de porc ■ Pommes nouvelles rissolées ■ Laitue ■ Gâteau hongrois**

Gâteau hongrois

Pour le gâteau : *100 g de farine, 150 g de sucre, 5 œufs.*
Pour la crème : *150 g de noisettes hachées, 150 g de sucre, 1 œuf, 1 petite louche de lait.*
Pour le glaçage : *70 g de chocolat à croquer, 70 g de sucre, 30 g de beurre.*

Le gâteau : Mélangez le sucre et les jaunes d'œufs jusqu'à l'obtention du ruban. Ajoutez la moitié de la farine tamisée, la moitié des blancs battus en neige. Lorsque le mélange est homogène, incorporez le reste de la farine et le reste des blancs battus. Tapissez un moule rectangulaire à petits bords d'un papier sulfurisé beurré et fariné. Versez la pâte, faites cuire à four moyen 10 mn. Démoulez aussitôt sur un torchon humide, retirez le papier, recouvrez d'un second torchon humide.
La crème : Mélangez les noisettes avec le sucre, l'œuf entier et le lait. Étalez cette pâte sur le gâteau refroidi, roulez-le sur lui-même.

Le glaçage : Faites ramollir le chocolat au bain-marie. Dans une casserole, faites fondre le sucre avec 2 cuil. à soupe d'eau, comme pour un caramel, mais sans prendre couleur. Ajoutez le chocolat fondu, laissez tiédir. Hors du feu, incorporez le beurre, mélangez. Avec une spatule, nappez le gâteau de cette préparation.

AVRIL
4e SEMAINE
DIMANCHE

■ ***Déjeuner :*** **Salade de concombre ■ Supions à la provençale ■ Pommes de terre en robe des champs ■ Fraises des bois à la crème**

Supions à la provençale

Les supions sont de petits encornets.

1 kg de supions, 30 g de beurre, 3 cuil. à soupe d'huile, 3 gousses d'ail, un bouquet de persil, sel, poivre.

Faites nettoyer les supions par le poissonnier. Lavez-les, épongez-les soigneusement. Dans une sauteuse, mettez à chauffer l'huile et le beurre, jetez-y les supions. Réduisez le feu et laissez cuire environ 15 mn, en les faisant sauter plusieurs fois, jusqu'à ce que l'eau qu'ils ont rendue soit évaporée. Salez, poivrez. Saupoudrez d'un hachis d'ail et de persil. Continuez la cuisson encore 10 mn à feu un peu plus vif. Servez très chaud.

■ ***Dîner :*** **Radis ■ Foie d'agneau poêlé ■ Purée de brocolis ■ Fromage ■ Poires Belle-Hélène**

Poires Belle-Hélène

2 poires, 1/2 litre de glace à la vanille, 150 g de chocolat à croquer, 75 g de sucre, 1 sachet de sucre vanillé.

Faites bouillir 1/2 litre d'eau avec le sucre et le sucre vanillé. Faites cuire dans ce sirop pendant 10 mn les poires épluchées et coupées en deux. Mettez-les au frais. Peu de temps avant de servir, faites fondre au bain-marie le chocolat coupé en morceaux et mouillé d'1 cuil. à soupe d'eau ou faites fondre le chocolat coupé en morceaux dans un bol au micro-ondes, pendant 1 mn 30, à chaleur maximale. Mélangez pour obtenir une sauce onctueuse.

Dans des coupes individuelles, posez 1 boule ou 1 part de glace à la vanille, mettez dessus une demi-poire très froide, nappez de sauce au chocolat chaude, servez immédiatement.

Mai

MAI
1er SEMAINE
LUNDI

■ *Déjeuner :* **Salade de morue aux avocats ■ Coupe de fruits rafraîchis**

Salade de morue aux avocats

1 boîte de filets de morue, 2 avocats, 200 g d'emmenthal, 100 g d'olives noires, 1 tasse à thé de sauce mayonnaise, 3 cornichons, 1 cuil. à soupe de câpres, fines herbes.

Laissez dessaler la morue à l'eau froide, une matinée, puis faites-la pocher. Égouttez-la, effeuillez-la. Coupez en dés le fromage et la chair des avocats. Hachez les cornichons, les câpres, les fines herbes, incorporez-les à la mayonnaise, allégée d'une cuillère à soupe d'eau froide.

Dans un saladier, versez tous les ingrédients, ajoutez la sauce, mélangez et laissez au frais jusqu'au moment de servir.

■ *Dîner :* **Jambon blanc ■ Tourte aux pommes de terre ■ Laitue ■ Compote de pommes**

Tourte aux pommes de terre

400 g de pâte feuilletée surgelée, 750 g de pommes de terre, 160 g de crème fraîche, cerfeuil, ciboulette, sel, poivre, 1 œuf, 25 g de beurre.

Sortez la pâte à l'avance du réfrigérateur. Étendez-la en 2 cercles. Beurrez un moule à tarte en porcelaine ou en Pyrex. Disposez-y un des cercles, en laissant dépasser les bords.

Épluchez les pommes de terre, coupez-les en très fines rondelles, plongez-les 8 mn dans de l'eau bouillante, égouttez-les, épongez-les. Rangez-les sur le fond de pâte, salez, poivrez, parsemez de noisettes de beurre. Recouvrez de l'autre moitié de pâte, roulez ensemble les deux épaisseurs en leur donnant la forme d'une torsade. Dorez le dessus au jaune d'œuf, faites cuire à four doux pendant 1 h 30. À ce moment, sortez la tourte ; avec un bon couteau, pratiquez une entaille tout autour du couvercle de pâte pour pouvoir le soulever. Versez sur les pommes de terre la crème fraîche mélangée au cerfeuil et à la ciboulette hachés. Remettez le couvercle. Laissez encore 10 mn au four. Servez chaud.

MAI
1re SEMAINE
MARDI

■ ***Déjeuner :*** **Cervelle de veau panée ■ Petits pois à l'anglaise ■ Fromage blanc au sucre ■ Pamplemousses au sucre**

Cervelle de veau panée

1 cervelle de veau, 1 carotte, 1 bouquet garni, 1 œuf, 75 g de farine, 100 g de chapelure, 1 citron, sel, poivre, 1 cuil. à soupe de vinaigre d'alcool, 75 g de beurre.

Faites tremper la cervelle 1 heure dans de l'eau vinaigrée. Mettez-la dans une casserole, recouvrez-la d'eau, ajoutez le bouquet garni, la carotte coupée en morceaux, sel et poivre. Amenez doucement à ébullition et laissez frémir 1/4 d'heure. Égouttez-la sur un linge, laissez-la refroidir, puis coupez-la en tranches.

Roulez ces tranches successivement dans la farine, dans l'œuf battu, et enfin dans la chapelure. Faites chauffer le beurre dans une poêle, mettez à dorer les tranches de cervelle pendant 5 minutes en les retournant à mi-cuisson. Servez immédiatement en arrosant d'un jus de citron.

■ *Dîner :* Truites aux amandes ■ Pommes vapeur ■ Fromage ■ Crème vite faite au chocolat

Truites aux amandes

4 truites, 75 g d'amandes effilées, 125 g de beurre, sel, poivre, 75 g de farine, citrons.

Videz les truites, lavez-les, épongez-les, salez-les, poivrez-les, roulez-les dans la farine, secouez-les pour faire tomber l'excédent de farine. Faites chauffer 50 g de beurre dans une poêle, mettez les poissons et laissez-les dorer 5 mn en veillant à ce que le feu ne soit pas trop fort. Retournez les truites, laissez-les cuire encore 5 à 7 mn selon leur épaisseur.

Pendant ce temps, faites chauffer le reste du beurre, dans une petite poêle, mettez-y à dorer les amandes ; lorsque le tout a pris une jolie couleur noisette, ôtez la poêle du feu. Égouttez les truites, disposez-les sur le plat de service chaud, arrosez du beurre aux amandes. Servez entouré de quartiers de citrons.

MAI
1re SEMAINE
MERCREDI

■ *Déjeuner :* Tournedos au beurre d'anchois ■ Frites ■ Fraises à la crème

Tournedos au beurre d'anchois

4 tournedos de 180 g chacun, dans le filet de bœuf, 125 g d'anchois au sel, 50 g de beurre, 1 cuil. à soupe d'huile.

Faites dessaler les anchois à l'eau froide pendant 1 heure en changeant fréquemment l'eau. Ôtez l'arête, épongez les filets. Passez-les au mixeur avec le beurre.

Enduisez les tournedos d'huile. Faites-les griller en comptant 3 à 5 mn de cuisson selon leur épaisseur et selon votre goût ; dressez les tournedos sur un plat chaud en déposant sur le dessus de chacun une grosse noix de beurre d'anchois.

■ ***Dîner :*** **Omelette aux pommes de terre ■ Salade de pissenlits aux lardons ■ Fromage ■ Gâteau maison**

Gâteau maison

1 litre de lait, 2 cuil. à soupe de farine, 2 cuil. à soupe de tapioca, 1 cuil. à dessert de Maïzena, 3 œufs, 1/3 de bâton de vanille, 1/2 boîte de framboises au sirop, 175 g de sucre en poudre.

Faites bouillir le lait avec le bâton de vanille et 100 g de sucre, mélangez la farine, la Maïzena et le tapioca, délayez en versant peu à peu les œufs battus en omelette puis le lait froid. Mélangez au fouet à sauce et faites cuire sur feu doux en remuant sans arrêt. Comptez 5 mn de cuisson à partir de l'ébullition.

Avec le reste du sucre et un demi-verre d'eau, faites un caramel dans un moule en couronne, versez-y la préparation et laissez refroidir au réfrigérateur pendant 2 h.

Au moment de servir, démoulez ce gâteau sur un plat. Au centre, disposez les framboises au sirop égouttées.

MAI
1re SEMAINE
JEUDI

■ ***Déjeuner :*** **Radis ▪ Poitrine de veau farcie ▪ Tagliatelles ▪ Compote de pommes meringuée**

Poitrine de veau farcie

1 poitrine de 1,250 kg, 1 tranche de jambon de 175 g, 1 escalope de 100 g, 400 g d'épinards en branches surgelés, 2 tranches de pain de mie de 1,5 cm d'épaisseur, 1 verre de lait, 1 œuf, 1 gousse d'ail, 1 oignon, 2 cuil. à soupe d'huile, 30 g de beurre, persil, thym, sel, poivre.

Demandez à votre boucher de préparer la poitrine pour être farcie. Hachez le jambon, l'escalope, l'oignon, l'ail, le persil et les épinards blanchis et égouttés. Ajoutez à ce hachis le pain de mie trempé dans le lait et essoré, l'œuf entier, le sel, le poivre. Mélangez le tout et remplissez-en l'intérieur de la poitrine, recousez.

Dans une cocotte, faites chauffer l'huile et le beurre, mettez la poitrine à dorer des deux côtés, salez, poivrez, saupoudrez de thym, mouillez d'un demi-verre d'eau et faites cuire à couvert pendant 1 h 30.

■ ***Dîner :*** **Rillettes ▪ Haricots verts à l'italienne ▪ Fromage blanc ▪ Bananes**

Haricots verts à l'italienne

750 g de haricots mange-tout, 500 g de tomates, 4 petits oignons, 1 gousse d'ail, thym, sel, poivre, 30 g de beurre, 1 cuil. à soupe d'huile.

Épluchez, lavez et égouttez les haricots, coupez-les en deux. Lavez, essuyez et coupez les tomates en deux. Dans une cocotte, faites chauffer l'huile et le beurre, ajoutez les tomates et les oignons entiers, laissez-les revenir quelques instants à feu pas trop vif. Ajoutez les haricots, la gousse d'ail épluchée, le sel, le poivre, le thym et 1/2 verre d'eau. Couvrez et faites cuire 1 h à feu moyen.

■ ***Déjeuner :*** **Poitrine de veau froide ▪ Salade printanière ▪ Yaourts ▪ Glace à la vanille**

Salade printanière

1 petite laitue, 1 poivron vert, 1 poivron rouge, 1 petit céleri en branche, 2 tomates, 2 œufs durs, 1/2 botte de radis, 4 oignons nouveaux, 1 tasse à thé de mayonnaise, 1 cuil. à dessert de ketchup, sel, poivre.

Dans un saladier, disposez les feuilles de laitue, les poivrons et le céleri coupés en lanières, les tomates, les œufs durs, les oignons coupés en rondelles et les radis fendus en deux. Dans un bol, allongez la mayonnaise avec 1 cuil. à soupe d'eau, ajoutez-lui le ketchup, mélangez. Versez cette sauce sur la salade, remuez seulement au moment de servir.

■ ***Dîner :*** **Soupe de poissons à la parisienne ▪ Salade de cresson ▪ Fromage ▪ Clafoutis aux pommes**

Soupe de poissons à la parisienne

2 têtes de colin, 300 g de congre, 4 gousses d'ail, 2 oignons, 1 poireau, 2 tomates, 100 g de coquillettes, 50 g de gruyère râpé, 2 cuil. à soupe d'huile d'olive, 1 cuil. à café de fenouil en grains, thym, 1 écorce d'orange, 1 dose de safran, sel, poivre, gruyère râpé.

Émincez finement les oignons et le poireau. Dans un fait-tout, faites-les fondre doucement à l'huile d'olive pendant 15 mn. Ajoutez les tomates coupées en 4, les gousses d'ail entières, les têtes de colin et le morceau de congre. Mouillez avec 2,5 litres d'eau, ajoutez encore le thym, le fenouil en grains, l'écorce d'orange, sel et poivre. Couvrez et faites cuire 25 mn.

Ôtez les têtes de colin, recueillez-en la chair, passez-la à la moulinette avec la chair du congre. Versez toute la soupe dans le presse-purée, passez-la également. Remettez le tout dans une casserole, faites bouillir, mettez les coquillettes et la dose de safran. Laissez cuire 10 mn à découvert. Servez très chaud en accompagnant cette soupe de gruyère râpé.

MAI
1re SEMAINE
SAMEDI

■ *Déjeuner :* **Salade de concombre ■ Spaghettis à la carbonara ■ Fraises au sucre**

Spaghettis à la carbonara

350 g de spaghettis, 70 g de lard de poitrine fumé, 70 g de poitrine fraîche, 20 g de beurre, 4 jaunes d'œufs, 80 g de crème fraîche, 100 g de fromage râpé (parmesan de préférence ou gruyère), sel, poivre.

Mettez à chauffer une grande quantité d'eau dans un fait-tout, salez, portez à ébullition. En attendant, ôtez la couenne des deux morceaux de poitrine et coupez-les en petits dés. Dans une casserole suffisamment grande pour contenir ensuite les spaghettis, faites dorer les lardons dans le beurre 5 mn environ. Retirez la casserole du feu. Jetez les spaghettis dans l'eau bouillante. Mélangez la crème aux jaunes d'œufs, salez, poivrez d'un tour de moulin. Ajoutez la moitié du fromage râpé. Mélangez bien. Égouttez rapidement les spaghettis après environ 15 mn de cuisson. Goûtez-les, ils doivent rester croquants (« al dente ») sous la dent. Versez-les dans la casserole des lardons et mettez sur feu vif. Mélangez pendant 2 mn environ en soulevant les spaghetti avec deux fourchettes. Baissez le feu et maintenez-le très doux. Versez sur les pâtes le mélange œufs-crème en tournant rapidement. En chauffant, la sauce deviendra bien crémeuse. Ajoutez le reste du fromage râpé. Donnez quelques tours de moulin à poivre. Servez aussitôt dans des assiettes très chaudes.

■ *Dîner :* Pan Bagnat ■ Fromage blanc ■ Poires

Pan Bagnat

4 petits pains ronds, 2 tomates, 1 oignon, 1 boîte de filets d'anchois allongés, 1 poivron vert, 50 g d'olives noires, 3 cuil. à soupe d'huile d'olive, sel, poivre.

Coupez chaque petit pain en deux. Imbibez largement un des deux morceaux d'huile. Posez dessus 2 anchois, 3 rondelles de tomates, 2 ou 3 fines rondelles d'oignons, sel, poivre, quelques lamelles de poivrons, parsemez d'olives noires dénoyautées, arrosez encore d'un peu d'huile, recouvrez avec le second morceau de pain, en appuyant bien.

MAI
1re SEMAINE
DIMANCHE

■ ***Déjeuner de fête :*** **Homards grillés ■ Poulet à la normande ■ Pommes fruits poêlées ■ Haricots verts au beurre ■ Salade de laitue aux pointes d'asperges ■ Plateau de fromages ■ Pièce montée**
Menu établi pour 10 personnes.

Homards grillés

5 homards de 600 g environ, 250 g de crème fraîche, 150 g de beurre, 1 bouquet de ciboulette, 1/2 citron, sel, poivre, 1 sachet 1/2 de court-bouillon.

Dans un grand fait-tout, composez votre court-bouillon en versant le contenu de vos sachets et la quantité d'eau indiquée sur le mode d'emploi. Amenez à ébullition. Plongez les homards vivants, couvrez et laissez cuire 5 mn. Retirez les homards, laissez-les refroidir. Allongez-les avec la paume de la main et coupez-les en 2, en commençant par la queue. Avec un bon couteau, détachez la chair de la queue de la carapace, mais laissez-la dedans. Parsemez de noisettes de beurre, posez les homards dans un grand plat, faites griller 10 mn au four. Faites chauffer sans bouillir la crème, ajoutez-lui la ciboulette hachée, le jus de citron, sel, poivre. Dressez les homards sur le plat de service, arrosez-les de sauce.

Poulet à la normande

3 poulets de Bresse ou fermiers, 400 g de champignons de Paris, 4 échalotes, 3 petits verres de cognac, 2 verres de vin blanc sec, 400 g de crème fraîche, sel, poivre, 100 g de beurre.

Pour 3 poulets, vous utiliserez 3 sauteuses.

Coupez les poulets en 4, faites revenir au beurre à la cocotte, mais sans colorer. Retirez les morceaux, laissez-les en attente, et à leur place, faites revenir les champignons émincés. Ajoutez les échalotes, hachées, remettez les poulets. Flambez avec le cognac, mouillez avec le vin. Salez, poivrez, ajoutez la crème, couvrez et laissez cuire 30 mn environ à feu doux. Dressez les morceaux sur un plat chaud et nappez-les de sauce.

MAI
2e SEMAINE
LUNDI

■ ***Déjeuner :*** **Avocats vinaigrette ■ Steaks tartare ■ Salade de fruits frais**

Avocats vinaigrette

2 avocats, 1 tasse à thé de sauce vinaigrette moutardée, fines herbes hachées, quelques feuilles de laitue.

Coupez les avocats en deux, ôtez le noyau. À sa place, versez 1 cuil. à dessert de vinaigrette, saupoudrez de fines herbes. Garnissez une petite assiette de feuilles de laitue, posez dessus 1/2 avocat. Servez frais.

N.B. Mettez chaque noyau dans un bocal rempli d'eau. Vous verrez, au bout de plusieurs semaines, apparaître les racines et pousser du feuillage. À ce moment, vous pourrez mettre ces plantes dans la terre !

■ ***Dîner :*** Jambon blanc ▪ Gratin dauphinois ▪ « Schenkele »

« Schenkele »

400 g de farine, 125 g d'amandes en poudre, 4 œufs,
250 g de sucre semoule, 30 g de beurre, 1 cuil. à soupe de kirsch,
1 pincée de sel, 75 g de sucre glace, huile pour friture.

Dans une terrine, travaillez au fouet à sauce le sucre et les jaunes d'œufs jusqu'à ce que le mélange blanchisse. Ajoutez alors le beurre fondu, la farine tamisée, les amandes, le sel, le kirsch. Travaillez cette pâte jusqu'à ce qu'elle devienne souple, laissez-la reposer 2 h. Trempez vos mains dans la farine, prenez la valeur d'un gros œuf de pâte et roulez-la entre vos mains, formez ainsi des bâtonnets de 5 cm de long sur 1,5 cm. Déposez-les tous sur une planche farinée. Jetez-les à grande friture, pas plus de 6 à la fois. Lorsqu'ils sont dorés, égouttez-les, posez-les sur un papier absorbant, et saupoudrez-les largement de sucre glace.

MAI
2e SEMAINE
MARDI

■ ***Déjeuner :*** Salade de crudités ▪ Flamiche ▪ Kiwis

Flamiche

Pour la pâte : *200 g de farine, 100 g de beurre, 1/2 verre d'eau salée.*
Pour la garniture : *1 kg de poireaux, 50 g de beurre, 50 g de farine, 1/2 litre de lait, sel, poivre, muscade.*

Préparez la pâte en travaillant la farine et le beurre divisé en morceaux, mouillez avec l'eau. Coupez les poireaux pour ne conserver que le blanc. Émincez-les. Dans une sauteuse, faites chauffer 30 g de beurre, ajoutez les poireaux, laissez-les fondre tout doucement 15 mn en remuant de temps en temps. Saupoudrez de farine, laissez-la cuire quelques minutes. Hors du feu, ajoutez le lait froid d'un seul coup, remettez sur le feu et faites prendre en remuant. Salez, poivrez, saupoudrez de muscade râpée, laissez cuire à feu doux 20 mn.

Étendez la pâte, disposez-la dans un moule à tarte, faites quelques incisions dans le fond. Remplissez avec la garniture, posez sur le dessus le reste du beurre divisé en petits morceaux. Faites cuire à four chaud pendant 20 mn. Servez immédiatement.

■ ***Dîner :*** **Côtes d'agneau grillées ■ Petits navets glacés ■ Fromage ■ Cerises**

Petits navets glacés

1 kg de petits navets ronds, 75 g de beurre, 1 cuil. à soupe de sucre en poudre.

Épluchez les navets, laissez-les entiers et plongez-les dans une casserole d'eau bouillante salée ; laissez-les cuire 10 mn. Égouttez-les. Dans une sauteuse, faites fondre le beurre, mettez les navets, laissez-les rissoler doucement. Saupoudrez de sucre, remuez pour mélanger. Les navets vont prendre une jolie couleur dorée. Servez-les autour des côtes d'agneau.

■ *Déjeuner :* Concombre en salade ■ Rôti de veau en cocotte ■ Petits pois ■ Fraises au sucre

Rôti de veau en cocotte

1 kg de rôti de veau désossé et non bardé, 2 cuil. à soupe d'huile, 12 petits oignons, thym, romarin, sel, poivre.

Sous les ficelles du rôti, glissez par endroits des brins de thym et de romarin. Dans une cocotte, faites chauffer l'huile, faites dorer la viande de toutes parts. Ceci fait, ajoutez les petits oignons épluchés, salez, poivrez, couvrez et laissez cuire à petit feu 1 h 10 environ. Ôtez la viande, posez-la sur la planche à découper. À feu vif, versez 1/2 verre d'eau dans la cocotte en grattant le fond avec une fourchette. Présentez la viande coupée en tranches, entourée de petits oignons, servez la sauce en saucière.

■ *Dîner :* Salade dauphinoise ■ Fromage ■ Glace à la vanille

Salade dauphinoise

500 g de pommes de terre B.F., 1 saucisson de Lyon, 250 g de jambon de pays en une seule tranche, 1 verre de vin blanc sec, 6 cuil. à soupe d'huile, 1 cuil. 1/2 de vinaigre d'alcool, sel, poivre, persil.

Faites cuire les pommes de terre à l'eau pendant 20 mn. Égouttez-les, épluchez-les, coupez-les en tranches et arrosez-les immédiatement de vin blanc. Faites pocher le saucisson 15 mn dans de l'eau, coupez-le en rondelles de 1 cm d'épaisseur ; coupez le jambon en dés. Égouttez à nouveau les pommes de terre, versez-les dans un saladier avec le jambon et le saucisson.

Dans un bol, préparez une vinaigrette peu salée, versez-la sur la salade et saupoudrez de persil haché.

MAI
2e SEMAINE
JEUDI

■ *Déjeuner :* Poireaux vinaigrette ■ Rognons de veau à la bordelaise ■ Pommes vapeur ■ Poires

Rognons de veau à la bordelaise

2 rognons de veau, 60 g de beurre, 3 échalotes hachées, 2 verres d'un bon vin rouge (bordeaux de préférence), thym, sel, poivre en grains, 1 cuil. à soupe de farine.

Faites sauter rapidement à la poêle et dans 30 g de beurre les rognons coupés en morceaux. Réservez-les. Dans une casserole, mettez les échalotes, le vin, le poivre en grains, un peu de thym. Réduire à feu vif, jusqu'à ce qu'il reste la valeur d'un verre de liquide. Passez la sauce, versez-la dans la sauteuse, sur les rognons, et incorporez doucement à feu doux des noisettes de beurre manié (beurre travaillé à la fourchette avec la farine). Battez bien la sauce entre chaque adjonction. Salez. Laissez mijoter 5 mn.

■ *Dîner :* Radis ■ Biftecks grillés ■ Épinards en branches ■ Galette de Colette

Galette de Colette

200 g de farine, 75 g de beurre fondu, 1 œuf, 50 g de sucre en poudre, 10 g environ de levure de boulanger, 1/2 verre d'eau, 75 g de crème fraîche, 1 citron, 1 pincée de sel.

Faites dissoudre la levure dans l'eau tiède. Dans une terrine, travaillez à la cuillère en bois l'œuf entier et le beurre fondu. Ajoutez le zeste de citron râpé, le sel et 30 g de sucre. Peu à peu, ajoutez la farine tamisée et l'eau. Travaillez maintenant la pâte avec les doigts. Formez une boule et laissez-la lever 3 h dans un endroit tiède. Étendez la pâte au rouleau sur 1 feuille d'aluminium ménager, donnez-lui la forme d'une galette en faisant un bord tout autour, parsemez le dessus de noisettes de beurre ; saupoudrez avec le reste du sucre. Faites cuire à four moyen 15 mn environ. Servez tiède, nature ou tartinée de crème fraîche.

MAI
2e SEMAINE
VENDREDI

■ ***Déjeuner :*** **Sprats ■ Chou-fleur au gratin ■ Yaourts ■ Cerises**

Sprats

20 sprats, pain de campagne, beurre.

Les sprats sont de petits poissons de mer, plus petits que les sardines et qui se vendent fumés. Ils se mangent nature avec tout simplement du pain et du beurre.

■ ***Dîner :*** **Saumon grillé au beurre d'anchois ■ Pommes à l'anglaise persillées ■ Emmenthal ■ Crème au café**

Saumon grillé au beurre d'anchois

4 darnes de saumon de 1,5 cm d'épaisseur, 100 g de beurre, 75 g d'anchois au sel, huile.

Mettez les anchois à dessaler pendant 1 h. Ôtez les arêtes, mixez les filets. Travaillez cette pâte avec le beurre ramolli et tenez cette sauce au-dessus d'une casserole d'eau chaude, remuez souvent.

Lavez les darnes de saumon, épongez-les dans un linge. Passez un peu d'huile sur chaque face. Faites griller le saumon à four vif 4 mn de chaque côté. Servez sur un plat chaud avec le beurre d'anchois chaud, en saucière.

MAI
2e SEMAINE
SAMEDI

■ ***Déjeuner :*** **Pâté de campagne ■ Macaronis à la française ■ Fraises au sucre**

Macaronis à la française

400 g de macaronis, 50 g de beurre, 75 g de gruyère râpé, noix de muscade râpée, 1 cuil. à dessert d'huile, sel, poivre.

Plongez les macaronis dans une grande quantité d'eau bouillante salée, ajoutez l'huile. Faites reprendre l'ébullition et comptez à partir de ce moment 15 mn de cuisson à découvert. Égouttez les macaronis, remettez-les dans la casserole sur feu doux. Ajoutez la noix de muscade râpée, le poivre, le beurre en morceaux, la moitié du gruyère. Mélangez, ajoutez le reste du gruyère, le feu doit toujours être doux pour que le fromage ne cuise pas, ce qui l'empêcherait de filer. Servez très vite dans un légumier chaud.

■ ***Dîner :*** **Artichauts vinaigrette ■ Tomates farcies ■ Fromage ■ Crème délice**

Crème délice

1/2 litre de lait, 4 œufs, 1/2 bâton de vanille, 1 cuil. à café de fécule, 150 g de sucre en poudre.

Dans une casserole, travaillez les jaunes d'œufs avec le sucre et la fécule, jusqu'à ce que la préparation fasse le ruban. Délayez peu à peu avec le lait chaud, vanillé. Placez la casserole sur feu doux, remuez sans arrêt jusqu'à épaississement en évitant l'ébullition. Laissez refroidir en remuant la crème de temps en temps pour éviter la formation d'une peau.

Battez les blancs en neige très ferme, ajoutez-les à la crème, mélangez et mettez au réfrigérateur. Servez cette crème en l'accompagnant de palmiers et de sacristains.

MAI
2e SEMAINE
DIMANCHE

■ ***Déjeuner :*** **Avocats aux crevettes ■ Pigeons printaniers ■ Salade romaine au roquefort ■ Fraises des bois**

Pigeons printaniers

2 pigeons, 1 kg de petits pois, 4 carottes, 2 navets, 5 petits oignons, 2 feuilles de sauge, 1 barde de lard, sel, poivre.

Salez, poivrez et déposez à l'intérieur des pigeons une feuille de sauge. Recousez-les et bardez-les. Faites-les revenir dans une cocotte, sans matière grasse ; la barde doit suffire. Lorsqu'ils sont bien dorés, salez, poivrez, ajoutez les petits pois écossés, les carottes, les navets coupés en dés et les oignons entiers. Mouillez avec 1 verre d'eau. Couvrez et laissez cuire 40 mn environ. Coupez chaque pigeon en deux, dressez les moitiés autour d'un plat creux, versez les légumes au centre.

■ ***Dîner :*** **Asperges sauce hollandaise ■ Croustades aux tomates ■ Cerises**

Croustades aux tomates

4 tranches de pain de campagne, 2 belles tomates, 8 anchois à l'huile, 25 g de gruyère râpé, 20 g de beurre, thym.

Sur la grille du four, et au centre, posez les tomates coupées en deux, égrenées, côté plat face au feu. Faites cuire, grilloir du four allumé, porte ouverte. En cours de cuisson, saupoudrez de thym. Lorsque les tomates sont dorées, ajoutez tout autour 4 tranches de pain de campagne, faites-les griller des deux côtés. Posez-les sur un plat, beurrez chaque tartine, saupoudrez d'un peu de râpé, posez une demi-tomate et autour 2 filets d'anchois. Mélangez immédiatement.

■ ***Déjeuner :*** **Filets de harengs marinés ▪ Pommes de terre en salade ▪ Yaourts ▪ Compote de pommes**

Filets de harengs marinés

1 sachet de filets de harengs fumés, 2 verres de lait, 1 carotte, 1 oignon, poivre en grains, 1 feuille de laurier, 1 grand verre d'huile.

Mettez les filets de harengs à dessaler dans le lait pendant 2 h. Épongez-les et dressez-les dans un ravier en verre. Ajoutez la carotte et l'oignon coupés en rondelles, 3 ou 4 grains de poivre et le laurier. Recouvrez d'huile, laissez macérer 1 h avant de consommer.

■ ***Dîner :*** **Salade de tomates ▪ Foie d'agneau persillé ▪ Purée de chou-fleur ▪ Gâteau fromagé**

Gâteau fromagé

3 œufs, 250 g de fromage blanc, 150 g de sucre, 1 sachet de levure, 75 g de farine, 20 g de beurre.

Enfermez le fromage blanc dans un linge fin, suspendez-le au-dessus de l'évier, laissez-le égoutter 2 h. Dans une terrine, travaillez le fromage blanc, les jaunes d'œufs et le sucre, mélangez peu à peu la farine tamisée, à laquelle vous aurez incorporé la levure. Ajoutez encore les blancs battus en neige, en soulevant délicatement la masse de pâte.

Beurrez un moule à manqué, remplissez-le de cette pâte et faites cuire à four doux pendant 40 mn environ. Si le gâteau se colore trop vite, recouvrez-le d'un papier sulfurisé. On constate la cuisson en enfonçant la pointe d'un couteau dans le gâteau, elle doit ressortir sèche.

MAI
3e SEMAINE
MARDI

■ ***Déjeuner :*** **Scampi fritti ■ Riz créole ■ Fromage ■ Poires**

Scampi fritti, sauce tartare

2 kg de langoustines, 2 œufs, 200 g de farine, 1/4 de litre d'eau, sel, poivre en grains, 1 oignon, bouquet garni.
Pour la sauce tartare : *1 bol de sauce mayonnaise, cornichons, câpres, fines herbes.*

Préparez une pâte à beignets en travaillant la farine avec 2 jaunes d'œufs, 1 pincée de sel et l'eau ; laissez reposer au moins 1 h.

Amenez à ébullition 2 litres d'eau salée, à laquelle vous ajouterez l'oignon, le bouquet garni et 4 grains de poivre. Jetez-y les langoustines, laissez cuire 5 mn à couvert. Égouttez, épluchez les queues. Au moment de la cuisson, incorporez à la pâte les blancs battus en neige ferme. Trempez une à une les langoustines dans la pâte et plongez-les dans la friture. Lorsqu'elles sont dorées et gonflées, égouttez-les et dressez-les sur un plat garni d'un papier absorbant. Mélangez à la mayonnaise un hachis de câpres, cornichons et fines herbes. Servez en accompagnement des scampi.

■ ***Dîner :*** **Rôti de porc froid mayonnaise ■ Batavia ■ Clafoutis aux cerises**

Clafoutis aux cerises

500 g de cerises, 80 g de farine, 125 g de sucre, 1/4 de litre de lait, 4 œufs, 60 g de beurre.

Essuyez, équeutez et dénoyautez les cerises. Dans une terrine, travaillez la farine, le sucre et les œufs entiers. Ajoutez peu à peu le lait et la moitié du beurre, fondu ; on doit obtenir une pâte un peu plus épaisse que la pâte à crêpes. Beurrez un plat en terre ou en Pyrex, disposez les cerises dans le fond, versez la pâte. Faites cuire au four allumé 15 mn à l'avance pendant 40 mn environ.

■ ***Déjeuner :*** **Carottes râpées ■ Agneau rôti ■ Petits pois à l'anglaise ■ Oranges givrées**

Petits pois à l'anglaise

1,500 kg de petits pois, 75 g de beurre, 1 cuil. à café de sucre en poudre, sel.

Amenez 2,5 litres d'eau à ébullition, jetez-y les petits pois écossés. Faites cuire à découvert 25 mn environ.

Égouttez les légumes, remettez-les dans la casserole sur feu doux. Salez, saupoudrez de sucre, ajoutez le beurre et mélangez.

■ ***Dîner :*** **Salade de scarole au poulet ■ Fromage ■ Cerises**

Salade de scarole au poulet

Des restes de poulet, 1 petite scarole, 100 g de gruyère, 100 g de noix, 1 tasse à thé de mayonnaise, sauce anglaise, 1 cuil. à dessert de concentré de tomate, 2 œufs durs.

Ôtez la peau du poulet, désossez-le, coupez-le en morceaux. Lavez la salade, coupez-la en lamelles. Allégez la mayonnaise avec 1 cuil. à dessert d'eau, ajoutez-y le concentré et quelques gouttes de sauce anglaise.

Dans un saladier, dressez la salade, le poulet, le gruyère coupé en dés et les noix, versez les 3/4 de la mayonnaise, mélangez. Décorez le dessus de la salade avec des rondelles d'œufs durs et le reste de la mayonnaise.

MAI
3ᵉ SEMAINE
JEUDI

■ ***Déjeuner :*** **Œufs en tripe ■ Carottes nouvelles aux petits oignons ■ Yaourts aux framboises**

Œufs en tripe

8 œufs, 4 oignons, 1 bonne cuil. à soupe de farine, 40 g de beurre, 1/2 litre de lait, sel, poivre, bouquet garni.

Faites durcir les œufs 10 mn, passez-les à l'eau fraîche ; écalez-les. Épluchez les oignons, coupez-les en fines lamelles. Dans une casserole à fond épais, faites-les cuire au beurre, à feu très très doux. Ils doivent fondre *sans prendre couleur.* Saupoudrez de farine, mélangez.

Hors du feu, mouillez avec le lait froid, ajoutez le bouquet garni, salez, poivrez, faites cuire 1/4 d'heure. Ôtez le bouquet, ajoutez les œufs coupés en quatre. Mélangez délicatement et ne faites plus bouillir. Servez chaud.

■ ***Dîner :*** **Tourton des pâtres ■ Salade de laitue et tomates ■ Poires**

Tourton des pâtres

300 g de pâte feuilletée surgelée, 1/2 litre de lait, 75 g de farine, 50 g de beurre, 1/2 verre de crème fraîche, 250 g de gruyère, 2 œufs, sel, poivre.

Faites fondre le beurre sur feu doux, versez la farine, mélangez rapidement, laissez cuire quelques instants en remuant à la cuiller en bois. Hors du feu, ajoutez tout le lait. Remettez sur le feu toujours en tournant, salez, poivrez, laissez cuire 10 mn. Ôtez la casserole du feu, ajoutez 2 œufs battus en omelette, la crème et les 2/3 du râpé.

Étendez la pâte feuilletée au rouleau. Chemisez un moule à tarte, faites quelques incisions dans le fond. Remplissez de la pré-

paration, saupoudrez le dessus avec le reste de gruyère et faites cuire 25 à 30 mn à four chaud. Se mange chaud.
(Recette communiquée par l'« Hostellerie du Lion d'or » à Vence.)

MAI
3e SEMAINE
VENDREDI

■ ***Déjeuner :*** **Œufs mimosa ■ Spaghettis bolognaise ■ Yaourts ■ Poires**

Œufs mimosa

4 œufs, 3 cuil. à café de beurre d'anchois en tube, quelques feuilles de laitue.

Faites cuire dur 4 œufs, passez-les à l'eau froide. Écalez-les, coupez-les en deux dans le sens de la longueur. Ôtez les jaunes, réservez-en 2 1/2. Écrasez les autres à la fourchette, travaillez-les avec le beurre d'anchois. Remplissez chaque demi-blanc de cette pâte. Disposez-les sur un plat garni de feuilles de laitue. Versez le reste des jaunes dans une passoire fine ; avec un pilon, pilez-les au-dessus des œufs.

■ ***Dîner :*** **Crevettes grises ■ Morue à la portugaise ■ Salade romaine ■ Fraises au sucre**

Morue à la portugaise

1 boîte de filets de morue, 2 poivrons verts, 3 tomates, 3 gousses d'ail, persil, 1 verre d'huile d'olive.

Mettez à dessaler la morue toute la matinée en changeant l'eau plusieurs fois. Faites-la pocher, égouttez-la et détaillez-la en morceaux.

Plongez les poivrons dans de l'eau bouillante, épluchez-les, faites de même pour les tomates. Dans une cocotte, faites revenir à l'huile d'olive les poivrons coupés en lanières et les tomates coupées en quatre, saupoudrez d'un hachis d'ail et de persil, laissez cuire 20 mn. Ajoutez alors les morceaux de morue, laissez encore mijoter ensemble 10 mn avant de servir.

MAI
3e SEMAINE
SAMEDI

■ ***Déjeuner :*** **Champignons à la grecque ■ Escalopes de veau à la crème ■ Épinards en branches ■ Salade de fruits**

Champignons à la grecque

300 g de petits champignons de Paris, 10 petits oignons, 1/4 de litre de vin blanc sec, 1 cuil. à soupe de concentré de tomate, 1 citron, 2 feuilles de laurier, thym, sel, poivre en grains, 5 ou 6 grains de coriandre, 2 cuil. à soupe d'huile d'olive.

Ôtez le bout terreux des champignons, lavez-les à l'eau courante, puis passez-les à l'eau citronnée. Épluchez les oignons, laissez-les entiers. Mettez les légumes dans une cocotte, ajoutez le vin blanc, le concentré, le citron coupé en tranches et tous les aromates. Complétez avec un peu d'eau si les légumes ne sont pas assez mouillés.

Faites cuire 20 mn à feu moyen. Ôtez la cocotte du feu et laissez refroidir, ajoutez alors l'huile d'olive. Versez dans le plat de service et mettez au frais.

■ *Dîner :* Salade de concombre ■ Sauté de chevreau ■ Pommes chips ■ Fraises au sucre

Sauté de chevreau

1 épaule de chevreau, 30 g de beurre, 1 cuil. à soupe d'huile, 3 gousses d'ail, persil, sel, poivre.

En achetant l'épaule, faites-la couper en morceaux. Dans une cocotte, mettez à revenir dans la matière grasse les morceaux de viande. Lorsqu'ils sont dorés, salez, poivrez, saupoudrez d'un hachis d'ail et de persil ; couvrez. Laissez cuire 30 mn à couvert. Servez sur un plat chaud et n'oubliez pas les assiettes chaudes.

L'agneau peut également se préparer de cette façon.

MAI
3e SEMAINE
DIMANCHE

■ *Déjeuner :* Asperges sauce hollandaise ■ Gigot d'agneau ■ Flageolets, haricots verts ■ Fromage ■ Pudding pèlerin

Pudding pèlerin

300 g de biscuits à la cuillère, 3 jaunes d'œufs, 150 g de sucre en poudre, 1/2 litre de lait vanillé, 75 g d'amandes en poudre, 175 g de beurre, 1 petit verre de bon kirsch.

Dans une casserole, préparez la crème anglaise : travaillez les jaunes d'œufs avec la moitié du sucre, versez dessus peu à peu le lait bouillant. Mettez la casserole sur le feu, et faites prendre cette crème à feu doux, en la remuant sans arrêt. Elle ne doit surtout pas bouillir. Prélevez-en 1 verre, que vous versez dans un saladier. Mettez le reste au réfrigérateur. Travaillez le beurre en pommade, incorporez-le par petits morceaux, en le mélangeant bien chaque fois à la crème encore tiède, ajoutez les amandes et la moitié du kirsch.

Dans une assiette creuse, faites fondre le reste du sucre dans 1 tasse à déjeuner d'eau et le reste du kirsch. Trempez rapidement un à un les biscuits dans le mélange. Tapissez-en le fond et les parois d'un moule à charlotte, le côté bombé des biscuits tourné vers l'extérieur.

Versez une couche de crème, puis finissez de remplir le moule en alternant une couche de biscuits, une couche de crème. Terminez par les biscuits.

Mettez sur le dessus du gâteau une assiette à dessert sur laquelle vous poserez un poids. Mettez au réfrigérateur toute une nuit.

Au moment de servir, démoulez le gâteau sur un plat et nappez-le du reste de crème anglaise bien froide.

■ ***Dîner :*** **Viande froide ■ Salade romaine et tomates ■ Corbeille de fruits**

Dîner léger, le déjeuner était copieux !

MAI
4e SEMAINE
LUNDI

■ ***Déjeuner :*** **Jambon blanc ■ Coquillettes au fromage râpé ■ Yaourts ■ Salade d'oranges**

Salade d'oranges

4 oranges, 125 g de sucre, 1 verre d'eau.

Épluchez les oranges en ôtant toute la peau blanche. Coupez-les en rondelles à l'aide d'un couteau bien tranchant. Disposez-les dans un saladier.

Faites un sirop avec le sucre et le verre d'eau, versez-le chaud sur les tranches d'oranges. Laissez macérer et servez frais.

On peut parfumer cette salade avec une liqueur à base d'orange : curaçao, Grand Marnier, Cointreau.

■ *Dîner :* Poulet à l'estragon ■ Pommes sautées ■ Laitue ■ Compote d'abricots

Poulet à l'estragon

1 poulet, 2 branches d'estragon, 2 cuil. à soupe d'huile, 30 g de beurre, 1 verre de crème fraîche, 1 jaune d'œuf, sel, poivre.

Coupez le poulet en morceaux. Dans une cocotte, avec le beurre et l'huile, faites-le dorer à feu moyen. Les morceaux doivent dorer sans que la matière grasse brûle. Lorsqu'ils ont tous une jolie couleur, salez, poivrez, mettez 1 branche d'estragon et couvrez. Laissez mijoter 25 mn environ.

D'autre part, mélangez le jaune d'œuf et la crème, saupoudrez de la seconde branche d'estragon hachée. Versez ce mélange dans la cocotte, sur les morceaux de poulet et faites chauffer mais ne laissez pas bouillir.

MAI
4e SEMAINE
MARDI

■ *Déjeuner :* Salade de pommes de terre au saucisson chaud ■ Yaourts ■ Fraises au sucre

Voir la recette « Salade de pommes de terre au saucisson chaud » page 30.

■ *Dîner :* Salade de tomates ■ Pilaf de fruits de mer ■ Fromage ■ Cerises

Pilaf de fruits de mer

1 saint-pierre, 300 g de lotte, 12 coquilles Saint-Jacques, 12 langoustines, 2 verres de vin blanc, 2 cuil. à soupe de concentré de tomate, 1 petit verre de cognac, poivre de cayenne, 3 échalotes,

2 cuil. à soupe d'huile, 200 g de riz, 1 sachet de court-bouillon en poudre, 2 gousses d'ail, 1 écorce d'orange, sel, poivre.

Dans un fait-tout, versez le sachet de court-bouillon, mouillez avec la quantité d'eau indiquée sur le mode d'emploi, mettez la lotte coupée en morceaux et le saint-pierre détaillé en filets. Amenez doucement à ébullition, laissez frémir 8 à 10 mn. Égouttez les poissons, coupez-les en gros dés. Dans le même court-bouillon, faites cuire les langoustines pendant 10 mn. Égouttez-les, épluchez-les, coupez les queues en 2 ou 3 morceaux. Ouvrez les coquilles Saint-Jacques. Nettoyez-les.

Dans une cocotte, faites fondre à l'huile les échalotes finement hachées, versez le cognac, flambez. Ajoutez encore l'ail non épluché et écrasé, le concentré, le vin blanc, l'écorce d'orange, sel, poivre, et une pointe de couteau de poivre de cayenne. Couvrez et laissez cuire 10 mn.

Ajoutez alors les poissons, les langoustines et les coquilles Saint-Jacques. Laissez mijoter encore 10 mn. Si la sauce devenait trop épaisse, éclaircissez-la avec un peu de court-bouillon passé.

Faites cuire un riz créole, versez-le dans un moule en forme de couronne, renversez-le sur le plat de service, dressez au centre et autour les poissons, nappez de sauce passée au chinois.

MAI
4e SEMAINE
MERCREDI

■ ***Déjeuner :*** **Concombre à la crème ■ Biftecks grillés ■ Purée de carottes ■ Compote de pommes meringuée**

Concombre à la crème

1 concombre, 125 g de crème fraîche, 1 citron, 1 branche d'estragon, gros sel, poivre.

Épluchez le concombre, coupez-le en fines rondelles, saupoudrez de gros sel et laissez dégorger au moins 30 mn. Épongez dans un linge et disposez le concombre dans un plat creux. Dans un bol, mélangez la crème, le jus de citron, l'estragon haché et un peu de poivre. Versez cette sauce sur le concombre et mettez au frais jusqu'au moment de servir.

■ **Dîner :** **Cervelles au beurre noisette ■ Pommes à l'anglaise ■ Fromage ■ Pamplemousses grillés**

Pamplemousses grillés

2 pamplemousses, 4 cuil. à soupe arasées de sucre en poudre, 25 g de beurre.

Coupez les pamplemousses en deux. Avec un couteau à pamplemousse, détachez tout autour de chaque demi-fruit la chair de la peau. Posez sur le dessus une noisette de beurre, saupoudrez de sucre en poudre. Mettez les fruits dans un plat à feu, enfournez à mi-hauteur, allumez le gril et laissez dorer 8 à 10 mn.

Servez les pamplemousses tièdes, dans des coupes individuelles pour éviter de se brûler. Arrosez-les du jus répandu dans le plat.

MAI
4e SEMAINE
JEUDI

■ **Déjeuner :** **Carottes râpées ■ Côtes de porc à la tomate ■ Pâtes fraîches ■ Salade de fruits frais**

Côtes de porc à la tomate

4 côtes de porc dans l'échine, 1 boîte de concentré de tomate, 1 oignon, thym, sel, poivre, 2 cuil. à soupe d'eau.

Mettez à dorer les côtes de porc dans une poêle sans matière grasse. Ajoutez l'oignon finement émincé, laissez-le fondre. Versez le concentré de tomate, mouillez avec un peu d'eau, salez, poivrez, saupoudrez de thym. Couvrez et laissez cuire à petit feu 10 mn.

■ *Dîner :* Pissaladière ▪ Salade de saison ▪ Fromage blanc ▪ Cerises

Pissaladière

200 g de farine, 100 g de beurre, 1/2 verre d'eau salée, 1 boîte 4/4 de tomates, 4 oignons, 5 cuil. à soupe d'huile d'olive, 30 g de gruyère, thym, romarin, sel, poivre.

Préparez une pâte brisée en travaillant du bout des doigts la farine et le beurre divisé en petits morceaux, mouillez avec l'eau salée, formez une boule de pâte, laissez-la reposer.

Épluchez les oignons, coupez-les en lamelles, faites-les fondre dans de l'huile, sur feu très doux, en les remuant de temps en temps.

Égouttez les tomates, pressez-les pour en extraire le trop-plein d'eau.

Étendez la pâte, garnissez-en un moule à tarte légèrement beurré et fariné. Dans le fond de la pâte, pratiquez quelques incisions, avec la pointe d'un couteau. Étendez d'abord les oignons puis les tomates, salez, poivrez. Disposez sur le dessus de fines lamelles de gruyère, saupoudrez de thym et de romarin et arrosez d'huile. Mettez à cuire à four chaud pendant 30 mn. Servez chaud.

MAI
4e SEMAINE
VENDREDI

■ ***Déjeuner :*** **Filets de truites panés aux amandes ■ Pommes à l'anglaise ■ Fromage blanc aux framboises**

Filets de truites panés aux amandes

2 truites, 100 g d'amandes effilées, 2 œufs, 1 cuil. à soupe d'huile, sel, poivre, 100 g de farine, 30 g de beurre.

Levez les filets des truites en faisant bien attention de détacher toutes les arêtes. Salez les filets, poivrez-les, passez-les dans la farine puis dans les œufs battus avec l'huile, 1 cuil. à soupe d'eau, sel et poivre. Roulez ensuite les filets dans les amandes et faites-les cuire dans une poêle au beurre, très doucement, 7 à 8 mn environ.

■ ***Dîner :*** **Gigot de lotte ■ Riz créole ■ Omelette aux fraises**

Omelette aux fraises

8 œufs, 50 g de sucre en poudre, 50 g de sucre glace, 1/2 pot de confiture de fraises, 1 petit verre de kirsch, 50 g de beurre.

Battez les œufs avec le sucre en poudre. Faites chauffer le beurre dans une poêle, versez les œufs dedans. Lorsque l'omelette commence à prendre, ajoutez la confiture de fraises. Roulez-la sur un plat en métal comme une omelette ordinaire, saupoudrez de sucre glace, arrosez de kirsch chaud et flambez sur la table.

MAI
4e SEMAINE
SAMEDI

■ *Déjeuner :* **Chipolatas grillées ■ Aligot auvergnat ■ Sorbet aux fruits de la passion**

Aligot auvergnat

1 kg de pommes de terre Bintje, 500 g de cantal frais ou de tomme d'Auvergne, 2 cuil. à soupe de crème fraîche, 60 g de beurre, 1 gousse d'ail, sel.

Épluchez les pommes de terre, faites-les cuire à l'eau salée, égouttez-les, passez-les au presse-purée dans une casserole à fond épais. Ajoutez le beurre, mélangez-le à l'aide d'une spatule en bois, tenez la purée au chaud. Hors du feu, incorporez l'ail écrasé et, petit à petit, le cantal coupé en fines lamelles, en soulevant la masse de purée par en dessous et en étirant l'aligot. Ajoutez la crème, travaillez encore 10 mn, en remettant de temps en temps la casserole sur le feu. Amenez la casserole sur la table, posez-la sur un chauffe-plat ; faites filer devant les convives et servez immédiatement.
(Recette communiquée par l'« Ambassade d'Auvergne et du Rouergue ».)

■ *Dîner :* **Jambon blanc ■ Chou-fleur à la polonaise ■ Pudding aux cerises**

Pudding aux cerises

3 parts de pain brioché, 1/2 litre de lait, 300 g de cerises, 3 œufs, 150 g de sucre en poudre, 1 verre à liqueur de rhum, 20 g de beurre.

Dans un saladier, coupez le pain en morceaux, versez dessus le lait bouillant. Mélangez à la fourchette, en écrasant le pain. Ajoutez un à un les œufs entiers, le sucre, le rhum et les cerises dénoyautées.

Beurrez un plat allant au four, versez la préparation et faites cuire à four moyen 1 h. Servez froid, nature ou accompagné d'une crème anglaise.

MAI
4e SEMAINE
DIMANCHE

■ ***Déjeuner :*** **Asperges vinaigrette ■ Homard à l'américaine ■ Riz créole ■ Fromage ■ Glace à la vanille**

Homard à l'américaine

Pour 6 personnes : *3 homards de 700 g environ, 2 carottes, 3 tomates, 2 cuil. à soupe d'huile d'olive, 3 oignons, 1 gousse d'ail, 2 échalotes, 1 bouquet garni, 1/2 verre à vin de cognac, 1/2 litre de bon vin blanc sec, 200 g de beurre, sel, poivre, Cayenne.*

Dans 1 cuil. à soupe de beurre et 1 d'huile, faites fondre doucement les carottes que vous aurez râpées, les oignons, les échalotes hachés. Coupez les homards : tronçonnez la queue, détachez les pinces, brisez-les d'un seul coup au milieu. Videz les têtes, jetez l'estomac, réservez les parties crémeuses et verdâtres à part. Au fur et à mesure, jetez les morceaux dans la casserole, ajoutez un peu de beurre et d'huile et faites revenir en remuant jusqu'à ce que toute la carapace soit rouge. Flambez avec le cognac, mouillez au vin blanc, ajoutez la chair des tomates concassée, le bouquet, la gousse d'ail écrasée. Salez, poivrez, mettez une pointe de Cayenne. Couvrez. Faites cuire à grand feu 20 mn.

Retirez les homards et mettez-les dans le plat de service. Enlevez les carapaces des queues et de 3 ou 4 pinces. Maniez les parties crémeuses que vous avez réservées avec 1 cuil. à soupe de beurre. Ajoutez-les à la sauce avec 1 cuil. à soupe de persil haché. Donnez quelques bouillons. Rectifiez l'assaisonnement qui doit être relevé. Hors du feu, ajoutez du beurre par parcelles en fouettant fort jusqu'à ce que la sauce se lie. Versez sur les homards. Présentez en même temps du riz créole au beurre. Les homards surgelés s'accommodent très bien de cette préparation.

■ *Dîner :* Viande froide ▪ Salade de cresson ▪ Tarte aux fraises

Tarte aux fraises

300 g de pâte feuilletée surgelée, 300 g de fraises, 1/2 pot de gelée de framboises.

Deux heures avant de vous en servir, sortez la pâte du réfrigérateur. Étendez-la au rouleau et disposez-la dans un moule à tarte. Recouvrez-la d'une feuille d'aluminium sur laquelle vous poserez soit des petits cailloux, soit des haricots secs. Faites cuire le fond de la pâte à four moyen 20 mn environ.

Retirez l'aluminium et les cailloux, remplacez-les par les fraises équeutées, lavées et égouttées. Faites fondre la gelée de framboises ; lorsqu'elle est tiède, nappez-en les fraises.

Juin

JUIN
1re SEMAINE
LUNDI

■ *Déjeuner :* Jambonneau ▪ Macaronis au gratin ▪ Salade de fruits frais

Macaronis au gratin

400 g de macaronis, 30 g de beurre, 1 tasse à thé de sauce béchamel (recette p. 332, « Gâteau d'épinards »), 200 g de crème fraîche, 75 g de gruyère râpé, 1 cuil. à soupe d'huile, sel, muscade.

Plongez les macaronis dans une grande quantité d'eau bouillante salée, ajoutez l'huile. Faites reprendre l'ébullition, comptez à partir de ce moment 15 mn de cuisson à découvert. Égouttez les macaronis.

Faites chauffer doucement la sauce béchamel. Ajoutez la crème, le râpé, un peu de noix de muscade râpée, versez sur les macaronis, mélangez. Transvasez le tout dans un plat à gratin, parsemez le dessus de noisettes de beurre, faites gratiner 10 mn à four chaud.

■ *Dîner :* Pommes à l'huile ▪ Moules farcies ▪ Fromage blanc ▪ Fraises au sucre

Moules farcies

3 douzaines de grosses moules, 1 bol de feuilles de bettes ou d'épinards cuits, 300 g de jambon, 1 tranche de pain de mie de 2 cm d'épaisseur, 1 tasse de lait, sel, poivre.

Grattez et lavez les moules à plusieurs eaux. Prélevez-en 12, faites-les ouvrir à feu vif, hachez-les ainsi que le jambon et la moitié des légumes. Ajoutez le pain de mie trempé dans le lait chaud et essoré, salez très légèrement, poivrez. Ouvrez crues les moules restantes, sans détacher complètement les deux coquilles. Videz l'eau qui s'en écoule. Introduisez dans chaque moule un peu de farce et ficelez-les.

Beurrez le fond d'une grande cocotte, disposez, en l'étalant, le reste des légumes, posez les moules sur le dessus, couvrez et faites cuire à feu doux une demi-heure.

JUIN
1re SEMAINE
MARDI

■ ***Déjeuner :*** **Salade de tomates et concombres ■ Entrecôtes au poivre ■ Haricots verts à la vapeur ■ Yaourts à l'ananas**

Entrecôtes au poivre

2 entrecôtes épaisses, 1 cuil. à dessert de poivre en grains, 50 g de beurre, 1 cuil. à café arasée de fécule, 100 g de crème fraîche, 1 cuil. à soupe de cognac.

Pilez grossièrement le poivre. Imprégnez-en chaque face des entrecôtes en appuyant avec le bout des doigts. Faites cuire les entrecôtes dans le beurre à la poêle. La cuisson est affaire de goût ; on compte 2 à 3 mn de chaque côté. Ôtez les entrecôtes, tenez-les au chaud, jetez le beurre de cuisson. Rapidement, mouillez la poêle avec le cognac, laissez réduire quelques instants et déglacez avec la crème dans laquelle vous aurez délayé la fécule. Laissez bouillir quelques instants. Versez cette sauce sur les entrecôtes, servez immédiatement.

■ ***Dîner :*** **Soupe à l'oseille ■ Crabes au gratin ■ Salade de saison ■ Fromage ■ Cerises**

Crabes au gratin

2 gros crabes (frais ou surgelés), 1 bouquet garni, 30 g de beurre, 15 g de farine, 1/8 de litre de lait, 100 g de crème fraîche, poivre de Cayenne, sel.

Faites décongeler les crabes, entiers ou en morceaux, selon les indications portées sur l'emballage. Si vous utilisez des crabes frais, rincez-les, plongez-les dans une grande quantité d'eau bouillante, ajoutez le bouquet garni et le sel. À la reprise de l'ébullition, comptez 30 mn de cuisson. Égouttez les crabes, laissez-les refroidir. Videz-les sans briser leurs carapaces, recueillez les chairs et les parties crémeuses. Cassez les pinces, videz-les. Coupez toutes les chairs en dés, mélangez-les aux substances crémeuses.

Préparez une sauce béchamel avec le beurre, la farine et le lait (recette p. 332, « Gâteau d'épinards »). Allongez-la de crème, salez et ajoutez un peu de poivre de Cayenne. Versez cette sauce sur les chairs, mélangez et remplissez la carapace des crabes de cette préparation. Parsemez de dés de beurre, et faites gratiner 15 mn à four chaud.

JUIN
1re SEMAINE
MERCREDI

■ ***Déjeuner :*** **Salade de concombre ▪ Poulet de marraine ▪ Pâtes « papillon » (farfalle) ▪ Fromage ▪ Framboises au sucre**

Poulet de marraine

1 poulet, 2 paquets de lard fumé, 2 oignons, 3 tomates, 2 cuil. à soupe d'huile d'olive, sel, poivre.

Coupez le poulet en morceaux. Épluchez les oignons, coupez-les en rondelles, disposez-les dans le fond d'un plat allant au four.

Enroulez chaque morceau de poulet dans une fine tranche de lard fumé, posez les morceaux sur les oignons. Ajoutez les tomates épluchées, épépinées et coupées en quatre. Salez, poivrez, arrosez d'huile d'olive et faites cuire à four chaud pendant 40 mn environ.

■ *Dîner :* Œufs à la coque ▪ Fonds d'artichauts au gratin ▪ Yaourts ▪ Glace à la banane

Fonds d'artichauts au gratin

4 gros artichauts bretons, 40 g de beurre, 1/4 de litre de lait, 1 cuil. à soupe de farine, 75 g de crème fraîche, 50 g de gruyère râpé, sel, poivre, noix de muscade, 1 citron.

Ôtez toutes les feuilles et le foin des artichauts, arrosez les fonds du jus de citron. Plongez-les dans une casserole d'eau bouillante salée, laissez-les cuire 15 mn, égouttez-les. Dressez les fonds dans un plat à gratin. Dans une casserole, faites fondre la moitié du beurre, versez la farine, mélangez et laissez cuire quelques instants. Hors du feu, versez le lait d'un seul coup, mélangez et laissez cuire en remuant quelques minutes. Salez, poivrez, saupoudrez d'un peu de noix de muscade râpée, ajoutez encore le râpé et la crème. Mélangez à nouveau. Versez cette sauce sur les artichauts, parsemez le dessus de quelques noisettes de beurre et faites gratiner à bon four.

JUIN
1re SEMAINE
JEUDI

■ *Déjeuner :* Salade de tomates ▪ Jambon blanc ▪ Côtes de bettes poêlées ▪ Cerises

Côtes de bettes poêlées

1 botte de bettes, 30 g de beurre, 2 cuil. à soupe d'huile, sel, poivre, 2 gousses d'ail, persil.

Épluchez les côtes des bettes en ôtant soigneusement les fils. Réservez les feuilles qui serviront pour un farci. Coupez chaque côte en 4 morceaux. Jetez-les dans l'eau bouillante salée, laissez-les cuire 20 mn. Égouttez-les et épongez-les dans un papier absorbant. Dans une grande poêle, faites chauffer l'huile et le beurre, mettez les côtes de bettes à rissoler à feu vif, en secouant fréquemment la poêle, salez, poivrez. Lorsqu'elles sont dorées, réduisez le feu, saupoudrez d'un hachis d'ail et de persil. Continuez encore la cuisson 10 mn.

■ ***Dîner :*** **Escalopes de dinde à la crème ■ Petits pois mange-tout aux lardons ■ Fromage ■ Gâteau de semoule**

Petits pois mange-tout aux lardons

1 kg de petits pois mange-tout, 200 g de lard de poitrine fumé, 2 oignons, 50 g de beurre, thym, sel, poivre.

Écossez les petits pois. Dans une cocotte, mettez les oignons coupés en quatre et les lardons, à dorer doucement au beurre. Ajoutez les pois, mélangez, mouillez avec 1 petit verre d'eau. Salez, poivrez, saupoudrez d'un peu de thym. Couvrez, laissez cuire à feu doux 30 à 40 mn, selon la tendreté des pois.

JUIN
1re SEMAINE
VENDREDI

■ ***Déjeuner :*** **Carottes râpées ■ Dorade au four ■ Riz créole ■ Soupe de cerises glacée**

Soupe de cerises glacée

500 g de cerises de Montmorency, 1/2 bouteille de bordeaux rouge, 125 g de sucre, 1 petit morceau de cannelle, 1 zeste d'orange.

Lavez, équeutez, séchez et dénoyautez les cerises. Mettez-les dans une casserole à fond épais, ajoutez tous les ingrédients et 1 verre d'eau. Posez la casserole sur feu doux. Lorsque l'ébullition est atteinte, réduisez le feu pour que les cerises cuisent en frémissant pendant 10 mn. Laissez refroidir avant de mettre au réfrigérateur. Servez très frais dans des coupes individuelles.

■ *Dîner :* Tian vençois ■ Romaine ■ Fraises au sucre

Tian vençois

500 g de pâte feuilletée, 3 tomates, 1 bouquet de persil, 1 bouquet d'estragon, 1 bouquet de cerfeuil, 1 bouquet de basilic, 3 œufs, 1 jaune d'œuf, 100 g de gruyère râpé, 200 g de crème, sel, poivre.

Plongez les tomates quelques secondes dans l'eau bouillante, épluchez-les, épépinez-les, hachez-les ainsi que le persil, l'estragon, le cerfeuil et le basilic.

Versez le tout dans un saladier, ajoutez les œufs entiers, la crème et le râpé, mélangez, salez, poivrez. Séparez la pâte en deux. Étendez-en un morceau au rouleau, posez-le sur une plaque à tarte, remplissez avec la préparation, recouvrez du second morceau de pâte, en prenant soin de torsader les bords et de les souder à l'eau. Dorez le dessus au jaune d'œuf. Faites cuire à four moyen pendant 25 mn. Servez chaud.

JUIN
1re SEMAINE
SAMEDI

■ *Déjeuner :* Salade de tomates et concombres ■ Pieds-paquets à la marseillaise ■ Pommes vapeur ■ Assortiment de fromages ■ Fraises au sucre

Pieds-paquets à la marseillaise

4 panses de mouton, 4 pieds de mouton, 200 g de lard maigre, 5 gousses d'ail, persil, 100 g de lard gras, 2 oignons, 1 carotte, 3 tomates, 2 verres de vin blanc, 1 verre d'eau, sel, poivre.

Lavez à plusieurs eaux les panses et les pieds, épongez-les. Coupez les panses en plusieurs carrés de 7 à 8 cm de côté. Coupez le lard maigre en petits dés, hachez le persil et 3 gousses d'ail. Farcissez chaque carré de panse avec 1 dé de lard, 1 pincée de hachis, roulez, ficelez comme un paquet.

Dans une marmite en terre, faites fondre le lard gras haché, ajoutez les oignons émincés, 2 gousses d'ail, les tomates épluchées et égrenées, la carotte coupée en rondelles, sel, poivre. Mélangez, laissez cuire doucement 10 mn. Sur ce fond, disposez les pieds puis les paquets. Mouillez avec le vin et l'eau, amenez à ébullition. Diminuez le feu, couvrez avec une assiette creuse, pleine d'eau, laissez cuire doucement 3 h en veillant à ce qu'il y ait toujours de l'eau dans l'assiette.

■ ***Dîner :*** **Tranches toulonnaises ■ Céleri en salade ■ Sorbet à la pomme**

Tranches toulonnaises

4 tranches de pain de campagne pas trop frais, 1 gousse d'ail, 1 cuil. à soupe d'huile d'olive, 2 tomates, 4 feuilles de basilic, sel, poivre.

Frottez chaque tranche de pain des deux côtés avec de l'ail. Posez les tranches sur une assiette, arrosez-les d'un peu d'huile d'olive, recouvrez de 3 ou 4 rondelles de tomates. Salez, poivrez, saupoudrez de basilic haché.

JUIN
1re SEMAINE
DIMANCHE

■ ***Déjeuner :*** **Pâté de viande ■ Haricots verts en salade ■ Fromage ■ Quatre-quarts**

Pâté de viande

400 g de bifteck haché, 400 g d'épaule de veau hachée, 350 g d'échine de porc hachée, 1 œuf, 1 crépine de porc, sel, poivre, noix de muscade râpée, 30 g de beurre, 1 cuil. à soupe d'huile.

Dans une terrine, mélangez toutes les viandes et l'œuf entier. Salez, poivrez, saupoudrez d'un peu de noix de muscade râpée.

Versez ce hachis sur une planche, donnez-lui la forme d'un gros boudin. Enveloppez-le dans la crépine que vous replierez à chaque bout.

Mettez à chauffer le beurre et l'huile, dans une cocotte, faites dorer la viande de tous côtés. Réduisez le feu, couvrez et laissez cuire 1 h. Sortez le pâté de viande, laissez-le refroidir. Vous le transporterez dans une feuille d'aluminium ou dans une boîte de plastique. N'oubliez pas les cornichons.

■ ***Dîner :*** **Gigot de lotte au poivre vert ■ Petites pommes vapeur ■ Laitue à l'estragon ■ Framboises et fraises des bois au sucre**

Gigot de lotte au poivre vert

1 queue de lotte de 1 à 1,200 kg, 2 échalotes, 1 gousse d'ail, 1 branche de céleri, 2 dl de vin blanc sec, 1 petite boîte de poivre vert, 30 g de beurre, 1 cuil. à soupe d'huile d'arachide, 50 g de crème fraîche, sel, poivre, farine.

Faites préparer la queue de lotte par votre poissonnier. Ficelez-la pour bien lui donner la forme d'un gigot. Hachez grossièrement les parures. Dans une casserole, faites chauffer l'huile et ajoutez les échalotes, l'ail et le céleri hachés. Faites suer en remuant avec une spatule en bois. Ajoutez les parures, mouillez avec 2 dl de vin blanc sec, 2 dl d'eau et le jus de la boîte de poivre vert, salez. Faites cuire 20 mn. Passez ce fumet au chinois et faites-le réduire de moitié. Liez la sauce en ajoutant peu à peu la moitié du beurre travaillé à la fourchette avec 1 cuil. à café de farine. Remettez sur le feu jusqu'au premier bouillon en remuant et ajoutez enfin la crème et le poivre vert. Continuez la cuisson à feu très doux 10 mn et maintenez la sauce au chaud au bain-marie.

Pendant ce temps, dressez le gigot de lotte sur un plat beurré allant au four, salez, poivrez et faites cuire 20 mn à four chaud. Dressez la queue de lotte sur un plat chaud. Ôtez les ficelles et nappez de la sauce au poivre vert.

JUIN
2e SEMAINE
LUNDI

■ ***Déjeuner :*** **Salade niçoise ■ Omelette aux fines herbes ■ Yaourts aux fruits rouges**

Salade niçoise

3 tomates, 2 pommes de terre en robe des champs, 1 bol de haricots verts cuits, 1 poivron, 4 feuilles de laitue, 100 g d'olives noires, 3 branches de céleri, 1 oignon, 1 petite boîte de thon à l'huile, 200 g d'anchois au sel, 2 œufs durs, vinaigrette, sel, poivre.

Faites dessaler les anchois 1 h, épongez-les, ôtez les arêtes. Dans un saladier, mettez les tomates en quartiers, le céleri, les haricots verts et le poivron coupé en dés, les œufs durs, les pommes de terre et l'oignon en rondelles, les feuilles de laitue émincées, les olives, le thon émietté, terminez par les anchois. Salez et poivrez au fur et à mesure. Arrosez de 5 cuil. à soupe de vinaigrette à l'huile d'olive.

■ *Dîner :* Langue de veau à la tomate ▪ Tagliatelles ▪ Fromage ▪ Cerises

Langue de veau à la tomate

1 langue de veau, 1 bouquet garni, 1 oignon piqué de 3 clous de girofle, 1 boîte de concentré de tomate, 1 gousse d'ail, 1 oignon, 1 cuil. à soupe d'huile d'olive, sel, poivre.

Lavez la langue sous l'eau froide, mettez-la dans un fait-tout avec le bouquet garni et l'oignon piqué de clous de girofle, sel et poivre, amenez doucement à ébullition. Écumez, couvrez, réduisez le feu et laissez cuire 2 h environ (ou 40 mn en autocuiseur). Vérifiez la cuisson à l'aide d'une aiguille à brider qui doit pénétrer facilement dans la langue. Dans une casserole, mettez à blondir, à l'huile, l'oignon et l'ail haché. Ajoutez le concentré, mouillez avec 1 verre d'eau, laissez cuire 5 mn, salez, poivrez.

Égouttez la langue, ôtez la peau qui la recouvre, coupez-la en tranches. Servez la sauce en saucière et les tagliatelles à part.

JUIN
2e SEMAINE
MARDI

■ *Déjeuner :* Salade complète ▪ Fromage blanc ▪ Abricots

Salade complète

Les restes de langue de la veille, 6 pommes de terre cuites en robe des champs, 2 tomates, 1 oignon, 2 œufs durs, moutarde, huile, vinaigre, sel, poivre, estragon.

Dans un saladier, préparez la vinaigrette de la façon suivante : délayez 1 cuil. à café de moutarde avec d'abord 4 cuil. à soupe d'huile, puis 1 de vinaigre, salez, poivrez.

Disposez dans le saladier la langue coupée en dés, les pommes de terre, l'oignon, les tomates et les œufs durs en rondelles.

Mélangez le tout et saupoudrez d'un hachis d'estragon.

■ *Dîner :* Biftecks à la poitevine ■ Frites ■ Cerises

Biftecks à la poitevine

500 g de bifteck haché, 1 os à moelle, 1 tranche de pain de mie de 2 cm d'épaisseur, 1/2 verre de lait, 1 œuf, 1 oignon, 2 cuil. à soupe de farine, 50 g de beurre, 1/2 verre de vin blanc sec, sel, poivre.

Faites tremper la mie de pain dans le lait chaud, essorez-la. Enveloppez l'os à moelle dans du papier aluminium, mettez-le à four chaud 5 à 8 mn puis sortez la moelle. Hachez l'oignon, faites-le fondre dans 20 g de beurre. Travaillez à la fourchette la viande hachée avec l'oignon, la moelle, la mie de pain, l'œuf entier, sel et poivre.

Formez 4 biftecks, roulez-les dans un peu de farine et mettez-les à cuire à la poêle dans le reste de beurre, 3 mn sur chaque face. Ôtez les biftecks de la poêle, posez-les sur un plat chaud, déglacez la sauce en versant le vin blanc dans la poêle, laissez bouillir, grattez le fond avec une fourchette et versez sur la viande.

JUIN
2e SEMAINE
MERCREDI

■ *Déjeuner :* Salade de tomates ■ Blanquette de veau ■ Riz créole ■ Fromage blanc ■ Framboises

Blanquette de veau

1,200 kg de veau (moitié épaule, moitié tendron coupé en morceaux), 2 verres de vin blanc sec de bonne qualité, 1 carotte, 1 oignon, bouquet garni, 250 g de champignons de Paris, 200 g de très petits oignons, 100 g de crème, 1 jaune d'œuf, 1 citron, 50 g de beurre, 50 g de farine, sel, poivre en grains.

Mettez les morceaux de viande dans un fait-tout à fond épais, ajoutez la carotte coupée en 4, l'oignon, le bouquet garni, poivre en grains, sel. Recouvrez d'eau froide et de vin blanc. Mettez sur le feu, amenez à ébullition, écumez, couvrez et laissez cuire 2 h à petit feu. Égouttez les morceaux de viande sur un linge.

Dans une cocotte, faites un roux avec le beurre et la farine, mouillez avec 1/2 litre de bouillon de cuisson. Ajoutez les morceaux de viande, les champignons équeutés et lavés et les petits oignons ; laissez cuire encore 20 mn. Dans un bol, délayez le jaune d'œuf avec la crème et le jus de citron, versez dans la sauce, laissez chauffer sans bouillir.

Dressez la viande, les oignons et les champignons dans un plat creux, arrosez d'un peu de sauce, servez le reste en saucière. Apportez le riz dans un légumier.

■ ***Dîner :*** **Restes de la blanquette ■ Laitue à l'estragon ■ Fromage ■ Far breton**

Far breton

125 g de farine, 1/2 litre de lait, 100 g de sucre, 2 gros œufs ou 3 moyens, 1 cuil. à soupe de rhum, 30 g de beurre.

Dans une terrine, mélangez au fouet à sauce la farine, le sucre et les œufs entiers, délayez avec le lait, parfumez de rhum. Travaillez bien cette pâte qui doit être légère et homogène.

Beurrez un plat allant au four, remplissez-le de pâte, parsemez le dessus de petits morceaux de beurre. Faites cuire à four chaud pendant 35 à 40 mn environ.

JUIN
2e SEMAINE
JEUDI

■ ***Déjeuner :*** **Côtes d'agneau grillées ▪ Chou-fleur sauté ▪ Roquefort en terrine ▪ Cerises**

Roquefort en terrine

300 g de roquefort, 50 g de beurre, 1 cuil. à soupe de cognac.

Sortez le beurre du réfrigérateur au moins 1 h à l'avance. Travaillez à la fourchette le roquefort et le beurre, ajoutez le cognac, mélangez jusqu'à consistance de pâte. Servez dans une petite terrine. Le roquefort ainsi préparé se garde plusieurs jours au réfrigérateur.

■ ***Dîner :*** **Jambon blanc ▪ Tagliatelles au fromage ▪ Yaourts ▪ Tarte aux abricots**

Tarte aux abricots

200 g de farine, 100 g de beurre, 1/2 verre d'eau salée, 500 g d'abricots, 1 œuf, 1 verre de lait, 75 g de sucre en poudre.

Travaillez du bout des doigts la farine et le beurre divisé en morceaux, mouillez avec l'eau, formez une boule de pâte, laissez-la reposer 1/2 heure. Étendez la pâte au rouleau et garnissez-en un moule à tarte légèrement beurré et fariné. Piquez par endroits le fond de pâte avec une fourchette.

Dénoyautez les abricots, posez chaque moitié sur la pâte, faites cuire à four chaud 10 mn. Pendant ce temps, battez l'œuf entier avec le sucre, ajoutez le lait chaud. Sortez la tarte du four, versez la crème dessus et faites cuire encore 15 mn.

JUIN
2e SEMAINE
VENDREDI

■ ***Déjeuner :*** **Salade de tomates ■ Sardines grillées ■ Pommes de terre en robe des champs ■ Cerises**

Sardines grillées

20 sardines, 2 cuil. à soupe d'huile d'olive, thym, romarin, sel, poivre, 1 citron, quelques branches de céleri.

Écaillez, videz et retirez les têtes des sardines. Disposez-les dans un plat allant au four, arrosez-les d'huile, saupoudrez de thym et de romarin, salez, poivrez. Allumez le gril du four, faites dorer les poissons des deux côtés. Au moment de servir, arrosez avec le jus du citron et décorez le plat de petites branches de céleri que vous mangerez en même temps que les sardines.

■ ***Dîner :*** **Tarte aux oignons ■ Romaine à la ciboulette ■ Fromage blanc**

Tarte aux oignons

300 g de pâte feuilletée surgelée, 750 g d'oignons, 50 g de beurre, 1 cuil. à soupe arasée de farine, 2 jaunes d'œufs, 200 g de crème fraîche, sel, poivre, noix de muscade.

Dans une sauteuse, faites fondre le beurre, ajoutez les oignons épluchés et émincés. Laissez-les fondre (en remuant souvent) à très petit feu, sans qu'ils dorent. Lorsqu'ils sont transparents et cuits, saupoudrez de farine, mélangez et laissez encore quelques instants sur le feu, en tournant. Hors du feu, ajoutez un à un les jaunes d'œufs, puis la crème. Salez, poivrez, saupoudrez de noix de muscade râpée.

Étendez la pâte après l'avoir fait décongeler selon les indications portées sur l'emballage, garnissez-en un plat à tarte, faites quelques incisions dans le fond et remplissez avec la préparation aux oignons. Faites cuire à four chaud pendant 30 mn. Servez chaud.

JUIN
2e SEMAINE
SAMEDI

■ ***Déjeuner :*** **Salade de concombre ■ Chipolatas grillées ■ Tomates à la provençale ■ Fraises au sucre**

Tomates à la provençale

8 tomates, 3 gousses d'ail, persil, 50 g de chapelure, 2 cuil. à soupe d'huile d'olive, sel, poivre.

Coupez les tomates en deux, pressez-les légèrement pour retirer les graines. Huilez un plat allant au four, posez les tomates, salez, poivrez, arrosez-les du restant d'huile. Faites cuire à four chaud 30 mn environ. Pendant ce temps, hachez l'ail et le persil, mélangez ce hachis à la chapelure. Sortez le plat du four, saupoudrez largement chaque demi-tomate du mélange. Remettez au four mais, cette fois, gril allumé, laissez gratiner 5 mn.

■ ***Dîner :*** **Soufflé au fromage ■ Poulet aux morilles ■ Riz créole ■ Laitue à l'estragon ■ Assortiment de fromages ■ Marquise au chocolat**

Poulet aux morilles

1 poulet de Bresse ou fermier coupé en morceaux, 250 g de crème fraîche, 300 g de morilles, 100 g de beurre, sel, poivre.

Lavez les morilles très soigneusement, épongez-les.

Dans une sauteuse, mettez à fondre le beurre, ajoutez les morceaux de poulet, salés et poivrés, laissez-les raidir sans les colorer 5 mn environ. Ajoutez les morilles, couvrez et laissez cuire 20 mn. À ce moment, ajoutez la crème, amenez à ébullition à découvert. Dressez les morceaux de poulet et les morilles sur un plat chaud, laissez réduire la sauce quelques instants et nappez-en le poulet. Servez dans des assiettes chaudes.

JUIN
2e SEMAINE
DIMANCHE

■ ***Déjeuner :*** **Avocats vinaigrette ■ Bœuf au sabre ■ Haricots verts ■ Fromage ■ Salade de mangues et kiwis**

Bœuf au sabre

1 kg de rôti de bœuf dans le romsteck ou le filet non paré, 6 fines tranches de lard de poitrine fumé, 2 cuil. à soupe de sucre en poudre, sel.

Entourez le rôti de tranches de lard, ficelez par endroits, salez. Roulez le rôti dans le sucre en poudre.

Allumez le four 15 mn à l'avance. Mettez la viande à cuire à four chaud, laissez-la dorer, retournez-la, réduisez un peu le feu. Comptez en tout 30 mn de cuisson. Vérifiez la cuisson en enfonçant dans le centre du rôti une aiguille à brider, elle doit ressortir chaude ; si elle est froide, le rôti n'est pas assez cuit.

Ce rôti peut se faire également sur la broche d'un barbecue, mais n'oubliez pas d'allumer le charbon de bois au moins 20 mn à l'avance.

■ ***Dîner :*** **Bœuf froid mayonnaise ■ Chou-fleur en salade ■ Pêches flambées au kirsch**

Pêches flambées au kirsch

4 belles pêches, 150 g de sucre, 50 g d'amandes mondées, 1 verre à bordeaux de kirsch.

Épluchez les pêches, coupez-les en deux, faites-les pocher 8 à 10 mn avec un verre d'eau et 100 g de sucre. Égouttez-les, rangez-les sur un plat en argent ou en inox, en garnissant l'intérieur d'amandes, versez dans le fond du plat le restant du sucre et le kirsch.

Faites chauffer, flambez et arrosez fréquemment les fruits. Servez immédiatement.

JUIN
3e SEMAINE
LUNDI

■ ***Déjeuner :*** **Piperade ■ Batavia ■ Fromage ■ Compote d'abricots**

Piperade

8 œufs, 3 tomates, 1 poivron, 1 oignon, 1 gousse d'ail, 2 tranches de jambon de Bayonne, 3 cuil. à soupe d'huile d'olive, 1 bouquet garni, sel, poivre.

Mettez le poivron à griller au four, épluchez-le et coupez-le en lanières. Trempez les tomates 3 mn dans de l'eau bouillante, épluchez-les, égrenez-les, coupez-les en quatre.

Dans une poêle, faites dorer doucement dans l'huile l'oignon coupé en lamelles. Ajoutez le poivron, la gousse d'ail et le jambon coupé en morceaux. Lorsque le poivron commence à devenir souple, ajoutez les tomates, le bouquet garni, sel, poivre. Laissez cuire à découvert 15 mn environ.

La préparation doit avoir l'aspect d'une crème épaisse. Ôtez l'ail et le bouquet. Hors du feu, incorporez les œufs battus en omelette. Remettez sur feu doux, sans cesser de remuer, jusqu'à ce que les œufs soient pris. Servez dans un plat chaud.

■ ***Dîner :*** **Salade de tomates à la mozzarella ■ Biftecks reconstitués ■ Courgettes au riz ■ Fraises au sucre**

Courgettes au riz

200 g de riz, 3 courgettes, 50 g de râpé, 50 g de beurre, sel, poivre.

Mesurez le riz dans un grand verre. Lavez-le à l'eau courante, égouttez-le. Versez le riz dans une casserole, mouillez-le avec trois fois son volume d'eau. Amenez à ébullition.

À ce moment, ajoutez les courgettes lavées, essuyées, non épluchées et coupées en tranches. Réduisez le feu, salez, poivrez et laissez cuire 20 mn à couvert. Transvasez dans le légumier de service, ajoutez le beurre, le râpé, mélangez et servez immédiatement.

JUIN
3e SEMAINE
MARDI

■ ***Déjeuner :*** Poivrons marinés ■ Jambon blanc ■ Coquillettes au fromage ■ Cerises

Poivrons marinés

4 poivrons, 4 cuil. à soupe d'huile d'olive, le jus d'un citron, sel, poivre.

Posez les poivrons sur la grille du four, allumez le grilloir. Faites-les griller de tous côtés, ôtez la peau.

Fendez les poivrons en quatre, enlevez les graines. Disposez les poivrons dans un plat creux, salez, poivrez, arrosez d'huile et de citron. Laissez mariner au moins 1 h avant de servir.

■ ***Dîner :*** Cocktail de fruits de mer ■ Salade de haricots verts aux fines herbes ■ Fromage ■ Abricots

Cocktail de fruits de mer

1 boîte de crabe, 1 pot de crevettes décortiquées, 1 litre de moules, 100 g de bouquets, 1 petite laitue, 1 tasse à déjeuner de mayonnaise, ketchup, sauce anglaise.

Grattez et lavez les moules. Dans une casserole, faites-les ouvrir à feu vif. Sortez-les de leur coquille.

Ajoutez à la mayonnaise 1 cuil. à soupe de ketchup et quelques gouttes de sauce anglaise. Avec des ciseaux, coupez 4 ou 5 feuilles de laitue en chiffonnade.

Dans un saladier, mélangez le crabe décortiqué, les crevettes, les moules et la chiffonnade de laitue. Versez ce mélange dans des coupes individuelles ou dans des verres. Garnissez le dessus de mayonnaise et de bouquet.

JUIN
3e SEMAINE
MERCREDI

■ ***Déjeuner :*** **Tomates en salade ■ Épaule d'agneau rôti ■ Purée de pommes de terre ■ Coupes de fruits rafraîchis**

Coupes de fruits rafraîchis

250 g de framboises, 2 pêches, 250 g d'abricots, quelques groseilles, 100 g de sucre en poudre, 2 cuil. à soupe de Cointreau (facultatif).

Épluchez les pêches, ôtez le noyau, coupez-les en dés. Enlevez le noyau des abricots, coupez-les également en dés, ajoutez les autres fruits, saupoudrez de sucre et parfumez avec le Cointreau. Mettez au frais au moins 1 h. Au moment de servir, remplissez des coupes individuelles de fruits rafraîchis.

■ ***Dîner :*** **Épaule d'agneau froide mayonnaise ■ Légumes nouveaux à la croque au sel ■ Glace à la vanille**

Légumes nouveaux à la croque au sel

1 petit chou-fleur ou la moitié d'un gros, 4 petits artichauts violets, 4 petites tomates, 1/2 botte de radis, 1/2 pied de céleri en branches, 300 g de fèves, gros sel, poivre, vinaigrette.

Ôtez les feuilles vertes du chou-fleur, détachez-le en bouquets, faites-les tremper dans de l'eau vinaigrée, égouttez. Lavez le céleri, coupez-le en branches de 10 cm de long. Lavez les radis, égouttez-les. Faites tremper les artichauts, égouttez-les. Écossez les fèves, plongez-les quelques secondes dans de l'eau bouillante pour ôter la peau qui les recouvre.

Dressez tous les légumes dans un plat creux ou dans une corbeille. À part, offrez gros sel, poivre, vinaigrette, beurre et pain de campagne.

JUIN
3e SEMAINE
JEUDI

■ ***Déjeuner :*** **Tapenado ■ Escalopes de dinde poêlées ■ Chips ■ Fraises au sucre**

Tapenado

250 g d'olives noires, 100 g d'anchois au sel, 1 cuil. à café de moutarde, 200 g de câpres, 1 verre d'huile d'olive, poivre.

Faites dessaler les anchois une heure dans de l'eau, en la renouvelant plusieurs fois. Épongez-les, ôtez les arêtes, dénoyautez les olives. Passez au mixer anchois, olives et câpres égouttés. Ajoutez la moutarde et peu à peu l'huile, mixez à nouveau. Poivrez cette préparation qui doit avoir la consistance d'une pâte.

■ ***Dîner :*** **Colinot glacé mayonnaise ■ Macédoine de légumes ■ Riz au lait**

Colinot glacé mayonnaise

À préparer le matin pour le soir.
1 colinot, 1 bol de mayonnaise, quelques feuilles de laitue, 2 tomates, 2 œufs durs, 1 sachet de court-bouillon.

Lavez le poisson et faites-lui tenir la queue entre les dents. Dans un fait-tout bas, préparez le court-bouillon. Placez-y le poisson. Amenez doucement à ébullition, laissez frémir 5 mn. Arrêtez la cuisson. Laissez tiédir le poisson dans son court-bouillon. Délicatement, ôtez la peau qui le recouvre, posez-le sur un plat et mettez-le au réfrigérateur jusqu'au soir.

Une demi-heure avant de servir, décorez le plat de feuilles de laitue, de rondelles d'œufs et de tomates. Mettez au frais jusqu'au moment de servir. Servez la mayonnaise, à part, en saucière.

JUIN
3e SEMAINE
VENDREDI

■ *Déjeuner :* Omelette aux fines herbes ■ Salade ■ Fromage blanc aux framboises

Fromage blanc aux framboises

300 g de fromage blanc, 150 g de sucre en poudre, 1 verre de lait, 100 g de crème fraîche, 400 g de framboises.

Battez ensemble fromage blanc, sucre, lait, crème fraîche. Dans le fond d'une jatte, disposez la moitié des framboises, puis le fromage blanc. Décorez avec le restant des framboises. Mettez au réfrigérateur. Servez très frais.

■ *Dîner :* Lotte à l'américaine ■ Riz créole ■ Abricots

Lotte à l'américaine

750 g de lotte, 1 gousse d'ail, 2 échalotes, 1 petite boîte de concentré de tomate, 1 verre à madère de cognac, 1 petit verre de vin blanc sec, 2 cuil. à soupe d'huile d'olive, sel, poivre de Cayenne, 50 g de farine, 1 écorce d'orange, bouquet garni.

Rincez la lotte, épongez-la et coupez-la en 4 escalopes ; passez-les dans la farine. Dans une sauteuse, mettez à revenir à l'huile, le poisson. Lorsqu'il est doré des deux côtés, ôtez-le et réservez-le. Toujours dans la sauteuse, faites blondir les échalotes hachées finement, et la gousse d'ail non épluchée, légèrement écrasée. Remettez les tranches de lotte, arrosez de cognac, faites flamber. Ajoutez alors le concentré, le vin blanc, le sel, une pointe de poivre de Cayenne, le bouquet et l'écorce d'orange. Mélangez, couvrez et laissez cuire doucement 20 mn.

Dressez les tranches de lotte sur un plat chaud, passez la sauce à travers une passoire fine.

JUIN
3e SEMAINE
SAMEDI

■ ***Déjeuner :*** **Pâté de campagne ■ Gratin dauphinois ■ Laitue à l'estragon ■ Fraises au vin rouge**

Fraises au vin rouge

500 g de fraises, 100 g de sucre, 2 verres de bon vin rouge.

Posez les fraises dans une passoire à pied, lavez-les à l'eau courante, égouttez-les, équeutez-les. Versez les fraises dans une grande coupe ; si elles sont très grosses, coupez-les en deux. Arrosez-les de vin rouge, saupoudrez de sucre et laissez-les macérer au moins 1 h au réfrigérateur avant de les servir.

■ ***Dîner :*** **Salade de concombre ■ Poulet pané ■ Tomates à la provençale ■ Fromage ■ Cerises**

Poulet pané

1 poulet, 150 g de farine, 2 œufs, 150 g de chapelure, 1 citron, friture, sel, poivre.

Coupez vous-même le poulet, n'utilisez que les quatre membres (vous ferez un bouillon avec le reste), ôtez la peau.

Disposez, dans trois assiettes, la farine salée et poivrée, les œufs battus, la chapelure. Roulez chaque morceau de poulet d'abord dans la farine puis dans les œufs et enfin dans la chapelure. Jetez les morceaux dans la friture chaude, mais non fumante, laissez cuire 15 mn en surveillant attentivement l'huile qui ne doit jamais noircir.

Égouttez les morceaux de poulet, posez-les sur le plat de service, recouvert d'un linge ou d'un papier absorbant. Entourez de quartiers de citrons.

JUIN
3e SEMAINE
DIMANCHE

■ *Déjeuner :* **Artichauts vinaigrette ■ Rôti de veau ■ Petits pois à l'étouffée ■ Fromage ■ Glace au citron**

Glace au citron

6 œufs, 3/4 de litre de lait, 175 g de sucre, 2 citrons.

Épluchez les citrons avec un couteau économique, recueillez les zestes, faites-les bouillir 10 mn dans le lait, passez-le. Dans une casserole, et à l'aide d'un fouet à sauce, mélangez les jaunes d'œufs avec le sucre jusqu'à ce que le mélange blanchisse. Versez peu à peu le lait bouillant et faites prendre en crème, sur feu doux, en remuant sans arrêt. Ne faites surtout pas bouillir.

Mettez votre réfrigérateur au plus froid, remplissez un bac à glace de crème, mettez au « freezer ». Au bout de 1 h, la glace commence à prendre, versez-la dans un saladier, battez-la à la fourchette, remettez à nouveau dans le bac et au « freezer », mais cette fois pour 2 h. Démoulez la glace sur un plat long, servez-la avec des biscuits éventails. Si vous possédez une sorbetière, la glace n'en sera que plus réussie.

■ *Dîner :* **Gaspacho ■ Veau froid ■ Laitue à la ciboulette ■ Charlotte aux poires**

Charlotte aux poires

1 kg de poires ou 1 boîte 4/4 de poires au sirop, 4 jaunes d'œufs, 20 biscuits à la cuillère, 100 g de sucre semoule, 2 sachets de sucre vanillé, 75 g de sucre glace, 3 feuilles de gélatine, 500 g de crème fraîche, 1 moule à charlotte.

Préparez un sirop : faites bouillir 1/2 litre d'eau avec 75 g de sucre semoule et 1 sachet de sucre vanillé.

Épluchez les poires, coupez-les en deux et faites cuire 10 mn. Sortez-les avec l'écumoire. Réservez-les sur une assiette. Dans un peu de sirop, trempez rapidement un à un les biscuits à la cuillère et tapissez-en le fond du moule et les parois. Dans une terrine, travaillez les jaunes d'œufs au fouet électrique avec 25 g de sucre semoule et le second sachet de sucre vanillé jusqu'à ce que le mélange blanchisse. Petit à petit versez dessus le sirop de cuisson des poires. Mettez sur feu très doux. Remuez sans arrêt jusqu'à ce que la crème nappe la spatule. Ne faites surtout pas bouillir. Ajoutez alors à la crème chaude les feuilles de gélatine, préalablement ramollies dans l'eau froide, pressées entre vos mains. Remuez jusqu'à ce qu'elles fondent. Laissez refroidir. Dans un bol très froid, versez 300 g de crème fraîche sortant du réfrigérateur et 3 cuil. à soupe d'eau très froide. Montez la crème en chantilly. Ajoutez-la à l'autre crème en l'incorporant délicatement.

Garnissez l'intérieur de la charlotte en versant une couche de crème au fond du moule puis une couche de poires coupées en gros dés. Garnissez ainsi tout le moule en terminant par une couche de biscuits. Mettez une nuit au réfrigérateur. Démoulez au moment de servir et décorez le dessus et la base de la charlotte avec les 200 g restants de crème montée en chantilly avec 75 g de sucre glace.

JUIN
4e SEMAINE
LUNDI

■ ***Déjeuner :*** **Caviar d'aubergines ■ Jambonneau ■ Laitue à la ciboulette ■ Cerises**

Caviar d'aubergines

4 aubergines, 1 oignon, 2 cuil. à soupe d'huile d'olive, 1/2 citron, sel, poivre.

Coupez les aubergines en deux dans le sens de la longueur, faites-les griller au four porte ouverte. Avec une petite cuillère, ôtez la chair des aubergines, ajoutez un oignon haché très finement et mélangez intimement en ajoutant peu à peu l'huile d'olive. Salez, poivrez, arrosez d'un jus de citron. Mettez au frais jusqu'au moment de servir. Le caviar d'aubergines se sert très frais, en entrée, étendu sur des tranches de pain de mie grillé.

■ ***Dîner :*** **Quiche aux morilles ▪ Salade de tomates aux oignons émincés ▪ Fromage ▪ Abricots**

Quiche aux morilles

250 g de farine, 125 g de beurre, 100 g de jambon de Paris, 1 verre d'eau salée, 150 g de crème fraîche, 2 œufs, 1 sachet de 50 g de morilles, sel, poivre, muscade râpée.

Faites tremper les morilles 1 h dans de l'eau froide. Rincez-les plusieurs fois, égouttez-les.

Travaillez du bout des doigts la farine et le beurre divisé en petits morceaux, mouillez avec l'eau salée et formez une boule de pâte. Laissez-la reposer 30 mn.

Dans une terrine, cassez les œufs, mélangez-les à la crème, salez, poivrez, saupoudrez de muscade râpée. Étendez la pâte au rouleau, disposez-la sur une plaque à tarte beurrée et farinée, pratiquez dans le fond quelques incisions avec la pointe d'un couteau. Posez dessus le jambon coupé en petites lamelles ainsi que les morilles, passées au beurre. Versez dessus la préparation œufs-crème. Faites cuire à four modéré, préalablement chauffé, pendant 30 mn. Servez chaud.

JUIN
4e SEMAINE
MARDI

■ ***Déjeuner :*** **Taboulé ▪ Fromage blanc ▪ Fraises au sucre**

Taboulé

200 g de semoule de blé dur ou de couscous, 500 g de tomates bien juteuses, 1 oignon, 1 bouquet de persil plat, 2 citrons, 6 cuil. à soupe d'huile, 1 bouquet de menthe, sel, poivre.

Dans un grand saladier, mettez la semoule ou le couscous, l'oignon émincé, le persil haché, les tomates coupées en dés, le jus des citrons, l'huile, sel, poivre, et la menthe hachée. Mélangez le tout, mettez au réfrigérateur au moins 2 h en remuant de temps en temps.

Servez très frais.

■ ***Dîner :*** **Côtes d'agneau grillées ▪ Ratatouille niçoise ▪ Fromage ▪ Salade de fruits frais**

Ratatouille niçoise

3 courgettes, 2 aubergines, 2 poivrons, 2 gros oignons, 4 tomates, 4 gousses d'ail, 1 bouquet de persil, huile d'olive, sel, poivre.

Essuyez les courgettes, ne les épluchez pas, coupez-les en rondelles, faites-les revenir dans une poêle avec un peu d'huile d'olive. Lorsqu'elles sont dorées, égouttez-les, laissez-les en attente.

Faites la même chose avec les aubergines mais en les épluchant. Faites revenir ainsi séparément les autres légumes : les tomates en les coupant en deux, les poivrons en les coupant en lanières, les oignons en les éminçant.

Lorsque tous les légumes sont revenus et ont rendu leur eau, mettez un peu d'huile dans le fond d'une cocotte, disposez les légumes par couches en commençant par les oignons et en finissant par les tomates, salez, poivrez, saupoudrez d'un hachis d'ail et de persil, couvrez et laissez mijoter 15 mn à 20 mn.

JUIN
4e SEMAINE
MERCREDI

■ *Déjeuner :* Omelette à la ratatouille ■ Laitue ■ Yaourts ■ Abricots

Omelette à la ratatouille

1 tasse à déjeuner de ratatouille, 8 œufs, sel, poivre, 25 g de beurre, 1 cuil. à soupe d'huile.

Dans une petite casserole, faites réchauffer doucement les restes de ratatouille. Battez les œufs en omelette, ajoutez 1 cuil. à soupe d'eau, salez, poivrez.

Faites chauffer le beurre et l'huile dans une poêle ; lorsque c'est chaud, jetez les œufs et versez immédiatement la ratatouille. Laissez cuire 5 à 8 mn environ en soulevant fréquemment l'omelette par en dessous.

■ *Dîner :* Cervelles d'agneau au court-bouillon ■ Pommes vapeur ■ Fromage ■ Poires au vin rouge

Poires au vin rouge

4 belles poires, 1/2 litre de bon vin rouge, 250 g de sucre, 1 clou de girofle, 1 pointe de couteau de cannelle en poudre.

Épluchez les poires, mais laissez-les entières. Posez-les dans une casserole, ajoutez le vin, le sucre et les aromates.

Faites cuire 10 à 20 mn environ.

Ôtez les poires, posez-les dans une jatte et faites réduire légèrement le sirop. Versez-le sur les fruits. Servez très frais.

JUIN
4e SEMAINE
JEUDI

■ ***Déjeuner :*** **Œufs en gelée ▪ Salade de tomates-haricots verts ▪ Yaourts ▪ Pêches**

Œufs en gelée

4 œufs, 1 sachet de gelée en poudre, 4 moules en Pyrex ou en métal, 1 branche d'estragon, 2 cuil. à soupe de vinaigre d'alcool.

Faites bouillir 1,5 litre d'eau, ajoutez le vinaigre. Cassez les œufs un à un dans l'eau bouillante, maintenez un léger frémissement pendant 3 mn. Avec l'écumoire, ôtez les œufs, posez-les sur un linge, donnez-leur une jolie forme en coupant avec des ciseaux le blanc qui dépasse.

Préparez la gelée selon le mode d'emploi du sachet, passez les moules sous l'eau froide, secouez-les. Dans le fond de chaque moule, versez 1/2 cm de gelée tiède, faites prendre au réfrigérateur. Sortez les moules, posez dans le fond une feuille d'estragon, puis l'œuf poché, remplissez du reste de gelée liquide. Faites prendre à nouveau au réfrigérateur. Démoulez au moment de servir.

■ ***Dîner :*** **Escalopes à la crème ▪ Tétragone ou épinards en branches ▪ Fromage ▪ Tarte aux fraises**

Escalopes à la crème

4 escalopes de veau un peu épaisses, 1 petit verre de madère, 75 g de crème fraîche, sel, poivre, 25 g de beurre, 1 cuil. à soupe d'huile.

Dans une poêle, faites revenir les escalopes au beurre et à l'huile. Lorsqu'elles ont pris des deux côtés une jolie teinte dorée, ôtez-les de la poêle, laissez-les en attente et videz la graisse qui a servi à leur cuisson. Sur le feu et dans la poêle propre, versez le madère, amenez-le à ébullition, ajoutez la moitié de la crème, laissez bouillir quelques instants et versez le reste de la crème. Remettez les escalopes dans cette sauce, salez, poivrez et laissez mijoter doucement 10 mn.

JUIN
4e SEMAINE
VENDREDI

■ ***Déjeuner :*** **Tagliatelles sauce bolognaise ■ Fromage ■ Tranches napolitaines**

Sauce bolognaise

200 g de jambon cuit (talon), 200 g de bifteck haché, 1 côte de céleri, 1 gousse d'ail, 2 oignons, 1 carotte, 2 cuil. à soupe d'huile d'olive, 500 g de chair de tomate, sel, poivre, thym, persil, origan, 1 dl de vin rouge, 1 cuil. à soupe de farine, parmesan râpé.

Dans une cocotte à fond épais, faites chauffer l'huile et, à petit feu, faites fondre le jambon finement haché. Lorsqu'il commence à blondir, ajoutez le bifteck haché fin et, quelques minutes après, la carotte, l'ail, les oignons et la côte de céleri finement hachés. Faites revenir 5 mn en remuant puis mouillez avec le vin.

Laissez cuire sans couvercle à feu doux en remuant de temps en temps jusqu'à ce que le vin soit évaporé. Saupoudrez d'une bonne cuil. à soupe de farine, mélangez, faites roussir. Ajoutez la chair des tomates, le persil, le thym et l'origan. Salez, poivrez. Mouillez de quelques cuil. à soupe d'eau, couvrez. Laissez mijoter jusqu'à ce que les tomates fondues fassent une crème avec le mélange des viandes. Laissez tiédir, ajoutez 1 cuil. à entremets de parmesan, rectifiez l'assaisonnement.

Faites cuire les tagliatelles dans une grande quantité d'eau salée. Égouttez-les. Mettez-les rapidement dans un plat creux chaud. Ajoutez la bolognaise. Servez dans des assiettes à soupe chaudes. Accompagnez de parmesan râpé.

■ *Dîner :* Crevettes au beurre ■ Saint-pierre au four ✻ ■ Riz créole ■ Abricots

Saint-pierre au four ✻

1 beau saint-pierre, 2 branches de fenouil ou 1 cuil. à café de fenouil en grains, 1 cuil. à soupe d'huile d'olive, sel, poivre, 1 citron.

Lavez le poisson, épongez-le, posez-le dans un plat allant au micro-ondes. Remplissez-le à l'intérieur de fenouil. Sur le dessus, pratiquez quelques incisions, salez, poivrez, arrosez d'huile d'olive. Posez sur le dessus du poisson 3 rondelles de citron. Recouvrez d'un film étirable. Faites cuire 10 mn au micro-ondes, puissance maximale.

JUIN
4e SEMAINE
SAMEDI

■ *Déjeuner :* Céleri en salade ■ Rognonade de veau ■ Purée de pommes de terre ■ Framboises au sucre

Rognonade de veau

1 kg de longe de veau et son rognon, 1 bouquet de thym, 50 g de beurre, huile, sel, poivre.

Commandez la viande à votre boucher, il la préparera et la bardera. Huilez légèrement le rôti et posez sous les ficelles de petits bouquets de thym, allumez le four 15 mn à l'avance.

Posez le rôti sur la grille de la lèche-frite, faites-le dorer à four assez chaud en retournant plusieurs fois la viande. Lorsqu'elle est bien dorée et que la barde a perdu toute sa graisse, ôtez ce gras de la lèche-frite et mettez-y le rôti, salez, poivrez, réduisez le feu et continuez la cuisson qui doit être en tout de 1 h 15, en arrosant de temps en temps.

Au moment de servir, posez la viande dans un plat chaud, coupez-la en tranches et déglacez la sauce de cuisson avec 1/2 verre d'eau chaude, laissez-la bouillir quelques instants, incorporez le beurre en parcelles, battez au fouet et versez dans une saucière chaude.

■ ***Dîner :*** **Soupe à la glace ■ Veau froid ■ Salade laitue, tomates, haricots verts ■ Fromage ■ Clafoutis aux cerises**

Soupe à la glace

250 g d'oseille, 1 petit piment oiseau, 3 œufs, 1 citron, 1/2 concombre, 2 gousses d'ail, sel.

Hachez l'oseille très finement, faites-la cuire 10 mn en la jetant dans 1,5 litre d'eau bouillante salée dans laquelle vous aurez mis le piment oiseau.

Dans la soupière, mettez 1 œuf cru et le jus de citron, délayez peu à peu avec le potage (vous aurez enlevé le piment). Ajoutez 2 œufs durs coupés en rondelles, les gousses d'ail hachées, mélangez et laissez refroidir.

Au moment de servir, ajoutez le concombre coupé en très fines rondelles et 2 cubes de glace par personne.

JUIN
4e SEMAINE
DIMANCHE

■ ***Déjeuner :*** **Couscous ■ Salade de fruits frais**

Couscous

Pour 6 à 8 personnes : *1 kg de couscous, 1 poulet, 2 oignons, 1 branche de céleri, 2 tomates fraîches, 1 carotte, 3 courgettes, 1 navet, 5 petits artichauts, 1 poivron, 300 g de pois chiches, 6 tranches d'agneau dans le gigot, bouquet garni, 12 merguez, 1 boîte d'harissa, 100 g de beurre, huile, sel, poivre.*

Travaillez le couscous avec le bout des doigts en le mouillant peu à peu avec 1 verre d'eau. Lorsque les grains se détachent, versez la semoule dans le haut du couscoussier, faites cuire à la vapeur à découvert 30 mn. Transvasez la semoule dans une terrine, ajoutez 1 verre d'huile et 1 verre d'eau salée. Travaillez avec les doigts. Remettez 45 mn à cuire sur le couscoussier à découvert en ajoutant 100 g de beurre en dés, mélangez. Faites cuire au bouillon une petite heure le poulet avec tous les légumes, le bouquet garni, sel, poivre, sauf les artichauts et les pois chiches. À mi-cuisson, ajoutez les artichauts coupés en deux et le foin enlevé. Mettez les pois chiches à tremper 12 h, puis faites-les cuire 3 h à l'eau salée. Enfilez sur des brochettes les morceaux d'agneau coupés en dés, salés, poivrés, et arrosés d'huile, faites griller rapidement. Faites cuire à la poêle à feu vif les merguez sans matière grasse. Au fur et à mesure, retirez la graisse qu'elles rendent. Elles doivent être bien dorées. Faites tiédir la harissa en lui ajoutant 1 cuil. à soupe d'huile d'olive. Servez le bouillon et les légumes dans une soupière, le poulet coupé en morceaux, les brochettes et les merguez sur le même plat. Le couscous dans un légumier, les pois chiches dans un autre, la harissa à part.

Le couscous se mange dans des assiettes creuses, chacun se sert de tout, mouille du bouillon et arrose avec parcimonie de harissa.

■ ***Dîner :*** Restes du couscous ■ Sorbet au fruit

Juillet

JUILLET
1re SEMAINE
LUNDI

■ ***Déjeuner :*** **Gratin de courgettes ■ Laitue aux fines herbes ■ Yaourts ■ Abricots**

Gratin de courgettes

1,500 kg de courgettes, 3 œufs, 110 g de crème fraîche, 75 g de gruyère râpé, sel, poivre, muscade.

Lavez les courgettes, ne les épluchez pas et coupez-les en rondelles. Faites-les cuire à la vapeur pendant 15 mn.

Égouttez. Versez les courgettes dans un plat beurré allant au four. Écrasez-les grossièrement.

Dans un grand bol, battez les œufs à la fourchette comme pour une omelette, ajoutez la crème, la moitié du gruyère, sel, poivre, un peu de noix de muscade râpée.

Versez sur les courgettes et mélangez. Saupoudrez du reste du gruyère. Faites cuire à four chaud pendant 15 à 20 mn. Servez chaud.

■ ***Dîner :*** **Jambon blanc ■ Artichauts vinaigrette ■ Fromage ■ Mousse glacée au Grand Marnier**

Mousse glacée au Grand Marnier

3 jaunes d'œufs, 1/4 de litre de lait, 250 g de crème fraîche, 100 g de sucre en poudre, 50 g de sucre glace, un petit verre de Grand Marnier.

Dans une casserole, battez au fouet à sauce les jaunes d'œufs et le sucre en poudre jusqu'à obtention d'une mousse blanche. Versez peu à peu le lait bouillant.

Faites prendre sur un feu doux en remuant sans arrêt jusqu'à ce que la crème épaississe. Elle ne doit surtout pas bouillir, laissez refroidir et parfumez-la au Grand Marnier.

Dans un saladier, battez la crème fraîche et le sucre glace avec 1 cuil. à soupe d'eau glacée jusqu'à ce qu'elle se transforme en chantilly. La crème doit être souple et se détacher facilement du fouet. Incorporez cette chantilly à la crème anglaise et versez le tout dans un moule à glace rectangulaire. Mettez au freezer en réglant le thermostat au maximum. Au bout de 1 h, sortez la crème du réfrigérateur, battez-la à la fourchette, remettez au réfrigérateur pour 2 h. Servez accompagnée de crêpes bretonnes vendues en boîte.

JUILLET
1re SEMAINE
MARDI

■ ***Déjeuner :*** **Salade de concombre à l'estragon ■ Coquelets à la crapaudine ■ Chips ■ Yaourts ■ Pêches**

Coquelets à la crapaudine

2 coquelets, huile d'olive, thym, romarin.

Demandez à votre marchand de couper les coquelets en deux et de les aplatir. Huilez légèrement chaque moitié de coquelet, saupoudrez-les d'un peu de thym et de romarin.

Allumez 15 mn à l'avance le grilloir du four. Posez les coquelets sur la grille, glissez-la à mi-hauteur du four et faites dorer des deux côtés. Comptez environ 15 mn de cuisson en tout. Il va sans dire que les coquelets à la crapaudine se préparent également sur un barbecue.

Dans ce cas, il est indispensable (ceci est vrai pour toutes cuissons sur barbecue) de pouvoir régler la grille et de l'éloigner si cela est nécessaire de la source de chaleur, pour éviter de retrouver des coquelets carbonisés et secs.

■ *Dîner :* Goujons panés ■ Haricots mange-tout en salade ■ Fromage ■ Abricots

Goujons panés

600 à 700 g de goujons, 150 g de farine, 2 œufs, 150 g de chapelure, huile pour friture, 2 citrons.

Videz les goujons et essuyez-les avec un papier absorbant. Roulez les poissons dans la farine et secouez-les, passez-les dans les œufs battus en omelette, puis dans la chapelure. Plongez-les aussitôt dans la friture chaude. Dressez les poissons sur une serviette, entourés de quartiers de citrons.

Les goujons surgelés, ou la petite friture également surgelée, peuvent parfaitement être accommodés de cette manière. Pour la préparation, suivre les indications portées sur l'emballage.

JUILLET
1re SEMAINE
MERCREDI

■ *Déjeuner :* Palette de porc aux choux ■ Yaourts ■ Crème Floraline aux pêches

Crème Floraline aux pêches

1 litre de lait, 3 cuil. à soupe de Floraline, 3 cuil. à soupe de sucre en poudre, 3 œufs, 1 petit verre de kirsch, 3 pêches, 1 sachet de sucre vanillé.

Délayez dans un bol la Floraline avec 1/2 verre de lait froid, versez-la dans le lait bouillant sucré et vanillé.

Faites cuire 5 mn en remuant de temps en temps avec une cuillère en bois.

Hors du feu, incorporez un à un les jaunes d'œufs, remettre doucement sur le feu, jusqu'à frémissement, mais sans faire bouillir. Laissez refroidir la crème ; lorsqu'elle est tiède, incorporez les blancs battus en neige ferme, ainsi que les pêches épluchées, coupées en dés et macérées dans le kirsch. Versez cette crème dans une jatte et mettez au moins 2 h au réfrigérateur.

■ ***Dîner :*** **Palette froide ▪ Tagliatelles au coulis de tomates ▪ Compote d'abricots**

Tagliatelles au coulis de tomates

300 g de tagliatelles larges, 2 kg de tomates, 2 cuil. à soupe d'huile d'olive, 1 oignon, 2 gousses d'ail, sel, poivre, une branche de thym, 10 feuilles de basilic, 30 g de beurre, 50 g de gruyère ou de parmesan râpé.

Dans une casserole, mettez l'huile, les tomates coupées en quatre, 1 oignon, l'ail, sel, poivre, basilic et thym. Faites cuire à découvert pendant 3/4 d'heure environ.

Lorsque toute l'eau des tomates est évaporée, passez le tout à la passoire fine. Si le coulis est encore liquide, faites-le réduire un peu.

Mettez les pâtes à cuire 15 mn dans une grande quantité d'eau bouillante salée. Égouttez-les, versez-les dans le légumier de service chaud, ajoutez le beurre et une partie du coulis. Remuez et servez immédiatement dans des assiettes à soupe. Accompagnez de fromage râpé et du reste de coulis en saucière.

JUILLET
1re SEMAINE
JEUDI

■ *Déjeuner :* Tomates farcies à la macédoine de légumes ■ Escalopes de veau ■ Courgettes sautées ■ Fraises au sucre

Tomates farcies à la macédoine de légumes

4 grosses tomates, 1 boîte 1/4 de petits pois très fins, 2 carottes cuites à l'eau, 250 g de haricots verts cuits à l'eau, 1 boîte de miettes de thon, 100 g d'olives noires, quelques feuilles de laitue, sel, 1 tasse à déjeuner de mayonnaise, 2 œufs durs ou 6 œufs de caille durs.

Lavez, essuyez les tomates, ôtez le chapeau, retirez les graines. Salez le fond de chaque tomate et posez-les retournées sur un plat pour qu'elles dégorgent. Égouttez les petits pois, coupez les haricots verts en dés, ainsi que les carottes. Mélangez tous ces légumes avec le thon, liez avec la mayonnaise. Secouez les tomates pour en extraire toutes les graines, remplissez-les de macédoine.

Posez-les sur un plat recouvert de feuilles de laitue.

Décorez le plat de rondelles d'œufs durs ou d'œufs de caille durs et de demi-olives.

■ *Dîner :* Poireaux vinaigrette ■ Œufs à la coque ■ Fromage ■ Crème au chocolat en petits pots

Crème au chocolat en petits pots

250 g de chocolat à croquer, 3/4 de litre de lait, 50 g de beurre, 40 g de farine, 125 g de sucre en poudre.

Dans une petite casserole, mettez le chocolat coupé en morceaux, le sucre et 1 bon verre de lait, faites fondre à feu doux en remuant jusqu'à ce que la préparation soit lisse.

Dans une autre casserole, faites fondre le beurre, ajoutez la farine, faites-la cuire quelques instants en remuant à la cuiller en bois. Hors du feu, ajoutez le reste du lait d'un seul coup, remuez, remettez sur le feu et laissez cuire, toujours en tournant, 5 à 8 mn, ajoutez le chocolat fondu.

Versez cette crème dans des petits pots individuels, laissez-la refroidir avant de la mettre au réfrigérateur.

JUILLET
1re SEMAINE
VENDREDI

■ ***Déjeuner :*** **Lotte aux lardons ▪ Riz créole ▪ Yaourts ▪ Pêches**

Lotte aux lardons

1 kg de lotte, 200 g de lard fumé, 1 verre d'huile d'olive, 4 gousses d'ail, 4 tomates, thym, romarin, sel, poivre, 2 cuil. à soupe de crème, persil.

Lavez la lotte, épongez-la et piquez-la de 2 gousses d'ail coupées en 2 ou 3 et du lard coupé en dés.

Dans une cocotte, faites chauffer 1/2 verre d'huile et mettez la lotte à dorer de tous côtés. Lorsqu'elle a pris une jolie couleur et que l'eau qu'elle a rendue est évaporée, salez, poivrez, saupoudrez de thym et de romarin.

Couvrez et laissez cuire 30 mn à feu doux. Pendant ce temps, coupez les tomates en deux, égrenez-les et faites dorer à la poêle dans le restant d'huile. Retournez-les, faites dorer la seconde face, salez, poivrez ; saupoudrez d'un hachis d'ail et de persil ; couvrez et laissez cuire à feu doux 10 mn.

Dressez la lotte sur un plat chaud, entourez-la des tomates. Rapidement, déglacez le fond de la cocotte avec la crème, en grattant avec une fourchette. Versez la sauce sur le poisson, servez immédiatement.

■ *Dîner :* Salade de tomates, mozzarella et basilic ▪ Macaronis au gratin ▪ Abricots aux fraises des bois

Abricots aux fraises des bois

8 très gros abricots, 250 g de fraises des bois, 200 g de sucre en poudre, 250 g de crème fraîche épaisse.

Séparez les abricots en deux, ôtez les noyaux, disposez les moitiés de fruits sur un plat rond, remplissez-les de fraises des bois. Servez à part le sucre en poudre et la crème fraîche en pot.

JUILLET
1re SEMAINE
SAMEDI

■ *Déjeuner :* Champignons de Paris en salade ▪ Foie d'agneau poêlé ▪ Purée de carottes ▪ Salade de fruits de saison

Champignons de Paris en salade

300 g de champignons de Paris bien blancs, 1 citron, 4 cuil. à soupe d'huile d'olive, sel, poivre, persil.

Ôtez le bout terreux des champignons, lavez-les sous l'eau courante et plongez-les immédiatement dans une casserole d'eau froide citronnée. Épongez les champignons, coupez-les en lamelles, directement dans le saladier en les arrosant au fur et à mesure du jus d'un citron. Salez, poivrez, ajoutez l'huile d'olive et remuez.

Laissez macérer au moins 1 h et saupoudrez d'un hachis de persil.

■ *Dîner :* Lapin en gelée ■ Laitue à l'estragon ■ Fromage ■ Pêches

Lapin en gelée

À faire la veille.
2 râbles de lapin, 4 échalotes, 1 bouquet de persil, 1/2 litre de vin blanc sec, 250 g de lard de poitrine, 2 bardes de lard, thym, laurier, sel, poivre.

Coupez vous-même le lapin en morceaux. Dans le fond d'une terrine, posez en croix les bardes de lard.

Remplissez la terrine en disposant successivement une couche d'échalote et de persil haché, une couche de lapin, sel, poivre, une couche de lard coupé en dés.

Terminez par une couche de lapin. Arrosez avec le vin blanc sec et ajoutez une feuille de laurier et un peu de thym. Laissez mariner toute une nuit. Le lendemain, fermez la terrine avec son couvercle et faites cuire au bain-marie au four pendant 2 petites heures (four allumé 10 mn à l'avance). Sortez la terrine du four, ôtez le couvercle. À sa place, posez une petite planche en bois et dessus un poids ou un objet lourd. Laissez refroidir puis mettez au réfrigérateur jusqu'au lendemain.

JUILLET
1re SEMAINE
DIMANCHE

■ *Déjeuner :* Bouillabaisse du Brusc ■ Assortiment de fromages ■ Framboises et fraises des bois à la crème

Bouillabaisse du Brusc

Pour 6 personnes : *1,500 kg de poissons de roches (rougets, rascasses, girelles, baudroies, sarans, grondins, etc.), 10 petits crabes, 3 oignons, 4 gousses d'ail, 2 tomates, 1 branche de fenouil, 1 bouquet garni, 1 morceau d'écorce d'orange, 1 kg de pommes de*

terre à chair ferme, 1 dose de safran, 1/2 verre d'huile d'olive, sel, poivre, tranches de pain séchées.
Pour la rouille : *2 gousses d'ail, 2 petits piments d'Espagne, 1 jaune d'œuf, 1 verre d'huile d'olive, 1 petite tranche de pain de mie, 1/2 verre de lait.*

Videz et écaillez les poissons. Dans un grand fait-tout, mettez les oignons émincés, les pommes de terre coupées en rondelles de 1 cm d'épaisseur et tous les ingrédients cités, à l'exception des crabes. Laissez macérer 1 à 2 h.

Au moment de se mettre à table, ôtez les poissons les plus tendres tels que rougets, girelles, sarans. Mouillez le reste jusqu'à couvert avec de l'eau bouillante. Posez le fait-tout sur *feu très vif* pour que l'eau et l'huile se mélangent. Au bout de 5 mn d'ébullition, ajoutez les poissons en attente et les crabes, maintenez encore l'ébullition 4 à 6 mn.

Sortez délicatement poissons et pommes de terre, dressez-les dans un plat long. Sur une assiette, posez des tranches de pain séchées. Passez le bouillon, servez-le dans une soupière, servez la rouille en saucière.

Rouille. Pilez finement dans un mortier 2 gousses d'ail et 2 petits piments rouges d'Espagne, ajoutez une noix de mie de pain rassis trempé dans un peu de lait et exprimé, puis un jaune d'œuf, ajoutez peu à peu 1 petit verre d'huile d'olive. Délayez cette pommade avec 2 cuil. à soupe de bouillon de la bouillabaisse. Chacun met dans son assiette creuse 2 tranches de pain, les mouille de bouillon et arrose le tout prudemment de rouille. Les poissons et les pommes de terre se mangent en même temps ou après.

■ ***Dîner :*** **Porridge au lait ■ Compote d'abricots**

JUILLET
2e SEMAINE
LUNDI

■ *Déjeuner :* **Chipolatas ■ Purée de pois cassés ■ Salade de fruits frais**

Purée de pois cassés

500 g de pois cassés, 1 blanc de poireau, 1 carotte, 1 oignon, 1 bouquet garni, 2 cuil. à soupe de crème fraîche, 30 g de beurre, sel, poivre.

Mettez les pois cassés dans une casserole à fond épais. Recouvrez-les d'eau froide. Ajoutez le blanc de poireau, la carotte, l'oignon et le bouquet garni. Portez à ébullition, écumez. Faites cuire à couvert à feu doux pendant 1 h 30 en remettant de l'eau très chaude en cours de cuisson si nécessaire. Au bout de 1 h 15 de cuisson, salez. Remettez le couvercle pour encore 15 mn, puis faites évaporer complètement le liquide. Enlevez le bouquet garni.

Passez au presse-purée. Ajoutez la crème fraîche, le beurre et poivrez. Servez bien chaud dans un légumier avec les chipolatas.

■ *Dîner :* **Jambon de pays ■ Chou-fleur à la polonaise ■ Gâteau de semoule au caramel**

Gâteau de semoule au caramel

1 litre de lait, 6 cuil. de semoule de blé, 1 sachet de sucre vanillé, 150 g de sucre en poudre.
Pour la crème : *1/2 litre de lait, 1 gousse de vanille, 4 jaunes d'œufs, 75 g de sucre en poudre.*

Faites bouillir le lait avec 100 g de sucre et le sucre vanillé. Jetez la semoule en pluie, laissez cuire 8 mn en remuant à la cuiller en bois.

Dans un moule à charlotte, faites un caramel avec 50 g de sucre et 1/2 verre d'eau. Répartissez le caramel sur toutes les parois du moule, versez la semoule au lait, mettez au réfrigérateur au moins 3 h.

Pendant ce temps, mettez dans le lait la gousse de vanille fendue dans le sens de la longueur. Portez à ébullition. Dans une autre casserole, battez les 4 jaunes d'œufs avec 75 g de sucre. Retirez la gousse de vanille. Ajoutez peu à peu le lait bouillant en tournant au fouet pour que les œufs ne cuisent pas. Faites prendre sur feu très doux sans jamais laisser bouillir et en remuant constamment.

Au moment de servir, démoulez le gâteau sur un plat et servez la crème à part.

JUILLET
2e SEMAINE
MARDI

■ ***Déjeuner :*** **Œufs pochés ■ Pommes de terre Dorothée ■ Yaourts**

Pommes de terre Dorothée

1 kg de pommes de terre, 75 g de beurre, 75 g de crème fraîche, 1 cuil. à café de vinaigre, sel, poivre.

Épluchez et lavez des petites pommes de terre, faites-les cuire à la vapeur 10 mn environ.

Dans un bol, mélangez la crème, le vinaigre, sel et poivre. Versez dessus, en remuant, le beurre fondu. Tenez cette sauce au bain-marie, servez-la en saucière en accompagnement des pommes de terre.

■ *Dîner :* Filet de porc au lait ■ Épinards en branches ■ Fromage ■ Pêches

Filet de porc au lait

1,300 kg de filet de porc désossé et préparé en rôti, 2 feuilles de sauge, 1 gousse d'ail, sel, poivre, 30 g de beurre, 1/2 litre de lait.

Piquez le rôti de feuilles de sauge et de l'ail coupé en lanières. Roulez-le dans le sel et le poivre.

Dans une cocotte, faites revenir le rôti dans le beurre. Lorsqu'il est bien doré, mouillez-le avec du lait, jusqu'à la moitié de sa hauteur. Couvrez et laissez cuire 1 h 10 à 1 h 15. Le lait donnera en réduisant une sauce crémeuse, qu'il faudra battre au fouet pour la rendre lisse.

JUILLET
2e SEMAINE
MERCREDI

■ *Déjeuner :* Tomates farcies ■ Batavia ■ Petits-suisses ■ Cerises

Tomates farcies

12 belles tomates, 300 g de restes de viande froide, 6 cuil. à café de riz cru, 1 oignon, persil, 2 gousses d'ail, 1 œuf, huile d'olive, sel, poivre.

Coupez un chapeau à chaque tomate. Retirez les graines, salez le fond des tomates, retournez-les, posez-les sur un plat pour les faire dégorger pendant 20 mn au moins.

Pendant ce temps, hachez la viande, le persil, l'oignon et l'ail. Ajoutez l'œuf entier, sel, poivre, mélangez. Secouez les tomates et, dans le fond de chacune, versez 1/2 cuil. à café de riz, puis remplissez de farce. Posez toutes les tomates dans un grand plat, arrosez-les d'un peu d'huile d'olive et faites-les cuire 1 h au four à feu moyen. Arrosez en cours de cuisson.

■ *Dîner :* Poireaux vinaigrette ■ Jambon blanc ■ Chicorée frisée à l'estragon ■ Tarte aux poires

Tarte aux poires

200 g de farine, 100 g de beurre, 1/2 verre d'eau salée, 4 poires, 1 cuil. à soupe de farine, 2 jaunes d'œufs, 100 g de sucre, 1/4 de litre de lait.

Travaillez du bout des doigts la farine et le beurre divisé en morceaux, mouillez avec l'eau salée, pétrissez et formez une boule de pâte. Étendez cette pâte au rouleau, disposez-la sur une plaque à tarte, piquez le fond avec une fourchette. Posez dessus les demi-poires épluchées.

Dans un saladier, mélangez la farine, les jaunes d'œufs et le sucre, délayez, mouillez avec le lait. Versez cette crème sur les poires et faites cuire à four moyen 30 mn.

JUILLET
2e SEMAINE
JEUDI

■ *Déjeuner :* Salade de tomates ■ Biftecks grillés ■ Haricots verts ■ Meringues Belle-Hélène

Meringues Belle-Hélène

8 meringues, 1/2 litre de glace à la vanille, 150 g de chocolat à croquer, 4 coupes individuelles.

Faites fondre au bain-marie le chocolat avec 3 cuil. à soupe d'eau. Au moment de servir, disposez dans chaque coupe un morceau de glace enfermé entre 2 meringues. Arrosez de sauce au chocolat chaude. Servez tout de suite.

■ *Dîner :* Feuilles de vigne à la turque ■ Laitue à la ciboulette ■ Fromage blanc ■ Framboises

Feuilles de vigne à la turque

24 feuilles de vigne, 150 g de riz, 5 oignons, persil, sel, poivre, huile d'olive, 2 citrons.

Lavez le riz et faites-le cuire 12 mn dans une grande quantité d'eau bouillante salée. Égouttez-le. Équeutez les feuilles de vigne, plongez-les 2 mn dans de l'eau bouillante, égouttez-les à plat sur un linge. Hachez les oignons, faites-les fondre très doucement dans 2 cuil. à soupe d'huile, ajoutez le persil haché, puis, hors du feu, le riz. Mélangez.

Posez un peu de cette farce au centre de chaque feuille et roulez comme une paupiette en repliant les extrémités. Versez dans un plat en terre une cuil. à soupe d'huile, posez les feuilles de vigne, recouvrez-les d'eau. Posez sur le dessus un plat long et plat recouvert d'eau. Faites cuire 40 mn à feu moyen. Laissez refroidir et arrosez du jus de citron. Ce plat se conserve plusieurs jours.

JUILLET
2e SEMAINE
VENDREDI

■ *Déjeuner :* Chachouka ■ Romaine à la menthe ■ Yaourts ■ Poires

Chachouka

2 aubergines, 2 courgettes, 2 tomates, 2 oignons, 3 gousses d'ail, persil, 2 poivrons, 8 œufs, 8 merguez, 1 verre d'huile d'olive, sel, poivre.

Épluchez les aubergines, coupez-les en rondelles. N'épluchez pas les courgettes, mais coupez-les en rondelles. Coupez les oignons en 4, les poivrons épépinés en lanières et les tomates égrenées en deux.

Faites revenir ensemble à feu vif tous ces légumes dans l'huile. Lorsqu'ils ont rendu leur eau, salez, poivrez. Saupoudrez d'un hachis d'ail et de persil, couvrez et laissez mijoter doucement 15 à 20 mn.

Au moment de servir, faites cuire d'une part des œufs sur le plat et d'autre part les merguez sans aucune matière grasse. Jetez au fur et à mesure l'huile qu'elles vont rendre. En 10 mn, elles seront à point.

Versez la ratatouille dans un plat creux, posez les œufs sur le dessus et les merguez tout autour.

Les merguez sont de petites saucisses fraîches à base de mouton et très pimentées.

■ ***Dîner :*** **Dorade farcie aux herbes ■ Riz créole ■ Fromage ■ Abricots**

Dorade farcie aux herbes

1 dorade, 1 tranche de pain de mie de 2 cm d'épaisseur, 1 tasse de lait, 1 jaune d'œuf, 1 échalote, 2 gousses d'ail, sel, poivre, persil, ciboulette, fenouil, thym, romarin, huile d'olive.

Faites tremper le pain dans le lait chaud, essorez-le. Hachez ail, échalote, et toutes les herbes. Mélangez ce hachis à la mie de pain, liez avec le jaune d'œuf, salez, poivrez. Remplissez la dorade de ce mélange, et recousez-la.

Posez-la sur un plat allant au micro-ondes, recouvrez d'un film étirable ; arrosez d'1 cuil. à soupe d'huile d'olive, salez, poivrez et faites cuire au micro-ondes chaleur maximale pendant 15 à 18 mn.

■ *Déjeuner :* Épaule d'agneau au four ▪ Purée Soubise ▪ Fromage blanc ▪ Cerises

Purée Soubise

750 g d'oignons, 1/2 litre de béchamel (recette p. 332, « Gâteau d'épinards »), sel, poivre.

Faites cuire les oignons à l'eau bouillante salée jusqu'à ce qu'ils puissent être écrasés à la fourchette. Égouttez-les rapidement. Passez-les au tamis. Incorporez la purée d'oignons à la sauce béchamel. Faites cuire à feu doux pendant 10 mn en remuant sans cesse. Salez, poivrez.

■ *Dîner :* Gaspacho ▪ Agneau froid mayonnaise ▪ Salade de fruits frais

Gaspacho

1 concombre moyen, 5 tomates, 1 poivron vert, 1 oignon nouveau, 1 gousse d'ail, 1 tasse d'huile d'olive, 3 biscottes, 1/2 verre de vinaigre, sel, poivre, 3 tranches de pain de mie, huile.

Plongez 2 à 3 mn les tomates dans une casserole d'eau bouillante, épluchez-les. Réservez une tomate, coupez les autres en morceaux. Coupez le poivron, le concombre et l'oignon en dés, réservez un peu de chaque pour la décoration.

Émiettez les biscottes, coupez l'ail en lamelles. Versez tous les ingrédients dans un bol à mixer, incorporez l'huile d'olive, le vinaigre, sel et poivre. Faites tourner le mixeur. Versez la préparation dans une soupière et ajoutez le contenu d'un bac à glaçons. Mettez la soupière 2 h dans le bas du réfrigérateur.

Au moment de servir, décorez le dessus du gaspacho, avec des petits croûtons frits à l'huile, les dés de concombre, d'oignon, de poivron et de tomate.

JUILLET
2e SEMAINE
DIMANCHE

■ ***Déjeuner :*** **Salade de tomates à la menthe ■ Canard aux olives ■ Pommes à l'anglaise ■ Assortiment de fromages ■ Glace vanille fraise**

Canard aux olives

1 canard de 1,300 kg environ, 2 cuil. à soupe d'huile, 1 oignon, 1/2 verre de vin blanc sec, 2 cuil. à soupe de concentré de tomates, 200 g d'olives vertes, 200 g de champignons de Paris, sel, poivre, thym, romarin, laurier.

Mettez le canard découpé en morceaux à revenir dans une cocotte à l'huile chaude. Lorsque les morceaux commencent à blondir, ajoutez l'oignon émincé, sel, poivre, un peu de thym, un peu de romarin, 1/2 feuille de laurier, le concentré et le vin blanc. Faites réduire à feu vif, à découvert, jusqu'à épaississement de la sauce. À ce moment, ajoutez de l'eau très chaude, juste pour recouvrir les morceaux de canard. Continuez la cuisson en diminuant le feu, mais toujours à découvert, environ pendant 45 mn. Un quart d'heure avant la fin de la cuisson, ajoutez les olives dénoyautées et les champignons.

■ ***Dîner :*** **Assiette de charcuterie ■ Chicorée frisée ■ Yaourts ■ Melon fourré aux fraises**

Melon fourré aux fraises

2 melons moyens, 100 g de sucre, 500 g de fraises, 1 petit verre de liqueur de cassis.

Coupez chaque melon en deux, ôtez les graines, avec une cuillère, retirez la plus grande partie de la chair des melons avec une cuillère ronde dite « cuillère parisienne » qui découpera les melons en petites boules. Saupoudrez de sucre l'intérieur des melons, remettez pêle-mêle la chair et les fraises lavées et équeutées. Sucrez à nouveau, arrosez d'un peu de liqueur de cassis. Servez très frais.

JUILLET
3e SEMAINE
LUNDI

■ ***Déjeuner :*** **Salade de pois chiches ■ Raviolis frais à la tomate ■ Abricots**

Salade de pois chiches

300 g de pois chiches, 3 échalotes, 1 oignon, 1 bol de vinaigrette moutardée, persil, bouquet garni, sel, poivre.

Faites tremper les pois chiches toute une nuit dans de l'eau. Le lendemain, égouttez-les, versez-les dans un fait-tout, recouvrez-les largement d'eau, ajoutez sel, poivre, bouquet garni et l'oignon. Amenez à ébullition puis réduisez le feu, couvrez et laissez cuire 4 h ou 1 h 10 en autocuiseur. Égouttez les pois chiches.

Transvasez-les dans un saladier, arrosez de vinaigrette, saupoudrez d'un hachis d'échalotes et de persil. Servez tiède. Il est préférable de préparer la vinaigrette avec de l'huile d'olive ou encore de l'huile de noix.

■ ***Dîner :*** **Omelette aux fines herbes ■ Fonds d'artichauts farcis ■ Fromage blanc ■ Cerises**

Fonds d'artichauts farcis

4 artichauts bretons, 2 tranches de jambon de 150 g chacune, 1 gousse d'ail, persil, 1 grosse tranche de pain de mie, 1 verre de lait, 1 œuf, sel, poivre, 50 g de chapelure, 30 g de beurre.

Lavez les artichauts et faites-les cuire à l'eau bouillante pendant 20 à 25 mn. Égouttez-les, laissez-les refroidir. Pendant ce temps, hachez le jambon, l'ail et le persil.

Faites tremper le pain dans le lait chaud et essorez-le bien. Dans une terrine, mélangez le tout et ajoutez encore la moitié de l'œuf battu, un peu de sel et de poivre. Ôtez les feuilles des artichauts ainsi que le foin. Remplacez-le par la farce. Saupoudrez le dessus de chapelure, ajoutez une noisette de beurre et passez 10 mn à four chaud.

JUILLET
3e SEMAINE
MARDI

■ ***Déjeuner :*** **Beignets d'aubergines ■ Salade verte ■ Yaourts ■ Bananes**

Beignets d'aubergines

2 belles aubergines, 175 g de farine, 2 œufs, 1 verre de lait, 1 cuil. à dessert d'huile, sel, huile pour friture.

Dans une terrine, mélangez la farine, les jaunes d'œufs, le sel. Délayez avec le lait et ajoutez l'huile. Couvrez, laissez reposer la pâte au moins 1 h. Épluchez les aubergines, coupez-les dans le sens de la longueur en tranches fines. Faites-les dégorger au sel dans une passoire, puis épongez-les. Battez les blancs d'œufs en neige ferme et ajoutez-les délicatement à la pâte.

Trempez une à une les tranches d'aubergines dans la pâte à beignets et faites-les frire dans l'huile chaude, pas plus de 5 ou 6 à la fois. Disposez-les sur un plat chaud recouvert d'un linge, tenez-les au chaud.

■ *Dîner :* Rôti de veau en cocotte ▪ Pâtes fraîches ▪ Fromage ▪ Pêches melba

Pêches melba

4 pêches, 1/2 pot de gelée de framboises, 1/2 litre de glace à la vanille, 50 g d'amandes effilées et grillées, 100 g de sucre, 1 petit verre de bon kirsch.

Épluchez les pêches, coupez-les en deux. Faites un sirop avec 2 verres d'eau, le sucre et le kirsch. Plongez dedans les fruits pendant 4 à 5 mn. Égouttez-les, faites-les refroidir.

Au moment de servir, disposez dans des coupes individuelles une boule de glace, 2 demi-pêches et quelques amandes grillées. Nappez le dessus de la gelée de framboises allongée d'un peu d'eau tiédie.

JUILLET
3e SEMAINE
MERCREDI

■ *Déjeuner :* Céleri en salade ▪ Côtes d'agneau grillées ▪ Purée de pommes de terre ▪ Compote de fruits

Céleri en salade

1 pied de céleri en branches, 60 g de roquefort, 3 cuil. à soupe d'huile, 1 cuil. à soupe de vinaigre, sel, poivre.

Dans un saladier, écrasez le roquefort à la fourchette de manière à le réduire à l'état de pommade. Salez légèrement, poivrez, ajoutez peu à peu l'huile puis le vinaigre. Le roquefort remplace ici la moutarde. Après avoir lavé et égoutté le céleri, coupez-le aux ciseaux dans le saladier. Mélangez et régalez-vous.

■ *Dîner :* Jambon blanc ▪ Scarole ▪ Yaourts ▪ Diplomate au chocolat

Diplomate au chocolat

À préparer la veille.

300 g de biscuits à la cuillère, 150 g de chocolat à croquer, 3 œufs + 2 jaunes, 150 g de sucre en poudre, 2 cuil. à soupe de rhum.

Dans un bol, cassez le chocolat, ajoutez 1 cuil. à soupe d'eau, faites fondre au bain-marie en remuant à la cuiller en bois. Dans une terrine, travaillez 100 g de sucre et les 5 jaunes d'œufs. Ajoutez le chocolat fondu puis les blancs battus en neige ferme. Mélangez délicatement en soulevant la masse de crème par en dessous. Dans une assiette creuse, faites fondre le restant de sucre avec le rhum et un verre d'eau. Trempez très rapidement un à un les biscuits dans ce mélange.

Garnissez-en le fond et les parois d'un moule à charlotte beurré. Remplissez l'intérieur, alternativement, d'une couche de crème, d'une couche de biscuits trempés. Continuez jusqu'en haut du moule, terminez par les biscuits.

Posez sur le moule une assiette contenant un poids et mettez toute une nuit au réfrigérateur. Démoulez le gâteau, seulement au moment de servir.

JUILLET
3e SEMAINE
JEUDI

■ *Déjeuner :* Salade de concombre ▪ Brochettes de porc New Orleans ▪ Tomates poêlées ▪ Compote d'abricots

Brochettes de porc New Orleans

700 g de filet de porc, 1 boîte de sauce tomate aux poivrons, 1 oignon, 2 cuil. à soupe de vin blanc sec, 1 cuil. à café de curry, 1/2 cuil. à café de gingembre râpé, laurier, sel, poivre.

Dans un plat creux, mettez la sauce tomate, le curry, le gingembre, l'oignon coupé en rondelles, 1 feuille de laurier, le vin blanc, sel et poivre.

Coupez le porc en cubes de 2,5 cm de côté et faites-le mariner 1 h dans la sauce, en le retournant plusieurs fois.

Sur des brochettes, enfilez 5 ou 6 cubes de porc, placez-les sur la grille du four, grilloir allumé. Faites cuire 12 à 15 mn, en retournant les brochettes et en les arrosant plusieurs fois de la marinade. Ces brochettes peuvent naturellement se cuire sur un barbecue.

■ ***Dîner :*** **Œufs sur le plat ■ Salade saint-maxime ■ Petits-suisses ■ Cerises**

Salade saint-maxime

1 petite laitue, 1 poivron rouge, 1 poivron vert, 2 œufs durs, 1 céleri en branches, 2 tomates, 10 radis, 2 oignons, 12 olives noires, 1 cuil. à soupe de concentré de tomates, 125 g de crème fraîche, 1 citron, sel, poivre.

Dans un saladier, disposez dans le fond les feuilles de laitue, puis les poivrons coupés en lanières, les tomates, les œufs, les oignons coupés en rondelles, le céleri, coupé grossièrement, les olives et les radis.

Dans un bol, délayez le concentré avec la crème fraîche et le jus de citron, salez, poivrez. Arrosez la salade de cette sauce et ne mélangez qu'au dernier moment.

■ *Déjeuner :* Seiches de Mar-vivo ■ Riz créole ■ Abricots

Seiches de Mar-vivo

1,500 kg de seiches ou d'encornets, 2 tomates, 1 oignon, 2 gousses d'ail, thym, laurier, 1 verre de vin blanc sec, sel, poivre, 8 tranches de pain rassis, 1 bol d'ailloli (voir recette p. 99).

Faites enlever l'encre par le poissonnier. Lavez les seiches, ôtez les cartilages, coupez en lanières pattes et corps. Dans une sauteuse ou un poêlon, mettez les seiches, les tomates pelées, épépinées et coupées en morceaux, l'oignon en rondelles, l'ail, 1 feuille de laurier, 3 branches de thym, le vin blanc, sel et poivre. Posez la sauteuse sur un petit feu, couvrez-la avec une assiette contenant de l'eau. Laissez cuire ainsi 30 mn.

Préparez au fond d'un plat creux les tranches de pain rassis tartinées d'ailloli. Au moment de servir, délayez dans un bol une cuil. à soupe d'ailloli avec 1 petite louche de jus de cuisson des seiches, versez sur les tranches et posez les seiches par-dessus. Servez le reste d'ailloli en saucière.

■ *Dîner :* Bohémienne ■ Laitue ■ Fromage ■ Bananes flambées

Bohémienne

1 kg d'aubergines, 1 kg de tomates, 1 gousse d'ail, 1 verre d'huile d'olive, 75 g de gruyère râpé, 1 œuf, 1 cuil. à dessert de farine, sel, poivre.

Épluchez les aubergines, coupez-les en dés, faites-les dégorger au sel dans une passoire, épongez-les. Épluchez les tomates, égrenez-les, coupez-les en quatre. Dans une cocotte, faites revenir les légumes à l'huile d'olive, ajoutez la gousse d'ail (non épluchée). Faites cuire à découvert et à feu vif en remuant.

Lorsque toute l'eau est évaporée, salez, poivrez, couvrez, laissez cuire 1/4 d'heure. Avant de servir, saupoudrez de farine et laissez quelques instants sur le feu en remuant. Hors du feu, incorporez l'œuf battu, mélangez. Versez dans un plat creux et saupoudrez de râpé.

JUILLET
3e SEMAINE
SAMEDI

■ ***Déjeuner :*** **Chaud-froid de poulet ■ Laitue à l'estragon ■ Fromage blanc ■ Pêches**

Chaud-froid de poulet

À préparer la veille.

1 beau poulet fermier, 3 carottes, 4 poireaux, 1 navet, 1 oignon, 50 g de farine, 1/2 litre de lait, 50 g de beurre, 150 g de crème fraîche, 1 bouquet d'estragon, sel, poivre, 3 feuilles de gélatine.

Faites cuire pendant 1 h un bouillon préparé avec les légumes cités plus haut, laissez-le refroidir.

Plongez le poulet dans le bouillon, amenez à ébullition, laissez cuire 1 h 10. Égouttez-le et retirez la peau. Faites un roux avec le beurre et la farine, laissez cuire quelques instants. Hors du feu, versez le lait d'un seul coup et remuez avec le fouet à sauce, remettez sur le feu et laissez cuire 5 à 8 mn en remuant continuellement.

Incorporez à la sauce la crème fraîche et la gélatine ramollie dans de l'eau froide. Sur un plat creux, posez une grille sur laquelle reposera le poulet. Nappez-le avec la sauce, récupérez le surplus dans le fond du plat, nappez à nouveau. Décorez avec des feuilles d'estragon blanchies à l'eau bouillante. Mettez au réfrigérateur jusqu'au lendemain. On peut également, avant de badigeonner le poulet, le découper en morceaux.

■ *Dîner :* Restes du chaud-froid ou jambon cru ▪ Salade de pommes de terre ▪ Fromage ▪ Compote du jardin

Compote du jardin

1 kg d'abricots, 300 g d'amandes vertes, 250 g de fraises des bois, 175 g de sucre, 1 sachet de sucre vanillé.

Coupez les abricots en deux, ôtez le noyau. Mettez-les dans une casserole avec le sucre, le sucre vanillé et 1/2 verre d'eau. Faites cuire une vingtaine de minutes. Laissez refroidir.

Lavez et équeutez les fraises des bois. Mélangez-les délicatement à la compote froide. Versez dans un compotier et décorez avec les amandes fraîches.

JUILLET
3e SEMAINE
DIMANCHE

■ *Déjeuner :* Gratin de queues d'écrevisses ▪ Tournedos grillés ▪ Haricots verts ▪ Fromage ▪ Glace vanille-fraise

Gratin de queues d'écrevisses

3 douzaines d'écrevisses, 125 g de crème fraîche, 1 tasse de sauce béchamel (recette p. 332, « Gâteau d'épinards »), 2 jaunes d'œufs, 125 g de beurre, piment de Cayenne, 50 g de gruyère râpé, 1 petit verre de cognac, 1 sachet de court-bouillon en poudre.

Lavez les écrevisses, disposez-les dans un fait-tout, saupoudrez du court-bouillon en sachet, recouvrez d'eau. Amenez à ébullition et laissez frémir pendant 5 mn. Égouttez-les, détachez les queues, décortiquez-les.

Dans une sauteuse, mettez la moitié du beurre à fondre, ajoutez les queues d'écrevisses, laissez raidir quelques instants. Arrosez de cognac, flambez. Laissez en attente. Dans la béchamel chaude, à feu très doux, incorporez les jaunes d'œufs, la crème fraîche et une pincée de piment de Cayenne. Hors du feu, ajoutez le reste du beurre divisé en morceaux en battant au fouet à sauce. Disposez les queues d'écrevisses dans un plat à gratin, nappez de sauce, saupoudrez de râpé et faites gratiner 5 à 8 mn à four chaud.

■ ***Dîner :*** **Salade romaine ■ Fromage ■ Brugnons**

Salade romaine

3 tomates, 200 g de haricots verts, 1 petite laitue, 1 poivron, 1 pied de céleri en branches, 1 boîte de miettes de thon au naturel, 2 œufs durs, quelques filets d'anchois au sel, 100 g de petites olives noires, 4 cuil. à soupe de vinaigrette à l'huile d'olive, sel, poivre.

Lavez les anchois à l'eau courante en les ouvrant pour ôter l'arête. Épongez-les. Faites cuire les haricots verts à l'eau bouillante salée 10 minutes environ (ils doivent rester croquants). Égouttez-les. Coupez-les en deux ou trois morceaux. Préparez la laitue.

Dans un saladier, disposez par couches successives les haricots verts, la salade, le céleri coupé fin, les tomates en quartiers, le poivron épépiné et coupé en rondelles fines, les anchois et quelques olives. Terminez par les œufs durs coupés en moitiés, le thon détaillé, le reste des olives. Versez la vinaigrette sur la salade. Mélangez au moment de servir.

JUILLET
4e SEMAINE
LUNDI

■ ***Déjeuner :*** **Lapin farci ■ Pommes à l'anglaise ■ Yaourts ■ Cerises**

Lapin farci

1 lapin, 8 petites chipolatas, 2 oignons, 100 g de foies de volailles, 1 tranche de pain de mie, 1/2 verre de lait, 1 œuf, sel, poivre, thym, 2 tomates, persil, 30 g de beurre, 1 cuil. à soupe d'huile.

Hachez le foie du lapin et les foies de volailles. Ajoutez le pain trempé dans le lait chaud et essoré, l'œuf entier, le persil haché, sel et poivre. Travaillez cette farce. Remplissez-en l'intérieur du lapin, recousez-le. Dans une cocotte ovale, faites revenir le lapin dans la matière grasse. Retournez-le, faites dorer l'autre côté, ajoutez les oignons émincés. Salez, poivrez, saupoudrez de thym, ajoutez les tomates épluchées et épépinées, réduisez le feu et couvrez. Laissez cuire à feu doux 1 petite heure.

Quinze minutes avant la fin de la cuisson, faites cuire à la poêle, sans matière grasse, les chipolatas. Au fur et à mesure qu'elles rendent du gras, jetez-le. Laissez-les ainsi dorer. Dressez le lapin découpé en morceaux et les chipolatas sur le même plat.

■ ***Dîner :*** **Salade improvisée ■ Fromage ■ Riz au lait**

Salade improvisée

Un reste de lapin, 3 pommes de terre cuites à l'eau, 2 tomates, 2 œufs durs, 100 g d'olives noires, 5 feuilles de laitue, 1 bol de sauce vinaigrette aux fines herbes et à la moutarde, persil, 3 échalotes.

Dans un saladier, coupez le restant de lapin en lanières, les pommes de terre, les tomates et les œufs durs en rondelles et la laitue en chiffonnade. Arrosez de vinaigrette, saupoudrez d'un hachis de persil et d'échalotes, ajoutez encore les olives noires.

■ *Déjeuner :* Paupiettes à l'alsacienne ▪ Salade de champignons de Paris ▪ Spaghettis ▪ Framboises au sucre

Paupiettes à l'alsacienne

4 escalopes, 4 tranches fines de lard fumé, 50 g de beurre, 1 oignon, sel, poivre.

Faites aplatir les escalopes par votre boucher. Rectifiez leur forme de manière à obtenir un rectangle. Salez légèrement et poivrez. Sur chaque escalope, posez une tranche de lard. Roulez et ficelez.

Faites dorer légèrement les paupiettes dans une cocotte, avec 50 g de beurre. Lorsqu'elles sont dorées de tous côtés, ajoutez l'oignon finement haché, mouillez avec 2 cuil. à soupe d'eau, couvrez et laissez cuire à petit feu 20 mn. Sortez les paupiettes, dressez-les sur un plat chaud, entourez-les de pommes vapeur et arrosez de sauce.

■ *Dîner :* Rillettes ▪ Salade de laitue et cresson ▪ Fromage ▪ Pommes campagnardes

Pommes campagnardes

6 pommes, 60 g de beurre, 100 g de sucre.

Épluchez les pommes, coupez-les en quatre. Faites fondre le beurre dans une poêle, mettez les pommes, laissez-les cuire 10 mn en les faisant sauter souvent. Arrosez de sucre en poudre et servez ces pommes encore tièdes, en dessert.

JUILLET
4e SEMAINE
MERCREDI

■ ***Déjeuner :*** **Canapés au beurre d'anchois ▪ Hamburger ▪ Frites ▪ Pêches**

Canapés au beurre d'anchois

8 tranches de pain de campagne, 300 g d'anchois au sel, 100 g de beurre, 1 citron.

Sortez le beurre du réfrigérateur à l'avance. Mettez les anchois à dessaler dans de l'eau fraîche pendant 1 h. Renouvelez cette eau plusieurs fois. Épongez les anchois dans un papier absorbant et ôtez les arêtes. Posez tous les filets au mixeur. Faites tourner. Incorporez peu à peu aux anchois pilés le beurre ramolli et divisé en morceaux. Arrosez le tout du jus d'un demi-citron.

Faites griller légèrement les tranches de pain sur les deux faces. Tenez-les au chaud et tartinez-les de beurre d'anchois. En entrée ou en apéritif, ces canapés sont toujours très appréciés. On peut également présenter le beurre d'anchois sur du pain de mie.

■ ***Dîner :*** **Radis roses ▪ Tomates provençales à la poêle ▪ Tagliatelles ▪ Abricots**

Tomates provençales à la poêle

8 tomates, 1/2 verre d'huile d'olive, 3 gousses d'ail, 1 bouquet de persil, sel, poivre.

Coupez les tomates en deux, pressez-les légèrement pour les vider de leurs graines. Faites chauffer l'huile dans la poêle, mettez les tomates, face plate contre le fond de la poêle. Laissez-les dorer à feu vif. Lorsqu'elles ont pris une jolie teinte, retournez-les. Laissez-les encore 5 mn à feu vif, puis réduisez-le, salez, poivrez, saupoudrez d'un hachis d'ail et de persil et couvrez. Laissez finir de cuire doucement pendant 5 à 8 mn.

JUILLET
4e SEMAINE
JEUDI

■ *Déjeuner :* Poireaux vinaigrette ▪ Sauté de veau aux légumes ▪ Bananes

Sauté de veau aux légumes

800 g de sauté de veau (moitié épaule, moitié tendron), 2 oignons, 2 gousses d'ail, 2 tomates, 3 carottes, 1 navet, 500 g de haricots verts, 1/2 boîte de petits pois très fins, thym, sel, poivre, 30 g de beurre, 2 cuil. à soupe d'huile.

Dans une cocotte, à feu vif, faites revenir la viande, coupée en cubes, dans la matière grasse. Lorsqu'elle a pris une couleur dorée, réduisez le feu et ajoutez les oignons, l'ail, les carottes, le navet et les haricots, coupés en dés, les tomates épluchées et coupées en quatre, sel, poivre, et un peu de thym. Couvrez et laissez cuire 40 mn. Cinq minutes avant la fin de la cuisson, ajoutez les petits pois. Servez la viande et ses légumes dans un plat creux et chaud.

■ *Dîner :* Taboulé ▪ Fromage ▪ Crème péruvienne

Crème péruvienne

1/2 litre de lait, 4 jaunes d'œufs, 100 g de sucre, 1/2 gousse de vanille, 125 g de chocolat à croquer, 50 g de café en grains, 100 g de sucre pour le caramel.

Mettez le lait à bouillir avec la vanille, puis jetez dedans le café en grains que vous aurez préalablement fait chauffer dans une poêle, laissez infuser 1/4 d'heure. Dans une casserole, faites un caramel avec 100 g de sucre en poudre et un peu d'eau. Lorsqu'il a bonne couleur, arrêtez la cuisson en ajoutant doucement 1/2 verre d'eau chaude, mais prenez garde aux éclaboussures. Remuez sur feu doux jusqu'à dissolution complète du sucre. Ôtez du feu et ajoutez à cette sauce caramel le chocolat coupé en carrés ; mélangez pour qu'il fonde.

Passez le lait, versez-le sur ce mélange et faites-le chauffer. D'autre part, battez les jaunes d'œufs avec le sucre, versez peu à peu le lait chaud et parfumé. Faites épaissir cette crème sur feu doux sans la laisser bouillir. Lorsqu'elle est prise, laissez-la refroidir avant de la mettre au réfrigérateur et servez-la glacée.

JUILLET
4e SEMAINE
VENDREDI

■ ***Déjeuner :*** **Colinot sauce blanche ■ Pommes à l'anglaise ■ Salade de fruits**

Colinot sauce blanche

1 colinot, 1 sachet de court-bouillon en poudre, 1 cuil. à soupe de farine, 30 g de beurre, 75 g de crème fraîche.

Lavez le poisson, posez-le en rond dans un fait-tout, versez le sachet de court-bouillon, recouvrez d'eau. Mettez le fait-tout sur le feu et faites frémir doucement le poisson pendant 10 mn, éteignez le feu.

Prélevez environ 1/4 de litre de court-bouillon, passez-le. Dans une casserole, faites fondre le beurre. Jetez la farine en pluie, mélangez rapidement, laissez cuire quelques instants. Hors du feu, mouillez avec le court-bouillon en le versant d'un seul coup, remuez, remettez sur le feu et laissez cuire 5 bonnes minutes en tournant. Ajoutez la crème, laissez chauffer. Délicatement, égouttez le poisson, ôtez-lui sa peau, entourez-le de pommes à l'anglaise et nappez de sauce.

■ *Dîner :* Gratin d'aubergines ▪ Scarole à l'ail ▪ Fromage blanc ▪ Prunes

Gratin d'aubergines

1,300 kg d'aubergines, gros sel, 1/4 de litre d'huile, 100 g de râpé. Pour le coulis : *1,500 kg de tomates, 2 gousses d'ail, 5 feuilles de basilic, 1 feuille de laurier, 1 petite tranche de fenouil, sel, poivre.*

Épluchez les aubergines, coupez-les en lamelles dans le sens de la longueur. Faites-les dégorger dans une passoire avec du gros sel. Épongez-les, faites-les frire petit à petit à l'huile chaude. Au fur et à mesure qu'elles dorent, égouttez-les. Épépinez et coupez les tomates en deux, mettez-les dans une casserole avec ail, basilic, laurier, fenouil. Faites cuire à feu vif à découvert jusqu'à ce que l'eau des tomates soit complètement évaporée. Passez à la moulinette, salez, poivrez.

Dans un plat allant au four, disposez une couche de coulis, une couche d'aubergines, saupoudrez de râpé. Recommencez jusqu'en haut du plat et faites gratiner à four chaud.

JUILLET
4e SEMAINE
SAMEDI

■ *Déjeuner :* Soufflé de poisson ▪ Tomates à la poêle ▪ Yaourts ▪ Cerises

Soufflé de poisson

200 g environ de restes de poisson blanc, 50 g de beurre, 50 g de farine, 1/4 de litre de lait, piment de Cayenne, 1 cuil. à soupe de concentré de tomates, 4 jaunes d'œufs, 5 blancs d'œufs, sel, poivre.

Émiettez les restes du poisson, passez-les à la passoire fine. Dans une casserole, faites fondre le beurre, ajoutez la farine, mélangez rapidement et faites cuire ce roux 5 mn environ. Hors du feu, mouillez d'un seul coup avec le lait, mélangez au fouet à sauce et remettez sur le feu. À partir de l'ébullition, laissez cuire 5 mn environ, sans cesser de remuer. Laissez tiédir. Un à un, ajoutez les jaunes puis la chair du poisson, sel, poivre, un peu de cayenne et le concentré. Incorporez alors délicatement les blancs battus en neige ferme.

Beurrez un moule à soufflé, remplissez-le de la préparation, mettez à four doux (chauffé 15 mn à l'avance) et laissez cuire 30 mn. Servez aussitôt.

■ ***Dîner :*** **Salade de crudités ▪ Aspic de veau ▪ Laitue à l'estragon ▪ Fromage ▪ Sorbet au cassis**

Aspic de veau

À préparer la veille.
1 rôti de veau de 1 kg cuit au four, 2 tranches de jambon de 200 g, 1 petite boîte de mousse de foie, 500 g de gelée achetée chez le charcutier, estragon.

Coupez le rôti de veau en tranches et le jambon en gros bâtonnets. Dans une casserole, faites fondre la gelée. Versez-en 1/2 cm dans un moule à cake. Mettez le moule au réfrigérateur et laissez prendre.

Lorsque la gelée est prise, disposez quelques feuilles d'estragon puis, alternativement, les tranches de veau et le jambon, en les soudant entre eux avec la mousse de foie. Remplissez ainsi tout le moule en prenant soin de ne pas poser la viande contre les parois mais de laisser 1/2 cm d'écart. Versez la gelée liquide de manière qu'elle recouvre toute la viande et mettez une nuit au réfrigérateur. Pour démouler, trempez le fond du moule dans un peu d'eau tiède.

JUILLET
4e SEMAINE
DIMANCHE

■ *Déjeuner :* **Melons ■ Pintadeaux sur canapé ■ Champignons de Paris sautés ■ Fromage ■ Soupe de cerises glacée**

Pintadeaux sur canapé

2 petits pintadeaux, 4 tranches de pain de mie, les foies des pintadeaux + 1 foie de volaille, 1 cuil. à soupe de cognac, 2 bardes, 2 petits-suisses, sel, poivre, huile, 30 g de beurre, sel, poivre.

À l'intérieur de chaque pintadeau, introduisez 1 petit-suisse ; salez, poivrez, recousez. Entourez de bardes de lard ; ficelez.

Faites cuire les pintadeaux à four moyen comme une volaille ordinaire (four chauffé 15 mn à l'avance) ; pour des petits pintadeaux, comptez 50 mn de cuisson. Retournez-les de temps en temps. Pendant ce temps, hachez les foies et faites-les revenir au beurre à feu doux. Arrosez-les de cognac et flambez. Laissez en attente, au chaud. Ôtez la barde. Découpez les pintadeaux en deux, posez chaque moitié sur une tranche de pain de mie frite à l'huile et tartinée de foies. Dressez ainsi les deux volailles sur un plat long. Servez en même temps les champignons et le jus en saucière.

■ *Dîner :* **Cocktail de jus de légumes ■ Œufs coque ■ Bananes**

Cocktail de jus de légumes

3 carottes, 1 navet, 1 branche de céleri, 1 petit bouquet de persil, 3 tomates, sel, céleri, poivre, 1/2 concombre.

Râpez les carottes, le navet, hachez la branche de céleri et le persil. Épluchez les tomates, égrenez-les. Passez les légumes au mixeur. Versez dans les verres, saupoudrez de sel, de céleri, de poivre et mélangez. Décorez d'une rondelle de concombre.

Août

AOÛT
1re SEMAINE
LUNDI

■ ***Déjeuner :*** **Salade de concombre ■ Saucisses de Toulouse grillées ■ Purée de pommes de terre ■ Glace aux pêches**

Glace aux pêches

750 g de pêches, 250 g de sucre en poudre, 300 g de crème fraîche, 1/2 citron, 12 framboises.

Pelez les pêches, dénoyautez-les et passez-les au mixeur jusqu'à ce qu'elles soient à l'état de purée fine. Ajoutez 200 g de sucre, le jus de citron et 200 g de crème fraîche.

Si vous ne possédez pas de sorbetière, remplissez un bac à glace de cette préparation, et mettez dans le freezer du réfrigérateur (au plus fort). Au bout de 1 h, sortez la glace, transvasez-la dans une terrine, battez-la à la fourchette. Remettez-la dans son bac, dans le freezer. Laissez-la encore au moins 1 h 30.

Battez le reste de crème au fouet en lui ajoutant 1 cuil. à soupe d'eau glacée et le reste du sucre.

Au moment de servir, démoulez la glace, décorez-la des framboises et de crème fraîche montée en chantilly.

■ ***Dîner :*** **Artichauts à la brousse ■ Laitue ■ Yaourts ■ Brugnons**

Artichauts au brocciu

16 petits artichauts violets, 250 g de brousse (fromage de brebis frais), persil, sarriette, cerfeuil, estragon, sel, poivre, paprika, 20 g de beurre, 1 citron, sel, poivre.

Lavez les artichauts, ôtez les premières feuilles et coupez l'extrémité des suivantes (afin de ne garder que le fond). Avec une cuiller spéciale, ôtez le foin. Au fur et à mesure, trempez-les dans de l'eau citronnée. Plongez les fonds dans de l'eau bouillante salée et laissez-les cuire 10 à 12 mn. Égouttez. Dans une assiette, travaillez à la fourchette le fromage, avec un peu de toutes les herbes hachées, sel, poivre, et une pincée de paprika. Farcissez les fonds d'artichauts avec cette préparation. Mettez-les dans un plat allant au four ; sur le dessus de chacun, posez une noisette de beurre et faites cuire à four moyen 20 mn environ. Servez chaud.

AOÛT
1re SEMAINE
MARDI

■ ***Déjeuner :*** **Céleri en salade ■ Poulet rôti ■ Tomates grillées ■ Yaourts ■ Reines-claudes**

Tomates grillées

6 tomates, huile d'olive, thym, romarin, sel, poivre.

Coupez les tomates en deux, égrenez-les en les pressant légèrement. Posez-les sur la grille ou le plat du four.

Salez, poivrez, mouillez-les très légèrement d'huile d'olive et saupoudrez de thym et de romarin. Allumez le grilloir du four, lorsqu'il est bien chaud, enfournez les tomates à mi-hauteur. Aussitôt qu'elles commencent à dorer, elles sont prêtes. Comptez 5 à 8 mn environ.

■ ***Dîner :*** **Salade de poulet ■ Fromage ■ Crème caramel**

Salade de poulet

Un restant de poulet rôti, 1 tasse à thé de betteraves coupées en dés, 1/2 scarole coupée en lanières, 2 pommes fruits coupées en lamelles, 1/2 pied de céleri émincé, 1 avocat, 100 g de gruyère coupé en petits dés, 1 tasse à thé de mayonnaise, huile, vinaigre, sel, poivre.

Ôtez la peau du poulet. Dans un saladier, disposez alternativement tous les éléments coupés en morceaux qui vont composer la salade. Dans une tasse, mélangez 2 cuil. à dessert d'huile, 1 cuil. à dessert de vinaigre, sel et poivre. Arrosez-en la salade et laissez en attente. Au moment de servir, incorporez la mayonnaise et mélangez.

Si la mayonnaise est très ferme, allongez-la en ajoutant 1 bonne cuil. à soupe d'eau.

AOÛT
1re SEMAINE
MERCREDI

■ ***Déjeuner :*** **Salade de tomates ■ Brochettes de porc ■ Riz ■ Pêches**

Brochettes de porc

500 g de filet de porc, 10 feuilles de sauge, 2 cuil. à soupe d'huile, sel, poivre.

Découpez la viande en cubes. Dans un plat creux, versez l'huile, salez, poivrez, mettez les morceaux de porc, saupoudrez de feuilles de sauge. Laissez mariner 1 h en retournant la viande de temps en temps.

Enfilez les morceaux de porc sur des brochettes et faites griller au four ou au barbecue. La viande doit dorer sans brûler et cuire en profondeur. Comptez 8 mn de cuisson environ.

■ *Dîner :* Pommes de terre au plat ▪ Laitue à l'estragon ▪ Crème au chocolat en petits pots

Pommes de terre au plat

5 pommes de terre, 1 kg de tomates, 3 oignons, 50 g de gruyère râpé, thym, sel, poivre, 1/2 verre d'huile.

Faites cuire, pendant 18 mn, les pommes de terre en robe des champs, égouttez-les, épluchez-les, coupez-les en rondelles.

Hachez les oignons, mettez-les à fondre doucement à l'huile, dans une poêle. Coupez les tomates en rondelles.

Huilez un plat à gratin, disposez alternativement une couche de tomates, un peu d'oignon, une couche de pommes de terre, sel, poivre, un peu de thym, un peu de râpé.

Remplissez ainsi tout le plat et arrosez le dessus du restant d'huile.

Mettez à four chaud pendant 30 mn.

AOÛT
1re SEMAINE
JEUDI

■ *Déjeuner :* Olives noires à la grecque ▪ Escalopes poêlées ▪ Courgettes frites ▪ Salade de fruits frais

Courgettes frites

5 courgettes, 1/4 litre d'huile, ail, persil, sel, poivre.

Lavez les courgettes, essuyez-les, ne les épluchez pas.

Coupez-les en gros dés, et faites-les frire en les retournant avec l'écumoire. Égouttez-les sur du papier absorbant. Salez, poivrez et saupoudrez d'un hachis d'ail et de persil. Comptez 5 à 6 mn de cuisson.

■ *Dîner :* Jambon blanc ■ Pâtes au basilic ■ Compote de pêches

Pâtes au basilic

350 g de pâtes (tagliatelles, pâtes fraîches, etc.), 1 gros bouquet de basilic ou 1 grosse poignée de basilic surgelé, 75 g de gruyère ou de parmesan râpé, 1/2 verre d'huile d'olive, 4 gousses d'ail, parmesan râpé.

Dans un mortier en marbre ou en bois, pilez les gousses d'ail. Lorsqu'elles sont écrasées, ajoutez une grosse poignée de feuilles de basilic. Pilez jusqu'à ce que vous obteniez une pâte. Ajoutez le râpé et, peu à peu, l'huile d'olive, en remuant avec le pilon, comme si c'était une cuillère en bois (vous pouvez gagner du temps en utilisant un mixeur). Faites cuire les pâtes à grande eau salée, une dizaine de minutes, égouttez-les. Versez-les dans le plat de service. Posez sur le dessus la préparation au basilic, mélangez, servez immédiatement accompagné de parmesan râpé.

AOÛT
1re SEMAINE
VENDREDI

■ *Déjeuner :* Sards au four ✻ ■ Pommes à l'anglaise ■ Fromage blanc battu ■ Brugnons

Sards au four ✻

2 sards moyens, 3 cuil. à soupe d'huile d'olive, 2 belles branches de fenouil sauvage, sel, poivre.

Faites écailler les poissons, fourrez-les avec le fenouil.

Pratiquez sur chaque poisson, avec un bon couteau, 2 incisions. Posez-les dans un plat allant au micro-ondes. Salez, poivrez, arrosez d'huile. Recouvrez d'un film étirable.

Mettez à cuire à chaleur maximale 8 mn.

■ *Dîner :* Gnocchis à la parisienne ■ Laitue ■ Fromage ■ Prunes

Gnocchis à la parisienne

200 g de semoule de blé, 1 litre de lait, 2 jaunes d'œufs, 80 g de beurre, sel, poivre, muscade, 50 g de gruyère râpé.

Mettez à bouillir le lait avec le beurre, sel, poivre et muscade râpée. À ébullition, jetez la semoule en pluie, tournez à la cuillère en bois, réduisez le feu et laissez cuire quelques minutes jusqu'à ce que le mélange devienne une pâte épaisse. Laissez tiédir et incorporez un à un les jaunes d'œufs.

Sur une planche humide, étendez cette pâte sur une épaisseur de 1/2 cm. Laissez refroidir. Avec un emporte-pièce, détachez, selon la forme choisie, des ronds ou des carrés de pâte. Dressez-les dans un plat allant au four, saupoudrez de râpé, parsemez de noisettes de beurre.

Passez 20 mn à four chaud.

AOÛT
1re SEMAINE
SAMEDI

■ *Déjeuner :* **Melons glacés ■ Côtes d'agneau grillées ■ Haricots verts ■ Omelette norvégienne**

Omelette norvégienne

1 génoise pour 4 personnes, 1/2 litre de cassata, 4 blancs d'œufs, 100 g de sucre glace, 1 cuil. à soupe de Grand Marnier, 100 g de fruits confits.

Découpez la génoise de la forme d'un plat pouvant aller au four. Posez le fond de pâte sur le plat, arrosez avec le Grand Marnier. Au moment de servir, sur toute la longueur du gâteau, dressez une couche de cassata. À l'aide d'une poche à douille, recouvrez avec les blancs battus en neige très ferme et sucrés. Décorez le dessus avec les fruits confits. Allumez à l'avance le grilloir du four, enfournez 5 mn le gâteau, juste le temps de colorer les blancs. Servez immédiatement. Tout ceci doit être fait rapidement.

■ ***Dîner :*** **Terrine de lapin ■ Laitue au cerfeuil ■ Fromage ■ Abricots**

Terrine de lapin

À commencer la veille.

1 lapin de 1,500 kg, 350 g d'échine de porc, 1 barde de lard, 150 g de lard gras, 1 bouteille de vin blanc, 1 carotte, 2 échalotes, bouquet garni, quatre épices, sel, poivre, 100 g de farine.

Dans un plat long, posez le lapin. Ajoutez le vin blanc, sel, poivre, bouquet garni, les échalotes et la carotte coupée en rondelles. Laissez mariner toute une nuit. Le lendemain, épongez le lapin. Avec un petit couteau, ôtez toute sa chair, hachez-la ainsi que l'échine de porc et le lard gras, mélangez. Salez ce hachis, poivrez-le, assaisonnez avec les quatre épices.

Dans une casserole, versez la marinade, ajoutez-lui les os du lapin. Faites cuire 30 mn et passez à la passoire fine.

Coupez la barde en 2 morceaux, posez-les en croix dans le fond de la terrine, en laissant dépasser les morceaux à l'extérieur.

Remplissez la terrine du hachis. Mouillez au fur et à mesure avec la marinade et rabattez les bardes de lard.

Fermez, en posant tout autour de la terrine un cordon de pâte fait de farine délayée avec un peu d'eau, puis posez le couvercle. Faites cuire à four moyen au bain-marie, pendant 1 h 30. Laissez refroidir avant de mettre au réfrigérateur.

AOÛT
1re SEMAINE
DIMANCHE

■ ***Déjeuner :*** **Bourride ■ Chicorée frisée aux croûtons ■ Glace à la fraise**

Bourride

Pour 6 personnes :
1 colinot, 500 g de lotte, 1 bar, 1/2 litre de bon vin blanc sec, 1 bouquet garni, 1 oignon, 1 branche de fenouil, 1 carotte, 1 écorce d'orange, 24 tranches de baguettes séchées, 4 jaunes d'œufs, sel, poivre.
Pour l'ailloli : *1/2 litre d'huile d'olive, 1 jaune d'œuf, 7 gousses d'ail, 1/2 citron, sel, poivre.*

Dans un mortier, pilez jusqu'à les réduire en purée les gousses d'ail, ajoutez 1 jaune d'œuf, sel et poivre. Versez peu à peu l'huile d'olive et montez cette sauce comme une mayonnaise. Terminez en ajoutant le citron. Prélevez 6 cuil. à soupe d'ailloli, versez-le dans la saucière, réservez le reste.

Lavez les poissons, coupez-les en tronçons, posez-les dans un fait-tout avec le vin blanc, le bouquet garni, l'écorce d'orange, le fenouil, l'oignon, la carotte coupée en quatre, sel, poivre. Recouvrez juste d'eau. Amenez doucement à ébullition, laissez frémir 10 mn. Ôtez les poissons, dressez-les sur un plat, tenez-les au chaud et passez le bouillon.

Dans une grande casserole, versez le reste d'ailloli, délayez-le avec les jaunes d'œufs, puis peu à peu avec tout le bouillon. Posez la casserole sur feu doux, remuez sans arrêt jusqu'à ce que le bouillon soit onctueux. Ne faites surtout pas bouillir. Versez ce bouillon dans une soupière.

Disposez les tranches de pain, légèrement aillées, sur une assiette, apportez le plat de poisson et la saucière d'ailloli. Chacun dispose dans une assiette creuse les tranches de pain, et les arrose de bouillon. Le poisson se mange en même temps ou après, mais toujours avec l'ailloli. On peut encore accompagner le poisson de quelques pommes à l'anglaise. Par grosse chaleur, il est prudent d'ajouter, dans le mortier, au moment de monter l'ailloli, 1/2 pomme de terre cuite en robe des champs et pilée.

■ *Dîner :* **Plateau de crudités ■ Fromage ■ Pêches au vin**

Artichauts violets, petites tomates, céleri en branches, concombres, radis... seront simplement lavés et brossés si nécessaire et servis avec une vinaigrette aux herbes.

AOÛT
2re SEMAINE
LUNDI

■ *Déjeuner :* **Bouquets de chou-fleur cru vinaigrette ■ Foie de veau au bacon ■ Tomates grillées ■ Tranches de pastèque**

Foie de veau au bacon

4 tranches de foie de veau, 8 fines tranches de bacon, 75 g de beurre, 1/2 citron, sel, poivre, persil haché.

Dans une grande poêle, faites fondre 50 g de beurre (il doit être blond et juste fondu). Mettez les tranches de foie, laissez-les blondir, retournez-les, salez, poivrez. On compte 5 à 8 mn de cuisson selon l'épaisseur des tranches et le goût de chacun. Arrosez d'un jus de citron et laissez en attente.

Rapidement, dans une autre poêle, faites frire, dans 25 g de beurre, les tranches de bacon. Sur un plat chaud, dressez les tranches de foie, saupoudrez-les de persil, entourez-les de bacon.

■ *Dîner :* **Beignets de courgettes ■ Poireaux vinaigrette ■ Fromage de chèvre frais ■ Pêches**

Beignets de courgettes

5 courgettes, 150 g de farine, 3 œufs, 1 verre 1/2 d'eau, muscade, sel, poivre, friture.

Dans une terrine, disposez la farine, faites une fontaine, posez les jaunes d'œufs au centre. Commencez à délayer, puis peu à peu ajoutez l'eau. La pâte doit avoir l'aspect d'une pâte à crêpes épaisse. Laissez-la reposer 1 h.

Épluchez les courgettes, passez-les au moulin à légumes, avec la grille pour les carottes râpées. Battez les blancs en neige ferme, ajoutez-les à la pâte, salez, poivrez, saupoudrez de muscade râpée. Avec une cuiller à soupe, attrapez les courgettes, trempez-les dans la pâte, puis jetez-les dans la friture chaude et laissez-les dorer. Ne faites pas plus de 5 beignets à la fois. Au fur et à mesure, égouttez-les et tenez-les au chaud jusqu'au moment de les servir.

AOÛT
2e SEMAINE
MARDI

■ ***Déjeuner :*** **Melon ■ Jambon cru ■ Fromage ■ Glace vanille au coulis de framboises**

Coulis de framboises

500 g de framboises fraîches (en saison) ou surgelées,
150 g de sucre semoule, 1/2 citron.

Dans un mixeur, versez les framboises et le sucre. (Attention, si les framboises sont surgelées, elles sont très souvent sucrées. Dans ce cas, réduisez le sucre ou supprimez-le.) Ajoutez le jus de citron. Faites tourner le mixeur jusqu'à obtention d'une purée. Passez au tamis fin pour éliminer les pépins. Tenez au frais jusqu'au moment de servir.

Ce coulis accompagne très bien la glace à la vanille, et toutes sortes d'autres glaces, mais aussi les compotes de fruits, les charlottes et l'île flottante.

■ *Dîner :* Sardines grillées ■ Riz cantonais ■ Brugnons

Riz cantonais

275 g de riz rond cuit à l'eau salée et bien égoutté, 150 g de petits pois fins surgelés, 150 g de jambon blanc maigre, 100 g de pousses de bambou, 4 champignons chinois parfumés, 1 tablette de concentré de bouillon de bœuf, 2 œufs, 1 cuil. à soupe de sauce de soja, 3 cuil. à soupe d'huile, sel, poivre.

Faites tremper les champignons dans de l'eau bouillante pendant 45 mn. Mettez le riz dans un saladier, égrenez-le à la main. Découpez le jambon en fines lanières, salez, poivrez. Découpez en lamelles les pousses de bambou et les champignons. Faites fondre le concentré dans 1/2 litre d'eau bouillante.

Préparez une omelette avec les œufs, roulez-la comme une crêpe, découpez-la en lamelles.

Faites revenir séparément à la poêle dans quelques cuillerées d'huile le jambon, les pousses de bambou, les champignons, les petits pois. Ajoutez de l'huile au fur et à mesure.

Mélangez ensuite ces ingrédients dans une sauteuse (ces opérations vous demanderont de 15 à 20 mn). Mouillez avec une louche de bouillon et faites réduire sur feu moyen environ 10 mn. Ajoutez la sauce de soja, incorporez le riz et l'omelette, mélangez délicatement, laissez chauffer 5 mn et servez.

AOÛT
2e SEMAINE
MERCREDI

■ *Déjeuner :* Daube provençale ■ Pommes à l'anglaise ■ Fiadone

Fiadone

350 g de brocciu (fromage frais de brebis corse), 3 œufs, 100 g de sucre en poudre, 1 citron, 1 cuil. à dessert d'eau-de-vie, sel.

Travaillez à la fourchette les jaunes d'œufs, le sucre, le sel, ajoutez le brocciu écrasé, l'eau-de-vie et la moitié du zeste de citron râpé. Mélangez. Incorporez délicatement les blancs battus en neige ferme. Tapissez un moule à manqué d'un papier huilé, versez la préparation. Faites cuire 20 mn à four chaud. Démoulez et servez froid.

■ ***Dîner :*** **Soupe au pistou ■ Salade de fruits**

Soupe au pistou

400 g de lard maigre demi-sel, 500 g de haricots blancs à écosser, 250 g de haricots mange-tout, 2 courgettes moyennes, 1 carotte, 3 pommes de terre coupées en dés, 1 gros bouquet de basilic, 2 tomates, 100 g de parmesan râpé, 1/2 verre d'huile d'olive, 2 gousses d'ail, 1 grosse poignée de pâtes à minestrone, sel, poivre.

Écossez les haricots blancs, coupez en dés les pommes de terre, la carotte, les haricots mange-tout et les courgettes en cubes. Passez le lard sous l'eau fraîche, mettez-le dans un fait-tout, mouillez avec 2 litres d'eau, amenez à ébullition. Écumez si cela est nécessaire. Ajoutez tous les légumes, salez légèrement, poivrez, couvrez et laissez cuire à bon feu 1 h 15. À ce moment, ajoutez les pâtes, terminez la cuisson à découvert.

Dans le bol du mixeur, mettez l'ail, puis ajoutez le basilic, les tomates épluchées et égrenées. Faites tourner. Ajoutez 75 g de parmesan râpé, puis peu à peu l'huile. Faites tourner à nouveau. Délayez cette préparation avec une louche de soupe. Versez-la sur la soupe. Laissez infuser 5 mn avant de servir. Présentez à part le reste du parmesan râpé.

■ ***Déjeuner :*** **Salade de tomates au basilic ▪ Aubergines farcies ▪ Fromage ▪ Ananas frais**

Aubergines farcies

4 belles aubergines, un restant de viande cuite (daube, rôti de porc, pot-au-feu), 1 oignon, persil, 1 œuf, muscade, sel, poivre, 20 g de beurre, 2 verres d'huile.

Essuyez les aubergines, coupez-les en deux dans la longueur, creusez-les et retirez la chair que vous laisserez en attente.

Faites dorer à l'huile les peaux des aubergines, égouttez-les. Hachez la viande, l'oignon, le persil et la chair des aubergines. Liez avec l'œuf entier, salez, poivrez, saupoudrez d'un peu de muscade râpée. Remplissez chaque moitié d'aubergine de cette préparation.

Disposez-les dans un plat allant au four et mettez sur chacune une noisette de beurre. Faites cuire à four moyen 35 à 40 mn.

■ ***Dîner :*** **Quiche à la tomate ▪ Laitue à la ciboulette ▪ Fromage ▪ Prunes**

Quiche à la tomate

250 g de farine, 125 g de beurre, 1/2 verre d'eau salée, 2 grosses tomates, 2 œufs entiers, 250 g de crème fraîche, 50 g de gruyère râpé, sel, poivre.

Travaillez la farine avec le beurre divisé en morceaux, mouillez avec l'eau et formez une boule de pâte. Épluchez les tomates, égrenez-les et coupez-les en petits dés. Dans une terrine, battez les œufs entiers, ajoutez la crème, sel, poivre, le râpé et les tomates.

Étendez la pâte, chemisez-en un moule à tarte beurré et légèrement fariné. Avec un couteau, faites quelques incisions dans le fond de pâte. Remplissez avec la préparation à la tomate et faites cuire à four moyen 30 mn environ.

AOÛT
2e SEMAINE
VENDREDI

■ ***Déjeuner :*** **Salade de concombre ▪ Filets de turbot au porto ▪ Pommes à l'anglaise ▪ Pêches**

Filets de turbot au porto

4 filets de turbot, 250 g de champignons de Paris,
1 verre à moutarde de porto blanc sec, 125 g de crème fraîche,
1 jaune d'œuf, sel, poivre, beurre, 1 citron.

Rincez les filets, épongez-les. Posez-les dans un plat allant au micro-ondes, salez, poivrez, ajoutez le porto, couvrez d'un film étirable et faites cuire 5 mn, à puissance maximale.

Ôtez le bout terreux des champignons, lavez-les à l'eau courante et laissez-les tremper dans l'eau citronnée. Épongez-les, coupez-les en lamelles, faites-les cuire quelques instants au beurre dans une poêle. Lorsque les filets de turbot sont cuits, égouttez-les, posez-les sur le plat de service en les tenant au chaud.

Versez le jus de cuisson dans une casserole, faites-le réduire et, hors du feu, ajoutez le jaune d'œuf délayé dans la crème. Remettez sur un feu très doux et faites prendre la sauce, sans bouillir, en la battant au fouet. Entourez les filets de champignons et nappez de sauce.

■ ***Dîner :*** **Bigorneaux au pain de campagne ■ Salade de tomates, scarole, œufs durs ■ Fromage blanc battu**

Bigorneaux au pain de campagne

1 litre de bigorneaux, pain de campagne, 125 g de beurre salé, 1 bouquet garni, 1 oignon, sel, poivre.

Lavez les bigorneaux à plusieurs eaux. Mettez-les dans une casserole, recouvrez-les d'eau froide, ajoutez le bouquet garni, l'oignon entier, sel et poivre. Amenez à ébullition, réduisez le feu et laissez frémir, 10 mn environ. Laissez refroidir et égouttez.

Apportez-les sur la table et mangez-les en même temps que les tartines de pain de campagne beurrées.

AOÛT
2e SEMAINE
SAMEDI

■ ***Déjeuner :*** **Porc au curry ■ Riz créole ■ Sorbet aux fruits de la Passion**

Porc au curry

1 kg d'échine de porc désossée, 1 yaourt, 2 oignons, 2 gousses d'ail, 1 cuil. à soupe d'huile, 1 tomate, 1 cuil. à soupe de curry, 100 g de noix de coco râpée, 125 g de noix de cajou, 1 pot de chutney aux mangues, sel, poivre.

Coupez le porc en gros dés, et faites-le revenir dans une cocotte, à l'huile. Ajoutez les oignons émincés, les gousses d'ail, la tomate épluchée et égrenée, le curry, sel et poivre. Mélangez le tout, mouillez avec le yaourt et 1/2 verre d'eau. Couvrez et laissez cuire à feu doux environ 50 mn.

Versez le porc dans un plat creux chaud, servez en même temps le riz, la noix de coco, les noix de cajou, le chutney. Ces ingrédients sont des condiments et se servent en petite quantité avec le curry.

■ *Dîner :* Filets d'anchois à l'huile ■ Salade de pommes de terre ■ Fromage ■ Compote de pêches

Filets d'anchois à l'huile

300 g de filets d'anchois au sel, 2 verres d'huile d'olive, 1 échalote hachée.

Lavez les filets d'anchois et mettez-les à dessaler 1 bonne heure dans de l'eau froide. Séparez les filets en ôtant l'arête, épongez-les. Dressez-les dans un ravier ou une petite terrine, saupoudrez d'échalote hachée, et arrosez d'huile. Laissez macérer au moins 1 h avant de servir.

AOÛT
2e SEMAINE
DIMANCHE

■ *Déjeuner :* Melon ■ Caneton aux pêches ■ Chips ■ Fromage ■ Framboises et groseilles au sucre

Caneton aux pêches

1 caneton, 1 boîte de 500 g de pêches au sirop, 1 carotte, 2 oignons, 1 branche de céleri, 30 g de beurre, sel, poivre, muscade, 1 cuil. à soupe de sucre, 1/2 cuil. à soupe de vinaigre, bouquet garni, 1 cuil. à café de fécule, 1 petit verre de cognac.

Maniez le beurre avec du sel et du poivre, tartinez-en le canard.

Dans un plat allant au four, coupez la carotte en rondelles, le céleri en morceaux et les oignons en lamelles, ajoutez le bouquet garni et un verre d'eau. Dans le four préchauffé, posez le canard sur la grille et, en dessous, le plat contenant les légumes. Faites cuire le canard à four chaud en comptant 15 mn par livre. Dans une casserole, faites pocher les pêches dans leur jus 3 à 4 mn. Égouttez-les, tenez-les au chaud et faites réduire le jus de moitié. Lorsque le canard est cuit aux 3/4, retirez du four le plat de légumes, passez son contenu dans une passoire fine et faites-le réduire jusqu'à ce qu'il en reste 1 verre environ. Ajoutez le jus des pêches, le cognac et un léger caramel fait avec le sucre et le vinaigre. Dans une tasse, délayez la fécule avec un peu d'eau. Ajoutez-la à la sauce, laissez cuire quelques instants. Salez, poivrez, saupoudrez de noix de muscade râpée.

Découpez le canard, dressez-le sur un plat chaud, entourez-le de pêches et nappez de sauce.

■ ***Dîner :*** **Taboulé ■ Fromage blanc ■ Abricots**

AOÛT
3e SEMAINE
LUNDI

■ ***Déjeuner :*** **Omelette à l'oseille ■ Gratin dauphinois ■ Bananes**

Omelette à l'oseille

8 œufs, 60 g de beurre, 1 cuil. à soupe d'huile, 1 belle poignée d'oseille, sel, poivre.

Rincez l'oseille, égouttez-la et hachez-la grossièrement. Dans une poêle, faites-la fondre doucement avec la moitié du beurre pendant environ 5 mn. Laissez-la en attente.

Dans une terrine, battez les œufs, salez, poivrez, ajoutez 1 cuil. à soupe d'eau froide. Dans une autre poêle, faites chauffer le restant de beurre et l'huile, versez les œufs. Remuez souvent par en dessous avec une fourchette. Lorsque l'omelette commence à prendre, ajoutez l'oseille, mélangez. Dressez cette omelette sur un plat chaud.

■ *Dîner :* Pasticciata ■ Laitue aux fines herbes ■ Yaourts aux fruits

Pasticciata

250 g de lasagnes, 250 g de restes de viande hachée,
1 tasse à déjeuner de sauce béchamel (recette page 332),
75 g de crème fraîche, 50 g de gruyère râpé, 50 g de parmesan râpé, 1 bol d'épinards hachés et cuits, sel, poivre, muscade,
1 cuil. à soupe d'huile, 15 g de beurre.

Faites cuire les pâtes dans une grande quantité d'eau bouillante salée, où vous aurez mis l'huile. Laissez cuire 12 à 18 mn. Égouttez les pâtes, plongez-les 15 mn dans de l'eau froide. Égouttez cette fois les pâtes en les posant sur un linge. Mélangez la viande et les épinards, liez avec 1 cuil. à soupe de sauce béchamel. Salez, poivrez, saupoudrez de noix de muscade râpée. Incorporez au restant de sauce chaude la crème et la moitié des fromages.

Beurrez un plat allant au four, disposez dans le fond une couche de pâtes, une couche de hachis, une légère couche de fromage et un peu de sauce. Remplissez ainsi tout le plat et terminez en nappant de sauce. Faites gratiner à four chaud 15 mn.

AOÛT
3e SEMAINE
MARDI

■ *Déjeuner :* Artichauts vinaigrette ■ Rascasses grillées ■ Pommes à l'anglaise ■ Pastèque

Rascasses grillées

4 rascasses de taille moyenne, thym, sel, poivre, huile d'olive.

Videz les rascasses, arrosez-les d'huile, saupoudrez-les de thym et laissez macérer 1 h dans un plat.

Liez ensemble plusieurs brindilles de thym. Dans un bol, préparez 2 cuil. à soupe d'huile, salez, poivrez. Faites griller les poissons dans le four sur les deux faces en les badigeonnant plusieurs fois d'huile en utilisant le thym qui fait office de pinceau. Laissez cuire 8 à 10 mn environ selon la taille des poissons.

■ ***Dîner :*** **Salade niçoise ■ Fromage ■ Gâteau basque**

Gâteau basque

300 g de farine, 150 g de sucre, 1 paquet de levure chimique, 150 g de beurre, 2 jaunes d'œufs, 1 cuil. à soupe de rhum.
Pour la crème : *1/4 de litre de lait, 30 g de farine, 3 jaunes d'œufs, 100 g de sucre, 25 g de beurre, 1 cuil. à soupe de rhum.*

La pâte : Dans une terrine, faites une fontaine avec la farine ; au centre, mettez les jaunes d'œufs, le sucre et la levure, mélangez. Incorporez le beurre ramolli, parfumez avec le rhum. Pétrissez cette pâte et laissez-la reposer 1 h.
La crème : Travaillez dans une casserole le sucre, la farine, 2 jaunes d'œufs, ajoutez peu à peu le lait et amenez doucement à ébullition. Retirez aussitôt du feu. Étendez la moitié de la pâte au rouleau, garnissez-en un moule à manqué beurré et fariné en laissant un peu dépasser les bords. Remplissez de crème et recouvrez du reste de pâte, en soudant les deux parties. Rayez le dessus du gâteau avec une fourchette et dorez au jaune d'œuf.

Faites cuire à four moyen 30 mn environ.

■ ***Déjeuner :*** **Crevettes grises maison ■ Poulet rôti ■ Haricots verts ■ Yaourts ■ Poires**

Crevettes grises maison

300 g de crevettes vivantes, 1 bouquet garni, 1 petit oignon, 100 g de beurre demi-sel.

Rincez les crevettes dans une passoire, sous l'eau courante, égouttez-les. Plongez-les dans de l'eau bouillante, légèrement salée, contenant le bouquet et l'oignon. Laissez cuire 10 mn.

Égouttez les crevettes, faites-les refroidir et servez-les avec du pain et du beurre salé.

■ ***Dîner :*** **Croque-madame ■ Salade de laitue aux œufs durs ■ Clafoutis aux prunes**

Croque-madame

4 morceaux de blanc de poulet cuit, moutarde, 8 tranches de pain de mie, 50 g de beurre, 4 fines tranches de gruyère de la taille du pain.

Tartinez chaque tranche de pain de mie de moutarde forte. Posez ensuite sur une tranche le blanc de poulet puis le gruyère. Recouvrez d'une seconde tranche. Beurrez tous les sandwiches sur leur face extérieure.

Faites-les cuire de préférence dans un appareil à croque-monsieur en comptant 3 à 4 mn sur chaque face. Si vous n'avez pas d'appareil, ne beurrez pas le pain, ficelez les croque-madame et faites les cuire à la poêle au beurre.

AOÛT
3e SEMAINE
JEUDI

■ *Déjeuner :* Radis ■ Jambon au porto ■ Épinards frais ■ Salade de fruits

Jambon au porto

4 tranches de jambon, 2 kg d'épinards cuits à l'eau et égouttés, 1 verre de porto, 1 verre à moutarde de vin blanc sec, 1 branche de céleri, 1 petit oignon, 1 carotte, 50 g de beurre, 1 cuil. à soupe de concentré de tomate, sel, poivre, muscade, 1 cuil. à soupe de crème.

Émincez l'oignon, la carotte, le céleri. Mettez-les à fondre doucement dans la moitié du beurre, mouillez avec le vin blanc et 1/2 verre d'eau, laissez cuire 15 mn. Passez cette sauce, ajoutez-lui le concentré, le porto, sel, poivre et la noix de muscade râpée. Faites cuire à nouveau 15 mn doucement. Posez les tranches de jambon dans un plat allant au four, recouvrez-les de sauce, faites chauffer 10 mn à four doux.

Hachez grossièrement les épinards, mettez-les à chauffer dans une casserole avec le restant de beurre et la crème.

Sur le plat de service chaud, dressez les épinards, posez dessus les tranches de jambon et nappez de sauce.

■ *Dîner :* Galette de pommes de terre ■ Scarole à l'ail ■ Fromage ■ Poires

Galette de pommes de terre

750 g de pommes de terre, 3 cuil. à soupe d'huile, 50 g de beurre, sel, poivre.

Râpez les pommes de terre comme vous le feriez pour des céleris-raves. Enveloppez-les dans un torchon et tordez-le pour en faire partir l'eau. Dans une grande poêle, faites chauffer la matière grasse, versez les pommes de terre râpées et, avec une fourchette, répartissez-les dans la poêle pour obtenir une galette, salez, poivrez. Réduisez le feu et laissez cuire 15 mn. Renversez la galette sur un grand plat, remettez un peu de matière grasse dans la poêle et laissez cuire la seconde face encore au moins 15 mn.

AOÛT
3e SEMAINE
VENDREDI

■ ***Déjeuner :*** **Encornets à l'américaine ■ Riz créole ■ Yaourts ■ Raisin**

Encornets à l'américaine

1,250 kg d'encornets vidés et préparés, 3 échalotes, 1 gousse d'ail, 3 tomates, 1 petit verre de cognac, 1/2 verre de vin blanc sec, 2 cuil. à soupe d'huile d'olive, 1 écorce d'orange, sel, poivre, piment de Cayenne, bouquet garni.

Rincez les encornets, épongez-les sur un linge. Coupez les tentacules, hachez-les grossièrement.

Dans une cocotte, faites blondir à l'huile d'olive les échalotes hachées. Ajoutez les encornets et les tentacules, laissez-les revenir en remuant souvent. Versez le cognac chaud, flambez. Ajoutez encore les tomates épluchées, égrenées et coupées en quatre, l'ail, le bouquet, l'écorce d'orange, le vin blanc, sel, poivre, une pincée de cayenne. Laissez partir à feu vif puis couvrez et faites cuire à feu moyen 20 à 25 mn.

Dressez les encornets dans un plat creux, recouvrez-les de la sauce passée.

■ *Dîner :* Soupe à la tomate ■ Jambon blanc ■ Scarole au céleri ■ Tarte aux mirabelles

Soupe à la tomate

5 tomates, 3 oignons, 3 gousses d'ail, 2 cuil. à soupe d'huile d'olive, 1 poignée de basilic, 1 cuil. à soupe de tapioca, 8 tranches de baguette rassises, 100 g de gruyère râpé, sel, poivre.

Dans une grande casserole, mettez à blondir avec l'huile les oignons émincés. Ajoutez les tomates épépinées et coupées en quatre, 2 gousses d'ail épluchées, le basilic, sel et poivre.

Mouillez avec 1,5 litre d'eau et faites cuire 20 mn à bon feu. Passez la soupe au tamis, remettez-la sur le feu. À ébullition, jetez le tapioca en pluie, remuez à la cuiller en bois. Faites cuire 10 mn.

Frottez les tranches de pain avec le restant d'ail. Versez le potage dans la soupière ; sur le dessus, posez les croûtons. À part, servez un bol de gruyère râpé.

AOÛT
3e SEMAINE
SAMEDI

■ *Déjeuner :* Gâteau d'aubergines ■ Chicorée frisée ■ Fromage ■ Reines-claudes

Gâteau d'aubergines

1,500 kg d'aubergines, 300 g d'épaule de mouton désossée, 2 œufs, 2 gousses d'ail, persil, 1/4 de litre d'huile, sel, poivre, 1 bol de coulis de tomates, 15 g de beurre.

Épluchez les aubergines, coupez-les en tranches dans le sens de la longueur et faites-les dégorger 1 heure dans une passoire en les saupoudrant d'un peu de sel. Hachez la viande, l'ail et le persil. Épongez les aubergines, faites-les frire à l'huile dans une grande poêle en procédant en plusieurs fois. Au fur et à mesure, égouttez-les, hachez-les grossièrement. Dans une terrine, mélangez la viande, les aubergines, l'ail et le persil, les œufs entiers, sel et poivre.

Beurrez un plat allant au four, remplissez-le en disposant alternativement une couche de hachis, une couche de coulis. Terminez par le coulis. Faites cuire à four doux pendant 45 mn.

■ *Dîner :* Filets de harengs ▪ Pommes à l'huile ▪ Diplomate aux framboises

Diplomate aux framboises

À préparer la veille.

300 g de biscuits à la cuillère, 500 g de framboises, 150 g de sucre en poudre, 1 cuil. à soupe de kirsch, 1/2 litre de crème anglaise.

Dans une casserole, faites un sirop avec le sucre et 1/4 de litre d'eau, laissez-le bouillir quelques instants et parfumez au kirsch. Laissez refroidir.

Trempez les biscuits un à un dans ce sirop, tapissez le fond et les parois d'un moule à charlotte. Disposez une couche de framboises, recouvrez d'une couche de biscuits mouillés. Ceci jusqu'en haut du moule, en terminant par les biscuits. Posez sur le dessus une assiette avec un poids et mettez toute une nuit au réfrigérateur.

Démoulez au moment de servir en apportant en même temps une saucière de crème anglaise.

AOÛT
3e SEMAINE
DIMANCHE

■ *Déjeuner :* Concombres à la crème ■ Coq au vin ■ Pommes à l'anglaise ■ Fromage ■ Sorbet aux poires

Coq au vin

1 jeune coq, 25 g de beurre, 1 cuil. à soupe d'huile, 2 échalotes, 1 gousse d'ail, 1 petite carotte coupée en dés, 2 cuil. à soupe de farine, 1 petit verre de cognac, 3/4 d'une bouteille de mâcon, 1 bouquet garni, 1 cuil. à café de concentré de tomate, sel, poivre, 20 petits oignons, 200 g de lardons fumés, 250 g de champignons de Paris.

Découpez le coq en morceaux et faites-le revenir à la cocotte dans le beurre et l'huile. Lorsque les morceaux sont dorés, videz la cocotte de son trop-plein de gras. Saupoudrez de farine, laissez-la prendre couleur quelques instants. Versez le cognac, mouillez avec le vin, ajoutez encore les échalotes, l'ail, la carotte, le bouquet garni, le concentré, sel et poivre. Couvrez et laissez mijoter 1 h environ. D'autre part, faites revenir les lardons, puis les petits oignons et les champignons émincés.

Retirez les morceaux de coq avec l'écumoire, posez-les sur le plat de service, entourez-les de la garniture (oignons, lard, champignons) et versez sur le tout la sauce de cuisson.

■ *Dîner :* Jambon cru aux figues fraîches ■ Fromage blanc ■ Compote d'abricots

AOÛT
4e SEMAINE
LUNDI

■ *Déjeuner :* Carottes râpées ▪ Thon en cocotte ▪ Pommes à l'anglaise ▪ Poires

Thon en cocotte

1 rouelle de thon de 3 à 4 cm d'épaisseur, 3 oignons, 3 tomates, thym, 25 g de beurre, 1 cuil. à soupe d'huile, sel, poivre.

Lavez le poisson, épongez-le. Dans une cocotte, faites chauffer le beurre et l'huile. Mettez à dorer le morceau de thon, sur ses deux faces. Lorsqu'il a pris une jolie couleur, ajoutez les oignons émincés, laissez-les dorer quelques instants, puis ajoutez encore les tomates épluchées, égrenées et coupées en quatre.

Salez, poivrez, saupoudrez de thym, couvrez et laissez cuire très doucement 1 h. Servez ce rôti de poisson entouré de pommes à l'anglaise.

■ *Dîner :* Œufs à la coque ▪ Artichauts vinaigrette ▪ Fromage ▪ Pêches à la Condé

Pêches à la Condé

1/2 litre de lait, 1/2 tasse à thé de riz, 1/3 de bâton de vanille, 100 g de sucre en poudre, 4 pêches, 1 cuil. à soupe de kirsch, 1 cuil. à soupe de marmelade d'abricots, 100 g de fruits confits.

Faites cuire le riz dans le lait bouillant vanillé et sucré, avec la moitié du sucre, après l'avoir lavé à grande eau. Comptez 30 mn de cuisson à très petit feu.

Mettez à bouillir 1/4 de litre d'eau avec le restant de sucre. Pochez les pêches épluchées et coupées en deux dans ce sirop, faites frémir 10 mn. Laissez refroidir, mettez au réfrigérateur. Passez un moule en couronne sous l'eau froide ; égouttez-le, versez le riz dedans et mettez-le au réfrigérateur. Faites réduire le sirop de pêches de moitié, ajoutez la marmelade et le kirsch. Au moment de servir, démoulez le riz, disposez au centre les demi-pêches, décorez avec les fruits confits et servez la sauce à part en saucière.

AOÛT
4e SEMAINE
MARDI

■ ***Déjeuner :*** **Salade de tomates ■ Steaks grillés ■ Haricots verts ■ Oreillettes**

Oreillettes

500 g de farine, 4 œufs, 125 g de sucre en poudre, 75 g de beurre, 1 cuil. à soupe de rhum, le zeste d'1 orange, le zeste d'1 citron, huile de friture.

Faites une fontaine avec la farine. Au centre, versez les œufs entiers, le sucre, le rhum, les zestes râpés d'orange et de citron et le beurre ramolli. Commencez par mélanger le beurre et les œufs puis, peu à peu, en tournant, incorporez la farine qui se trouve autour. Formez une boule et laissez-la reposer 1 h.

Prélevez des morceaux de pâte, étendez-les au rouleau le plus finement possible et, à l'aide d'un découpe-pâte, coupez des formes variées, des ronds, des rubans, des nœuds.

Plongez-les dans la grande friture et retournez-les dès qu'elles sont dorées. Égouttez sur un papier absorbant et roulez-les encore chaudes dans le sucre. Ces oreillettes se conservent plusieurs jours dans une boîte en fer.

■ *Dîner :* Soupe au pistou ■ Bananes flambées

Bananes flambées

4 bananes, 125 g de sucre en poudre, 50 g de beurre, 1 petit verre de rhum.

Épluchez les bananes, coupez-les en deux dans le sens de la longueur. Dans une grande poêle, faites fondre le beurre. Quand il est chaud, mettez les bananes, faites-les dorer de chaque côté, et ajoutez le sucre. Disposez les bananes sur un plat en métal, arrosez-les de rhum chaud et flambez. Servez aussitôt.

AOÛT
4e SEMAINE
MERCREDI

■ *Déjeuner :* Melon d'Espagne ■ Poulet à l'ail ■ Pommes chips ■ Raisin

Poulet à l'ail

1 poulet, 6 gousses d'ail, 2 branches de romarin, 2 branches de thym, 30 g de beurre, sel et poivre.

Videz le poulet. Épluchez les gousses d'ail, farcissez-en la volaille. Bridez-la et recousez-la. Dans une assiette, émiettez le thym et le romarin. Ajoutez sel, poivre et le beurre ramolli. Avec une fourchette, travaillez le tout pour bien mélanger. Tartinez le poulet de cette préparation et faites-le cuire 1 h à four chaud, allumé 15 mn à l'avance. Arrosez de temps en temps et à la fin de la cuisson, déglacez avec 2 cuil. à soupe d'eau bouillante.

■ *Dîner :* Tarte au fromage ■ Chicorée frisée aux fines herbes ■ Yaourts ■ Pêches

Tarte au fromage

1 paquet de pâte feuilletée surgelée, 4 œufs, 200 g de crème fraîche, 100 g de gruyère râpé, sel, poivre, noix de muscade.

Sortez la pâte du réfrigérateur au moins 2 h à l'avance. Étendez-la au rouleau et chemisez-en un moule à tarte. Avec une fourchette, pratiquez quelques entailles dans le fond de la pâte. Dans une terrine, battez les œufs entiers, comme pour une omelette. Ajoutez la crème, le gruyère, sel, poivre et de la noix de muscade râpée ; mélangez. Versez sur la pâte à tarte.

Dans un four à chaleur moyenne allumé 15 mn à l'avance, enfournez votre tarte et laissez-la cuire 30 mn. Servez très chaud.

AOÛT
4ᵉ SEMAINE
JEUDI

■ *Déjeuner :* Radis roses ■ Foie d'agneau poêlé ■ Purée de pommes de terre ■ Flan aux poires

Flan aux poires

3 belles poires, 1/3 de litre de lait, 2 œufs, 50 g de beurre, 100 g de sucre en poudre, 75 g de farine, 1 cuil. à soupe de bon kirsch.

Faites chauffer le lait en y ajoutant 30 g de beurre. Dans une terrine, travaillez la farine avec les œufs entiers et le sucre (vous en réserverez 1 cuil. à soupe). Versez peu à peu sur cette préparation le lait chaud. Parfumez au kirsch.

Épluchez les poires, coupez-les en quartiers puis en tranches et disposez-les par couches, dans un plat beurré allant au four. Versez la pâte sur le dessus, saupoudrez du restant de sucre et faites cuire à four moyen (préchauffé) 40 mn environ. Servez tiède.

■ *Dîner :* Jambon blanc ▪ Purée déguisée ▪ Laitue ▪ Reines-claudes

Purée déguisée

1 reste de purée ou 1 paquet de purée surgelée, 3 œufs, 50 g de crème fraîche, 20 g de beurre, muscade, 50 g de gruyère râpé, sel, poivre.

Préparez la purée en suivant les indications portées sur l'emballage. Laissez-la refroidir. Quand elle est froide, versez-la dans un saladier. Délayez-la en incorporant les œufs un à un. Ajoutez la crème et le fromage, mélangez encore. Salez peu, poivrez, parfumez de noix de muscade râpée.

Versez la préparation dans un plat beurré allant au four. Parsemez le dessus de noisettes de beurre et faites gratiner à four chaud 20 mn environ.

AOÛT
4e SEMAINE
VENDREDI

■ *Déjeuner :* Anchois à l'huile ▪ Raviolis frais à la tomate ▪ Fromage ▪ Figues fraîches

Raviolis frais à la tomate

8 douzaines de raviolis frais, 1 grand bol de coulis de tomates (recette p. 244, « Gratin d'aubergines »), 75 g de gruyère râpé, 50 g de beurre, 1 cuil. à soupe d'huile, muscade, sel.

Détachez les raviolis les uns des autres. Jetez-les dans une grande quantité d'eau bouillante salée, ajoutez l'huile. Laissez cuire 5 à 6 mn environ. Versez-les délicatement dans la passoire à pied, égouttez-les. Rapidement, transvasez les raviolis dans un grand légumier, ajoutez le beurre, un peu de noix de muscade râpée, le fromage et le coulis très chaud. Mélangez et servez immédiatement.

■ *Dîner :* Ratatouille froide ■ Rougets grillés au fenouil ■ Yaourts ■ Salade de fruits

Rougets grillés au fenouil

8 rougets, fenouil en branches, 3 cuil. à soupe d'huile d'olive, sel, poivre, 1 petit bouquet de thym, 1 citron, barbecue.

Dans un bol, mélangez l'huile, le sel, le poivre et mettez à tremper le bouquet de thym qui servira de pinceau.

N'écaillez pas les rougets, videz-les, mais laissez-leur le foie qui est la partie la plus parfumée de ce merveilleux poisson. Remplissez l'intérieur de petites branches de fenouil. À l'aide du bouquet de thym, badigeonnez les rougets sur leurs deux faces.

Allumez le barbecue 30 mn à l'avance, et utilisez pour la cuisson une grille réglable en hauteur. Posez les poissons sur la grille, placez-la à une distance assez éloignée des braises. Laissez dorer (sans noircir), retournez, faites dorer la seconde face. Comptez 5 à 6 mn de cuisson en tout. Dressez-les sur un plat long entouré de rondelles de citron.

AOÛT
4e SEMAINE
SAMEDI

■ *Déjeuner :* Salade de concombre à la menthe ■ Bitokes ■ Frites ■ Pêches

Bitokes

600 g de bifteck haché, 2 cuil. à soupe de farine, 5 échalotes, 100 g de crème fraîche, 75 g de beurre, sel, poivre, quatre-épices.

Posez la viande hachée sur une planche et ajoutez-lui sel, poivre, et quatre épices, mélangez. Formez 4 biftecks, passez-les dans la farine. Dans une poêle, faites-les cuire avec la moitié du beurre en les faisant dorer des deux côtés.

D'autre part, hachez les échalotes et faites-les fondre très doucement dans une casserole avec le restant du beurre. Lorsqu'elles sont translucides, ajoutez la crème.

Égouttez les bitokes, posez-les sur un plat chaud. Arrosez de crème aux échalotes et servez très vite.

■ ***Dîner :*** **Salade niçoise ■ Fromage ■ Compote meringuée**

Compote meringuée

1,500 kg de pommes, 150 g de sucre en poudre, 3 blancs d'œufs, 50 g de sucre glace, 1 pincée de sel.

Épluchez les pommes, ôtez les pépins, coupez-les en huit. Faites-les cuire dans une casserole avec 1/3 de verre d'eau et le sucre pendant 20 mn environ.

Surveillez fréquemment la compote et écrasez-la à la fourchette. À la fin de la cuisson, elle doit être sèche. Laissez-la refroidir. Battez les blancs en neige avec le sel. Lorsqu'ils sont fermes, ajoutez le sucre glace et donnez encore un tour de batteur.

Dans un plat allant au four et beurré, étendez la compote. Avec une poche à douille à bout cannelé, recouvrez des blancs battus. Passez à four très doux pendant 45 mn.

AOÛT
4e SEMAINE
DIMANCHE

■ ***Déjeuner :*** **Melon ■ Rôti de bœuf en cocotte ■ Haricots verts ■ Fromage ■ Figues fraîches**

Rôti de bœuf en cocotte

1 kg de rôti dans le romsteck, 50 g de beurre, 2 cuil. à soupe d'huile, sel, poivre, 2 échalotes.

Dans une cocotte, faites chauffer à feu vif, la moitié du beurre et de l'huile. Mettez le rôti à dorer sur toutes ses faces. Lorsqu'il a pris une jolie teinte, ôtez-le de la cocotte. Videz la graisse, remettez du beurre et de l'huile, mais cette fois à feu plus doux. Mettez à nouveau le rôti et laissez-le cuire 30 mn à découvert en le retournant de temps en temps et en l'assaisonnant. Cinq minutes avant la fin de la cuisson, ajoutez les échalotes hachées.

■ ***Dîner :*** **Rôti de bœuf froid ■ Salade de laitue à l'estragon ■ Parfait glacé aux framboises**

Parfait glacé aux framboises

Pour un moule à cake de 24 cm de longueur : *200 g de framboises, 250 g de biscuits à la cuillère, 350 g de sucre, 8 jaunes d'œufs, 400 g de crème fraîche, 2 verres à liqueur de crème de framboise.*

Faites un sirop avec 250 g de sucre et 1/4 de litre d'eau, amenez-le au petit boulé (petites boules régulières).

Dans une casserole à fond épais, battez les jaunes d'œufs au fouet en ajoutant peu à peu le sirop. Mettez la casserole sur feu doux, continuez de battre jusqu'à ce que le mélange fasse le ruban. Mais attention, la préparation ne doit pas bouillir. Ôtez du feu et continuez de battre jusqu'à complet refroidissement.

Passez 150 g de framboises à la moulinette et montez 300 g de crème fraîche en chantilly sans la sucrer. Incorporez au mélange œufs-sucre, la purée de framboises et la chantilly. Parfumez avec quelques gouttes de crème à la framboise. Mélangez.

Chemisez un moule à cake de papier sulfurisé huilé. Rapidement, imbibez les biscuits dans un sirop léger fait avec le restant de sucre, 1 verre d'eau parfumé à la framboise.

Versez dans le moule une couche de crème, recouvrez d'une couche de biscuits à la cuillère, remplissez ainsi le moule en terminant par la crème. Mettez au congélateur 5 à 6 heures ou, mieux, toute une nuit. Démoulez sur un plat rectangulaire, décorez avec le restant de crème battue en chantilly et avec quelques framboises.

Septembre

SEPTEMBRE
1re SEMAINE
LUNDI

■ ***Déjeuner :*** **Radis roses ■ Boulettes de viande à la tomate ■ Pâtes au beurre ■ Poires**

Boulettes de viande à la tomate

150 g de bifteck haché, 150 g de veau haché (épaule), 150 g d'échine de porc hachée, 1 œuf, 1 oignon, persil, 1 bol de coulis de tomate, sel, poivre, quatre-épices, 3 cuil. à soupe d'huile, 100 g de farine.

Mélangez à la fourchette toutes les viandes, ajoutez l'œuf entier, l'oignon et le persil hachés, sel, poivre, quatre-épices, mélangez. Formez 8 petites boulettes de viande, roulez-les dans un peu de farine, et, rapidement, faites-les revenir à l'huile. Égouttez-les, dressez-les dans un plat allant au four et nappez du coulis de tomate.

Faites cuire à four doux 20 à 25 mn. Servez en même temps que les pâtes.

■ ***Dîner :*** **Caviar d'aubergines ■ Artichauts au brocciu ■ Flan aux coings**

Flan aux coings

Pour la pâte : *200 g de farine, 100 g de beurre, 100 g de sucre, 1/2 verre d'eau salée, farine.*
Pour la crème : *1/4 de litre de lait, 3 œufs, 30 g de farine, 50 g de sucre, 1 sachet de sucre vanillé.*
Pour la garniture : *2 coings, 75 g de sucre.*

La pâte : Mélangez la farine, le sucre, le beurre divisé en petits morceaux et l'eau salée. Formez une boule de pâte et garnissez-en un moule à tarte beurré et fariné.
La crème : Dans une casserole, travaillez la farine, le sucre, le sucre vanillé et les œufs. Versez peu à peu le lait bouillant et faites cuire

à feu doux en remuant sans cesse, jusqu'au premier bouillon. Retirez du feu et laissez refroidir.

Épluchez les coings, coupez-les en dés et faites-les cuire dans 1/2 litre d'eau et 75 g de sucre pendant 20 mn environ. Égouttez-les et ajoutez-les à la crème. Versez le tout dans le fond de pâte et faites cuire à four moyen 30 mn.

SEPTEMBRE
1re SEMAINE
MARDI

■ ***Déjeuner :*** **Maquereaux marinés ✻ ▪ Tournedos poêlés ▪ Tomates provençales ▪ Groseilles au sucre**

Maquereaux marinés ✻

8 petits maquereaux de Dieppe, 2 oignons, 1 carotte, 1 gousse d'ail, 1 citron, 2 verres de vin blanc sec, 2 verres de vinaigre d'alcool, bouquet garni, poivre en grains, sel.

Coupez la tête des poissons, videz-les, lavez-les, épongez-les. Dans un plat long allant au micro-ondes, disposez 1 oignon et le citron coupés en rondelles, la moitié de la carotte, également coupée en rondelles et la gousse d'ail. Posez les poissons, recouvrez avec le restant de légumes et le bouquet garni. Salez, poivrez, mouillez avec le vin blanc et le vinaigre. Recouvrez d'un film étirable. Faites cuire 7 mn à puissance maximale.

■ ***Dîner :*** **Omelette des îles ▪ Chicorée frisée aux croûtons ▪ Fromage ▪ Poires**

Omelette des îles

8 œufs, 6 petits oignons, 1 gousse d'ail, 750 g de tomates, 2 poivrons verts, 1 poignée de feuilles de basilic, 1/2 piment rouge, 6 cuil. à soupe d'huile, 50 g de beurre, sel, poivre.

Dans une poêle, faites fondre doucement dans 2 cuil. à soupe d'huile les oignons entiers et la gousse d'ail hachée. Épluchez les tomates et les poivrons en les plongeant dans l'eau bouillante. Coupez-les en dés et faites-les revenir dans 2 cuil. à soupe d'huile, dans une autre poêle. Ajoutez le basilic et le piment hachés.

Laissez mijoter 15 mn. Réservez.

Dans une terrine, battez les œufs en omelette en leur ajoutant 1 cuil. à soupe d'eau. Salez, poivrez. Dans une grande poêle, faites fondre 50 g de beurre et 2 cuil. à soupe d'huile. Versez les œufs, ajoutez les oignons, l'ail et la purée de tomates.

Laissez cuire l'omelette à feu moyen, en la soulevant fréquemment avec une fourchette.

SEPTEMBRE
1re SEMAINE
MERCREDI

■ ***Déjeuner :*** **Melon ■ Croûtes aux champignons ■ Yaourts ■ Reines-claudes**

Croûtes aux champignons

8 tranches de pain de mie, 1 tasse à déjeuner de sauce béchamel, 200 g de champignons hachés, 4 tranches larges et fines d'emmenthal, 100 g de beurre, sel, poivre.

Faites revenir doucement dans un peu de beurre les champignons hachés, salez, poivrez.

Dans une poêle, mettez les tranches de pain à dorer dans le beurre, égouttez-les et dressez 2 tranches par personne sur une assiette épaisse, pouvant aller au four. Posez dessus la tranche de fromage et les champignons mélangés à la sauce béchamel. Passez à four chaud 10 mn.

■ *Dîner :* Escalopes de veau poêlées ■ Épinards en branches ■ Bavaroise à l'ananas

Bavaroise à l'ananas

Pour 1 moule de 1,5 litre : *3/4 de litre de crème anglaise, 1/2 litre de crème chantilly, 1 ananas frais, 6 feuilles de gélatine, 1 citron, 1 verre à liqueur de kirsch.*

Faites une crème anglaise bien sucrée et vanillée avec 3/4 de litre de lait et 6 jaunes d'œufs. (Voir recette p. 304.)

Épluchez l'ananas, découpez-le en rondelles, enlevez le centre boisé avec un emporte-pièce. Récupérez le jus en exprimant les parties épluchées. Gardez 4 rondelles pour décorer et divisez le reste en petits morceaux.

Lavez les feuilles de gélatine à l'eau froide, pressez-les, faites-les ramollir dans le jus d'ananas. Faites chauffer en remuant pour les faire fondre complètement.

Ajoutez l'ananas en morceaux et la gélatine à la crème anglaise froide. Mélangez, ajoutez le kirsch, tenez au frais. Fouettez 150 g de crème en chantilly sans sucre.

Huilez le moule à bavaroise. Réservez 2 cuillerées à soupe de chantilly pour décorer le gâteau ; mettez au frais. Mélangez le reste à la crème anglaise en soulevant la masse comme pour des blancs d'œufs.

Versez dans le moule. Mettez au frais au moins 3 h. (Cet entremets est meilleur préparé 24 h à l'avance.) Pour dresser, trempez le moule dans de l'eau tiède. Renversez-le sur le plat de service, décorez avec les rondelles d'ananas et le reste de chantilly.

SEPTEMBRE
1re SEMAINE
JEUDI

■ ***Déjeuner :*** **Salade de chou-fleur ▪ Poivrons farcis ▪ Fromage ▪ Poires**

Poivrons farcis

8 poivrons, 350 g de viande hachée (veau ou porc), 3 oignons, 1 bol de riz cuit à l'eau, 1 œuf, 2 cuil. à soupe d'huile, paprika, sel, poivre, 2 bols de coulis de tomate (recette p. 244, « Gratin d'aubergines »), persil.

Coupez la tête des poivrons, videz-les et plongez-les 5 mn dans une casserole d'eau bouillante salée. Égouttez-les. Dans une poêle, faites revenir à l'huile les oignons émincés et la viande hachée. Hors du feu, incorporez le riz, l'œuf entier, le persil haché, sel, poivre et une bonne pincée de paprika ; mélangez. Remplissez les poivrons avec cette farce et posez-les debout dans une cocotte en les calant les uns avec les autres.

Versez dessus le coulis qui doit recouvrir les poivrons aux 2/3 de leur hauteur. Couvrez et faites cuire 50 mn à feu doux. Si vous constatez que le coulis épaissit trop, ajoutez un peu d'eau.

■ ***Dîner :*** **Chiche kébab ▪ Chicorée frisée aux croûtons ▪ Yaourts ▪ Crème frite**

Crème frite

1/2 litre de lait, 150 g de farine, 2 œufs + 2 jaunes, 200 g de sucre, 1 sachet de sucre vanillé, 2 cuil. à soupe de rhum.
Pour la panure : *2 œufs, 300 g de chapelure.*

Dans une terrine, fouettez les œufs entiers avec le sucre et le sucre vanillé jusqu'à ce que le sucre soit fondu.

Ajoutez la farine, mélangez sans grumeaux, battez jusqu'à ce que le mélange soit parfait en ajoutant les jaunes et le rhum en dernier. Faites bouillir le lait, versez-le doucement dans la pâte en continuant à battre. Remettez sur le feu, remuez, donnez 3 gros bouillons. Versez sur plaque huilée sur une épaisseur de 1 cm 1/2 à 2 cm. Laissez refroidir 12 h.

Retournez la plaque sur une planche. Découpez la crème en bandes de 3 ou 4 cm de large avec un couteau huilé, divisez-les en losanges. Panez-les en les trempant dans les œufs battus, puis dans la chapelure. Disposez les morceaux sur la grille de la friteuse, faites frire.

Servez chaud ou tiède saupoudré de sucre. Les croquettes doivent dorer très vite pour que la crème ne ramollisse pas.

SEPTEMBRE
1re SEMAINE
VENDREDI

■ ***Déjeuner :*** **Colin meunière ■ Macédoine de légumes ■ Fromage ■ Raisin**

Colin meunière

4 darnes de colin prises dans le milieu du poisson, 75 g de farine, 1 tasse à déjeuner de lait, sel, poivre, citron, persil haché, 2 verres d'huile, 50 g de beurre.

Lavez les darnes de poisson, épongez-les. Trempez-les une à une dans le lait et roulez-les dans la farine. Faites frire les tranches à la poêle dans l'huile chaude, comptez 8 à 10 mn de cuisson, en retournant une fois le poisson. Égouttez-les sur un papier absorbant, salez, poivrez.

Dressez-les sur le plat de service, arrosez de beurre fondu, saupoudrez de persil et servez entouré de quartiers de citron.

■ *Dîner :* Crevettes grises ▪ Quenelles de brochet au gratin ▪ Clafoutis aux quetsches

Clafoutis aux quetsches

500 g de quetsches, 125 g de farine, 125 g de sucre en poudre, 1/2 litre de lait, 3 œufs.

Dans une terrine, travaillez à la cuillère en bois comme pour une pâte à crêpes la farine avec les œufs, le sucre et le lait.

Dénoyautez les quetsches, posez-les dans le fond d'un plat beurré allant au four, versez la pâte dessus. Faites cuire à four moyen pendant 45 mn.

SEPTEMBRE
1re SEMAINE
SAMEDI

■ *Déjeuner :* Salade de tomates et concombres ▪ Côtes de veau poêlées ▪ Cèpes à la provençale ▪ Poires au cassis

Cèpes à la provençale

750 g de cèpes, 3 gousses d'ail, 1 bon verre d'huile d'olive, sel, poivre, persil.

Ôtez le bout terreux des champignons, lavez-les, épongez-les et coupez séparément les chapeaux et les queues en tranches. Hachez finement l'ail et le persil.

Dans une poêle, versez l'huile et amenez-la à bonne chaleur. Jetez les cèpes dedans et faites-les rissoler, à feu vif. Lorsqu'ils sont bien dorés, salez, poivrez, ajoutez le hachis et continuez encore la cuisson 5 mn en réduisant un peu le feu.

■ *Dîner :* Scarole aux noix ■ Pâtes fraîches au basilic ■ Fromage ■ Profiteroles

Profiteroles

Pour 6 personnes : *24 petits choux (achetés chez le pâtissier), 1/2 litre de glace à la vanille, 250 g de chocolat à cuire, 6 cuil. à soupe de crème fraîche, 2 cuil. à soupe de beurre.*

Découpez un chapeau à chaque chou et remplissez les choux de glace. Gardez au freezer jusqu'au moment de servir.

Brisez le chocolat dans une casserole, mouillez de 2 verres d'eau chaude. Faites fondre doucement en remuant. Donnez 2 mn d'ébullition.

Ajoutez la crème hors du feu en fouettant. Puis faites chauffer sans bouillir. Ajoutez le beurre, par fragments, en fouettant énergiquement.

Dressez les choux sur le plat de service. Nappez de crème au chocolat chaude. Servez le reste en saucière.

SEPTEMBRE
1re SEMAINE
DIMANCHE

■ *Déjeuner :* Concombres à la crème ■ Épaule d'agneau rôtie ■ Haricots blancs frais ■ Fromage ■ Salade de fruits

Haricots blancs frais

1,500 kg de haricots blancs, 1 oignon, 1 gousse d'ail, 1 bouquet garni, 1 petit bouquet de persil, 75 g de beurre, sel, poivre.

Écossez les haricots, rincez-les dans une passoire sous l'eau courante.

Dans une grande casserole, faites bouillir 1,5 litre d'eau. Jetez les haricots dedans et diminuez aussitôt le feu. Ajoutez le sel, le poivre, l'oignon, l'ail et le bouquet garni et couvrez. Laissez reprendre doucement l'ébullition et, lorsqu'elle est atteinte, maintenez-la, toujours très doucement. C'est le secret pour obtenir des haricots crémeux et onctueux. Il faut compter environ 1 h 20 de cuisson après la reprise de l'ébullition.

Avec l'écumoire, égouttez les haricots, dressez-les dans un saladier, ajoutez un gros morceau de beurre, le persil haché et 1 louche de bouillon de cuisson. Couvrez et laissez reposer juste le temps que le beurre fonde. Servez très chaud.

■ ***Dîner :*** **Salade romaine ■ Fromage ■ Gâteau à l'orange**

Gâteau à l'orange

125 g de farine, 125 g de sucre, 125 g de beurre, 2 œufs, 3 oranges, 125 g de sucre glace, 1 sachet de levure chimique.

Dans une terrine, travaillez le beurre à la cuillère pour le ramollir, ajoutez le sucre, les œufs un à un, puis la farine tamisée avec 1/2 sachet de levure.

Ajoutez encore le zeste râpé de 2 oranges et le jus d'une seule. Versez la pâte dans un moule à manqué légèrement beurré et fariné. Faites cuire à four doux 40 mn environ.

Sur le feu, faites dissoudre le sucre glace, mélangé au jus des oranges restantes. Aussitôt cuit, démoulez le gâteau et arrosez-le de sirop chaud. Laissez-le bien s'imbiber avant de le servir tiède ou froid.

SEPTEMBRE
2e SEMAINE
LUNDI

■ *Déjeuner :* Avocats vinaigrette ■ Œufs brouillés au fromage ■ Yaourts ■ Raisin

Œufs brouillés au fromage

9 œufs, 50 g d'emmenthal râpé, 75 g de beurre, poivre.

Dans une terrine, battez légèrement les œufs avec le poivre, ajoutez le fromage, versez le tout dans une grande casserole dont vous aurez beurré le fond.

Posez la casserole sur un feu doux continu, tournez avec une cuillère de bois et ajoutez petit à petit le beurre partagé en morceaux. Lorsque le mélange blancs et jaunes est parfait, laissez encore quelques secondes sur le feu, puis, ôtez la casserole du feu, donnez encore 2 tours. Servez immédiatement.

■ *Dîner :* Poivrons marinés ■ Tagliatelles aux aubergines ■ Fromage ■ Poires

Tagliatelles aux aubergines

400 g de tagliatelles, 700 g d'aubergines, 1 kg de tomates, 1 bouquet de basilic, 1 gros oignon, 2 gousses d'ail, 1 branche de céleri, sel, poivre, 100 g de parmesan râpé, huile d'olive.

Préparez la sauce : épluchez les tomates, égrenez-les, coupez en morceaux. Dans une casserole, versez 2 cuillerées à soupe d'huile d'olive, mettez l'oignon et l'ail hachés, la branche de céleri émincée. Laissez fondre ces légumes à feu doux. Ajoutez alors les tomates, le basilic, sel et poivre. Laissez cuire à feu moyen et à découvert 40 mn environ (il ne doit plus rester d'eau dans la casserole). Passez au mixeur, réservez. Coupez les aubergines en rondelles, mettez-les dans un plat en terre, saupoudrez d'un peu de sel, faites-les dégorger 30 mn. Épongez-les. Dans une grande poêle, faites frire les aubergines. Au fur et à mesure qu'elles dorent, retournez-les. Égouttez-les et dressez-les dans un plat allant au four. Mettez-les au four doux 10 mn. Dans une grande quantité d'eau bouillante salée, ajoutez 1 cuillerée à soupe d'huile. Plongez les pâtes, faites-les cuire 10 mn environ. Égouttez-les.

Dressez les tagliatelles dans un plat creux, arrosez-les du tiers de la sauce tomate chaude. Entourez le plat de rondelles d'aubergines, servez le reste de sauce en saucière. Accompagnez de parmesan râpé.

SEPTEMBRE
2e SEMAINE
MARDI

■ ***Déjeuner :*** **Acras de morue ■ Chicorée frisée à la ciboulette ■ Fromage blanc**

Acras de morue

Pour 6 personnes : *1/2 morue* (à préparer la veille), *250 g de farine, 2 œufs, 1/4 de litre de lait, 50 g de levure du boulanger, 2 oignons, 1 échalote, 2 gousses d'ail, 2 piments oiseaux, persil, sel, poivre.*

Ôtez la peau de la morue et les arêtes, coupez-la en morceaux et mettez-la à dessaler toute une nuit dans une grande quantité d'eau que vous renouvellerez une ou deux fois. Le lendemain, préparez la pâte : délayez la levure avec le lait tiède. Dans une terrine, versez la farine tamisée et le sel. Faites une fontaine et mettez-y les œufs. Mélangez en ajoutant le lait. Vous devez obtenir une pâte moitié moins fluide qu'une pâte à crêpes. Laissez-la reposer 1 h recouverte d'un linge. Épluchez un oignon, l'ail, l'échalote. Mettez-les dans 1/2 litre d'eau avec le sel et le poivre, faites bouillir. Plongez la morue dans cette eau pour la faire pocher, gardez l'eau frémissante 5 mn. Égouttez et passez la morue à la moulinette grille fine. Hachez finement le second oignon et le persil, coupez les piments en tout petits morceaux. Reprenez la pâte, donnez-lui 3 ou 4 coups de spatule pour en chasser l'air et ajoutez-lui la morue, l'oignon, le persil, les piments. Mélangez bien. Préparez un bain de friture très chaud, faites-y tomber des cuillerées de la préparation, laissez gonfler. Égouttez sur du papier absorbant, servez chaud.

■ *Dîner :* Poulet rôti ▪ Tomates à la provençale ▪ Fromage ▪ Pudding au pain

Pudding au pain

1/2 baguette rassise, 1/2 litre de lait, 1/3 de bâton de vanille, 3 œufs, 1 petit verre de rhum, 50 g de raisins de Smyrne, 100 g de sucre.

Faites macérer les raisins dans le rhum pendant 1 h. Dans une terrine, coupez la baguette (ou tout autre reste de pain, pain de mie ou pain brioché) en tranches, arrosez de lait bouillant et vanillé. Laissez le pain gonfler et absorber tout le lait. Écrasez-le alors à la fourchette, puis donnez un tour de mixer.

Incorporez le sucre en poudre, les œufs entiers, les raisins et le rhum, mélangez. Beurrez un plat à feu, remplissez-le avec la préparation et faites cuire à four moyen 30 mn. Servez froid.

SEPTEMBRE
2e SEMAINE
MERCREDI

■ *Déjeuner :* Carottes râpées ▪ Œufs pochés à la tomate ▪ Yaourts ▪ Crêpes au sucre

Œufs pochés à la tomate

8 œufs très frais, 8 tranches de pain de mie rond, 1 bol de sauce tomate, 1 cuil. à soupe de vinaigre d'alcool.

Dans une grande casserole, faites chauffer de l'eau vinaigrée. Un peu avant qu'elle arrive à ébullition, réduisez le feu, et cassez dans l'eau, l'un après l'autre, 4 œufs. Couvrez et retirez la casserole du feu. Comptez 4 mn de cuisson. Lorsqu'ils remontent à la surface, ils sont cuits. Égouttez-les et posez-les sur un linge. Recommencez la même chose pour les œufs restants.

Lorsqu'ils sont tous prêts, avec des ciseaux, taillez-les pour leur donner une jolie forme. Faites frire les croûtons dans un peu d'huile, puis dressez-les sur un plat, posez un œuf sur chacun et nappez de sauce tomate. Si cela est nécessaire, passez le plat au four quelques instants pour réchauffer les œufs.

■ ***Dîner :*** **Escalopes de dinde poêlées ■ Pommes dauphine ■ Laitue aux fines herbes ■ Raisin**

Pommes dauphine

150 g de farine, 100 g de beurre, 5 œufs, 1/4 de litre d'eau, 500 g de purée de pommes de terre bien sèche, sel, poivre, muscade, huile pour friture.

Dans une grande casserole, faites bouillir l'eau avec le beurre et le sel, un peu de poivre et un peu de noix de muscade râpée. Lorsque l'eau bout, jetez la farine d'un seul coup et remuez immédiatement. Mélangez jusqu'à ce que la pâte se détache de la casserole. Hors du feu, ajoutez un œuf, mélangez jusqu'à ce qu'il soit parfaitement incorporé. Ajoutez alors les autres œufs un à un, en mélangeant bien à chaque fois.

Incorporez la purée à la pâte, remuez pour mélanger les deux préparations. Formez des boulettes, jetez-les dans la friture chaude et laissez-les dorer. Sortez-les avec l'écumoire et posez-les sur un plat recouvert d'un papier absorbant. Salez et servez immédiatement.

SEPTEMBRE
2e SEMAINE
JEUDI

■ ***Déjeuner :*** **Céleri-rave râpé à la vinaigrette ▪ Rôti de bœuf ▪ Pommes de terre sautées ▪ Millassou**

Millassou

1/2 litre de lait, 100 g de farine de maïs, 30 g de beurre, 5 œufs, 1 pincée de sel, 150 g de sucre, 1 sachet de sucre vanillé, 2 cuil. à soupe de rhum.

Dans une terrine, travaillez les œufs et le sucre, ajoutez peu à peu la farine de maïs et mouillez avec le lait qui aura bouilli avec le beurre, le sucre vanillé et le sel. Mélangez bien et parfumez au rhum.

Beurrez un moule à manqué, remplissez-le de la préparation et faites cuire 30 mn environ à four moyen. Laissez refroidir avant de démouler.

■ ***Dîner :*** **Viande froide ▪ Salade russe ▪ Yaourts ▪ Bananes**

Salade russe

3 carottes, 2 pommes de terre, 250 g de haricots verts, 1/2 boîte de petits pois très fins, quelques feuilles de laitue, 2 œufs durs, 10 olives noires, 1 bol de sauce mayonnaise, sel. (Recette page 89.)

Faites cuire tous les légumes frais à l'eau salée (les pommes de terre avec leur peau). Dans un saladier, coupez les légumes en dés, ajoutez-leur les petits pois et liez avec la mayonnaise.

Dans le fond d'un plat rond, posez les feuilles de laitue, dressez dessus la salade russe, recouvrez-la de rondelles d'œufs durs et décorez avec les olives noires.

SEPTEMBRE
2e SEMAINE
VENDREDI

■ ***Déjeuner :*** **Poireaux vinaigrette ■ Pissaladière ■ Sorbet aux poires**

Sorbet aux poires

Pour 6 personnes : *1 livre de poires épluchées, 300 g de sucre, 2 cuil. à soupe de jus de citron.*

Choisissez des poires parfumées et mûres à point. Épluchez-les, pesez-les. Passez-les à la moulinette avec le jus de citron pour qu'elles ne noircissent pas. Ajoutez assez d'eau pour obtenir 1 litre de liquide et les 300 g de sucre. Passez à la passoire fine, mettez en sorbetière, au freezer, froid maximum. Lorsque la sorbetière s'arrêtera, retirez les palettes, lissez, fermez avec le couvercle. Laissez encore au froid pendant 6 h au moins. Placez au réfrigérateur 5 mn avant de servir accompagné de crêpes dentelle ou de cigarettes.

■ ***Dîner :*** **Filets de merlans aux échalotes ✻ ■ Pommes à l'anglaise ■ Fromage blanc ■ Raisin**

Filets de merlans aux échalotes ✻

4 beaux filets de merlans, 2 échalotes, 75 g de beurre, 1/2 verre de vin blanc sec, 1 bouquet de persil, 50 g de chapelure, sel, poivre.

Lavez les filets de poisson, épongez-les. Hachez les échalotes et le persil. Beurrez un plat allant au micro-ondes. Parsemez le fond d'échalotes et de persil, salez, poivrez, mouillez avec le vin blanc.

Posez les filets de merlans dans le plat, recouvrez-les du reste de beurre fondu et saupoudrez de chapelure. Recouvrez d'un film transparent. Faites cuire 3 mn à puissance maximale.

SEPTEMBRE
2e SEMAINE
SAMEDI

■ ***Déjeuner :*** **Moules mayonnaise ■ Épaule d'agneau farcie ■ Panaché de haricots verts et blancs ■ Fromage ■ Figues fraîches**

Épaule d'agneau farcie

1 épaule d'agneau, 150 g d'échine de porc, 1 tranche de jambon, 3 oignons, 1 bouquet de persil, 1 œuf, sel, poivre, 1 cuil. à soupe de saindoux.

Faites désosser l'épaule par votre boucher. Hachez l'échine, le jambon, 1 oignon, le persil. Liez cette farce avec 1 œuf, salez, poivrez.

Étendez la farce sur l'épaule mise à plat, roulez en rabattant les extrémités, ficelez. Faites fondre le saindoux dans une cocotte, mettez l'épaule à dorer de tous côtés. Ajoutez 2 oignons émincés, salez, poivrez, mouillez avec un 1/2 verre d'eau. Couvrez et laissez cuire 1 h.

Servez dans des assiettes chaudes.

■ ***Dîner :*** **Épaule froide mayonnaise ■ Chicorée frisée ■ Poires à la semoule**

Poires à la semoule

500 g de poires, 1/2 litre de lait, 100 g de semoule de blé, 150 g de sucre en poudre, 1/3 de bâton de vanille, 1 jaune d'œuf, 4 macarons.

Épluchez les poires, coupez-les en quatre, ôtez les cœurs et faites-les pocher 15 mn dans un sirop préparé avec 1/4 de litre d'eau et 100 g de sucre. Faites bouillir le lait avec le restant de sucre et la vanille. Jetez dedans la semoule en pluie, remuez tout le temps de la cuisson (8 à 10 mn environ).

Hors du feu, incorporez le jaune d'œuf, mélangez et versez dans un plat à gratin. Posez dessus les quartiers de poires, saupoudrez de macarons émiettés et passez 10 mn à four chaud. Servez chaud en saucière le sirop de cuisson des poires réduit.

SEPTEMBRE
2e SEMAINE
DIMANCHE

■ ***Déjeuner :*** **Pétoncles au beurre ■ Lapin farci aux cèpes ■ Pâtes fraîches ■ Fromage ■ Tarte aux groseilles meringuée**

Lapin farci aux cèpes

1 lapin de 1,400 kg environ, 2 tranches de jambon, 1 tranche de pain de mie, 30 g de beurre, 2 cuil. à soupe d'huile, 3 gousses d'ail, persil, 750 g de cèpes, thym, romarin, 1/2 tasse de lait, sel, poivre.

Donnez quelques coups légers le long de la colonne vertébrale du lapin pour faciliter le découpage. Laissez le lapin entier, supprimez la tête, réservez le foie.

Retirez le bout terreux des champignons, lavez-les, séparez les têtes des queues. Hachez les queues avec le jambon, le foie, 2 gousses d'ail, un peu de persil. Mélangez le tout dans un saladier, ajoutez le pain trempé dans le lait, exprimez le trop-plein.

Avec cette farce, garnissez l'intérieur du lapin, recousez-le et faites-le dorer dans une cocotte au beurre et à l'huile. Salez, poivrez, saupoudrez d'un peu de thym et de romarin, couvrez, faites cuire une bonne heure. Quinze minutes avant de servir, faites revenir à l'huile d'olive, et sur feu vif, les têtes des cèpes émincés. Saupoudrez d'un hachis d'ail, et de persil.

Dressez le lapin sur un plat long et entourez de champignons. Découpez à table.

Tarte aux groseilles meringuée

Pour la pâte brisée : *250 g de farine, 130 g de beurre, 1 pincée de sel, 1 jaune d'œuf, 1 cuil. à soupe rase de sucre.*
Pour la garniture : *300 g de groseilles égrappées, 6 blancs d'œufs, 250 g de sucre, 100 g de noisettes grillées concassées au mixeur, sucre glace.*

Préparez la pâte (voir p. 67). Garnissez-en une tôle de 24 cm. Tapissez-la d'une feuille d'aluminium, piquez le fond à travers le papier. Mettez au four (200 °C) 20 à 25 mn. Dès que les bords sont fermes, retirez le papier, terminez la cuisson sans laisser prendre couleur.

Fouettez les blancs d'œufs en neige très ferme en ajoutant le sucre par cuillerées au fur et à mesure. Garnissez la pâte avec les noisettes concassées. Réservez 4 bonnes cuillerées de blancs en neige. Mélangez les groseilles saupoudrées de sucre aux blancs en neige. Recouvrez avec les blancs réservés. Lissez à la spatule. Saupoudrez abondamment de sucre glace. Remettez à four moyen (100 °C) pendant 1 h. Servez tiède ou froid.

■ ***Dîner :*** **Jambon blanc ■ Chicorée frisée ■ Raisin**

SEPTEMBRE
3e SEMAINE
LUNDI

■ ***Déjeuner :*** **Radis roses ■ Croquettes de poisson ■ Pommes à l'anglaise ■ Surprise au citron**

Surprise au citron

À faire la veille.
150 g de sucre en poudre, 3 œufs, 1 citron, 1 feuille 1/2 de gélatine, 125 g de crème fraîche.

Dans une terrine, au bain-marie, travaillez le sucre et les jaunes d'œufs jusqu'à obtention d'une crème mousseuse, parfumez-la avec le zeste râpé du citron et le jus. Dans un bol, faites ramollir la gélatine dans très peu d'eau. Battez les blancs en neige ferme. Versez la gélatine égouttée dans le mélange jaunes et sucre, mélangez, laissez fondre puis incorporez la crème fraîche et les blancs, mélangez délicatement le tout. Transvasez dans une jatte et mettez au réfrigérateur toute une nuit.

■ *Dîner :* **Salade de tomates ■ Hamburger à cheval ■ Purée de pommes de terre ■ Croûtes aux pêches**

Croûtes aux pêches

4 tranches de pain brioché, 1/2 boîte de pêches au sirop, 50 g de beurre, 1 cuil. à soupe de gelée de groseilles.

Faites rapidement dorer à la poêle dans 50 g de beurre les tranches de pain brioché. Disposez-les dans un plat allant au four et posez sur chacune une demi-pêche, côté bombé reposant sur le pain. Remplissez le creux des pêches d'un peu de gelée de groseilles et mettez à four chaud 5 mn. Versez le sirop de pêches dans une casserole et faites-le réduire de moitié.

Sortez le plat du four, arrosez les croûtes de sirop et servez tiède.

SEPTEMBRE
3e SEMAINE
MARDI

■ *Déjeuner :* **Chou-fleur en salade ■ Côtes d'agneau grillées ■ Haricots blancs au beurre ■ Yaourts**

Chou-fleur en salade

1 petit chou-fleur, 1 cuil. à soupe de farine, 1 bouquet de cerfeuil, 3 cuil. à soupe d'huile, 1 cuil. à soupe de vinaigre de cidre, 1 œuf dur, sel, poivre.

Détachez le chou-fleur en gros bouquets. Lavez-le à l'eau vinaigrée et faites-le cuire à l'eau bouillante salée. Ajoutez dans l'eau de cuisson la farine délayée dans un verre d'eau, ceci pour empêcher le chou-fleur de noircir. Laissez-le cuire à petit bouillonnement pendant 10 mn environ. Égouttez délicatement.

Disposez le chou-fleur dans un petit saladier, tête en bas, redonnez-lui ainsi sa forme primitive. Préparez la vinaigrette et, au moment de servir, retournez le saladier sur le plat de service. Arrosez de sauce, saupoudrez de cerfeuil et entourez le plat de rondelles d'œufs durs.

■ ***Dîner :*** **Moules marinière ■ Frites ■ Crème anglaise**

Crème anglaise

3/4 de litre de lait, 6 jaunes d'œufs, 1 pincée de sel, 75 g de sucre, 1 gousse de vanille.

Faites bouillir le lait avec la gousse de vanille fendue en deux dans le sens de la longueur et une pincée de sel. Laissez infuser. Battez les jaunes d'œufs avec le sucre jusqu'à ce que le sucre soit fondu. Versez le lait bouillant petit à petit sur les œufs. Remettez sur le feu, remuez sans cesse à la cuillère en bois sans laisser bouillir. Lorsque la crème nappe la cuillère elle est prête. Retirez-la du feu.

Versez dans le compotier à travers un chinois. Laissez refroidir en remuant pour éviter la formation d'une peau. Placez 1 h au réfrigérateur. Servez-la accompagnée de biscuits secs, de tranches de cake ou de brioche.

SEPTEMBRE
3e SEMAINE
MERCREDI

■ ***Déjeuner :*** **Courgettes farcies ■ Salade de cresson ■ Yaourts ■ Bananes**

Courgettes farcies

6 courgettes, un restant de viande (bourguignon ou toute autre viande), 1 oignon, 1 bouquet de persil, 1 gousse d'ail, sel, poivre, 1 œuf, muscade, 50 g de beurre.

Lavez les courgettes, coupez-les en deux ; retirez la chair, réservez-la. Jetez les courgettes 5 mn dans de l'eau bouillante salée, égouttez-les sur un linge.

Hachez la viande, la chair des courgettes, l'oignon, l'ail, le persil. Ajoutez à ce hachis l'œuf entier, du sel, du poivre, un peu de noix de muscade râpée.

Remplissez chaque moitié de courgette de farce, disposez sur le dessus des noisettes de beurre et faites cuire 30 mn à four moyen.

■ ***Dîner :*** **Rôti de veau haché ■ Pâtes au beurre ■ Fromage ■ Quatre-quarts ■ Confiture de fraises**

Rôti de veau haché

1,200 kg d'épaule de veau hachée, 200 g de lard de poitrine demi-sel, 3 oignons, 1 bouquet de persil, sel, poivre, muscade, 1 crépine de porc, 2 cuil. à soupe d'huile, 30 g de beurre.

Ajoutez à la viande hachée le lard, le persil et 1 oignon hachés. Salez, poivrez, saupoudrez de muscade râpée. Travaillez ce mélange à la fourchette en lui donnant la forme d'un boudin. Lavez la crépine à l'eau claire, posez-la sur la table et enroulez dedans le boudin de viande. Faites revenir ce rôti à la cocotte dans le beurre et l'huile. Lorsqu'il a pris une teinte dorée, ajoutez les 2 autres oignons émincés, 1 verre d'eau. Couvrez et laissez cuire 40 mn environ.

SEPTEMBRE
3e SEMAINE
JEUDI

■ ***Déjeuner :*** **Soufflé au jambon ■ Artichauts vinaigrette ■ Poires au sirop**

Soufflé au jambon

50 g de farine, 30 g de beurre, 1/2 litre de lait, 5 œufs, 2 belles tranches de jambon hachées, sel, poivre, noix de muscade.

Dans une casserole, préparez une béchamel épaisse. Ôtez la casserole du feu, salez peu, poivrez, saupoudrez de muscade râpée. Lorsque la préparation est tiède, ajoutez un à un les jaunes d'œufs puis le jambon. Battez les blancs en neige ferme, ajoutez-les délicatement à la préparation.

Beurrez un moule à soufflé, remplissez-le de cet appareil et faites cuire à four doux 30 à 35 mn. Servez immédiatement.

■ ***Dîner :*** **Bœuf bourguignon ■ Pommes à l'anglaise ■ Fromage ■ Bananes**

Bœuf bourguignon

1,500 kg de gîte, 3/4 de bouteille de bon vin rouge, 2 cuil. à soupe rases de farine, 200 g de lard de poitrine fumée, 1 petit verre de cognac, 250 g de champignons de Paris, 3 cuil. à soupe d'huile, 75 g de beurre, sel, poivre, 1 carotte, thym, romarin, 1 citron.

Dans une terrine, mettez la viande coupée en morceaux de 3 cm de côté, ajoutez 1 cuil. à soupe d'huile, 4 ou 5 grains de poivre, le sel, la carotte coupée en rondelles, du thym, du romarin, arrosez de cognac et de vin. Laissez mariner au moins 4 h. Épongez les morceaux de viande et passez la marinade.

Dans une cocotte, faites chauffer 2 cuil. d'huile et 25 g de beurre, mettez la viande et les lardons à dorer, ôtez-les de la cocotte, réservez-les. Videz la graisse de la cocotte, remplacez-la par 50 g de beurre. Faites un roux avec la farine et délayez avec le liquide de la marinade passée. Amenez à ébullition, remettez la viande et le lard. Couvrez et laissez cuire 2 h 30 à petit feu.

Quinze minutes avant de servir, ajoutez les champignons, lavés à l'eau citronnée. Dégraissez la sauce et servez dans un plat chaud.

SEPTEMBRE
3e SEMAINE
VENDREDI

■ *Déjeuner :* **Maquereaux au vin blanc ▪ Pommes à l'anglaise ▪ Berrichons**

Berrichons

125 g de sucre, 125 g d'amandes en poudre, 50 g de farine, 4 blancs d'œufs, 15 g de beurre.

Dans une terrine, battez les blancs en neige très ferme, ajoutez la poudre d'amandes, le sucre et la farine tamisée.

Mélangez délicatement avec une spatule en bois en soulevant la masse de pâte par en dessous.

Versez la pâte dans une poche à douille unie et disposez des petits boudins sur une plaque beurrée et farinée. Faites cuire à four assez chaud (préchauffé) pendant 8 à 10 mn.

■ ***Dîner :*** **Bettes en gratin ■ Fromage blanc ■ Compote de quetsches**

Bettes en gratin

1 belle botte de bettes, 1 cuil. à soupe de farine, 1 bol de sauce béchamel, 100 g de crème fraîche, 50 g de gruyère râpé, 25 g de beurre.

Séparez les côtes des feuilles. Avec un petit couteau, ôtez les filaments qui se trouvent sur les deux faces des côtes. Coupez-les en morceaux de 3 à 4 cm de long, lavez-les et plongez-les dans une casserole d'eau bouillante salée, additionnée d'une cuillerée de farine. Laissez cuire 30 mn, égouttez. Parallèlement faites cuire les feuilles à l'eau bouillante salée pendant 20 mn. Égouttez-les, hachez-les finement. Ajoutez ce hachis à la sauce béchamel dans laquelle vous aurez mis la crème fraîche et les 3/4 du gruyère râpé.

Beurrez un plat allant au four, mettez les côtes de bettes, recouvrez de sauce au fromage, saupoudrez du reste de gruyère et parsemez de noisettes de beurre.

SEPTEMBRE
3e SEMAINE
SAMEDI

■ ***Déjeuner :*** **Salade de tomates et de concombres ■ Gigot à l'anglaise ■ Pommes vapeur ■ Fromage ■ Poires**

Gigot à l'anglaise

1 gigot, 3 carottes, 4 navets, 1 oignon piqué de 2 clous de girofle, 3 poireaux, 1 bouquet garni, sel, poivre.
Pour la sauce : *125 g de beurre, 3 cuil. à soupe de farine, 2 cuil. à soupe de câpres.*

Si le manche du gigot est un peu long, faites-le couper par votre boucher. Pesez le gigot. Épluchez et lavez les légumes, ficelez les poireaux et le bouquet garni. Jetez tous les légumes dans une grande marmite, avec sel et poivre, recouvrez-les très largement d'eau chaude. Mettez la marmite sur le feu, amenez à ébullition. Lorsque l'eau bout, plongez le gigot, couvrez, laissez reprendre l'ébullition et comptez à partir de ce moment 15 mn de cuisson par livre de viande.

Dans une casserole, faites un roux avec 40 g de beurre et la farine, laissez cuire quelques instants et mouillez d'un seul coup avec 1/2 litre de bouillon de cuisson dégraissé. Mélangez, faites cuire 5 à 8 mn. Hors du feu, incorporez par petits morceaux le reste du beurre en battant au fouet à sauce. Pour terminer, ajoutez les câpres égouttés.

Sur un plat chaud, servez le gigot coupé en tranches entouré des pommes vapeur.

■ ***Dîner :*** **Jambon de campagne ▪ Salade de haricots verts à l'échalote ▪ Gâteau aux pruneaux**

Gâteau aux pruneaux

À préparer la veille.
250 g de pruneaux, 1 litre de thé fort, 125 g de beurre, 250 g de sucre, 250 g de farine, 4 œufs.

Lavez les pruneaux à l'eau courante et faites-les tremper toute une nuit dans l'infusion de thé. Le lendemain, dénoyautez-les.

Dans une terrine tiède, travaillez à la fourchette le beurre en pommade (n'oubliez pas de le sortir à l'avance du réfrigérateur). Ajoutez le sucre et mélangez. Incorporez un à un les 4 jaunes d'œufs, puis la farine tamisée, les blancs battus en neige et enfin les pruneaux.

Beurrez et farinez légèrement un moule à manqué, versez la pâte et faites cuire à four doux 40 mn. Démoulez le gâteau sur une grille.

SEPTEMBRE
3e SEMAINE
DIMANCHE

■ *Déjeuner :* Huîtres ▪ Faisan rôti ▪ Purée de marrons ▪ Fromages

Faisan rôti

1 faisan, 1 barde de lard, 1 petit-suisse, sel, poivre, 4 tranches de pain de mie, huile.

Plumez, flambez et videz le faisan. Dans une petite assiette, travaillez le petit-suisse avec du sel et du poivre. Farcissez-en le faisan, recousez-le et entourez-le de la barde de lard, ficelez.

Mettez le faisan à cuire à four chaud pendant 40 à 45 mn, retournez-le en cours de cuisson, arrosez-le et laissez-le dans le four 5 mn à feu éteint. Faites frire à l'huile les tranches de pain de mie, mettez-les sur le plat de service chaud et posez sur chacune 1/4 de faisan. Servez très vite.

■ *Dîner :* Terrine de foies de volaille ▪ Salade de laitue à l'estragon ▪ Fromage ▪ Pets-de-nonne

Pets-de-nonne

Pour 6 personnes : *1/4 de litre d'eau, 100 g de beurre, 1 pincée de sel, 1 cuil. à soupe rase de sucre, 150 g de farine, 5 œufs, 2 cuil. à soupe d'eau de fleur d'oranger, huile de friture, sucre glace.*

Dans une grande casserole faites bouillir l'eau avec le sucre, le beurre et le sel. Jetez-y la farine d'un seul coup. Remuez jusqu'à ce que la pâte se détache de la casserole et de la spatule. Éteignez le feu, travaillez encore la pâte une minute. Ajoutez le premier œuf entier. Travaillez énergiquement pour l'incorporer parfaitement. De ce premier œuf dépend toute l'élasticité de la pâte. Ajoutez les 4 autres en mélangeant bien chaque fois, et enfin l'eau de fleur d'oranger. Travaillez la pâte quelques minutes pour la raffermir.

Faites chauffer la friture. Déposez de petits tas de pâte prélevés à la petite cuillère, modérez le feu pour qu'ils ne brunissent pas avant d'avoir gonflé et flotté. Sortez-les sur un papier absorbant. Servez-les tièdes saupoudrés de sucre glace. Traditionnellement, on accompagne les pets-de-nonne de marmelade d'abricots.

SEPTEMBRE
4e SEMAINE
LUNDI

■ ***Déjeuner :*** **Omelette de grand-mère ■ Batavia à la ciboulette ■ Yaourts ■ Poires**

Omelette de grand-mère

8 œufs, 4 tranches de pain de mie, 125 g de lard de poitrine fumé, 3 cuil. à soupe d'huile, 30 g de beurre, sel, poivre.

Coupez les tranches de pain de mie en gros dés, faites-les frire dans 3 cuil. d'huile, réservez-les, Coupez le lard également en dés, faites-le dorer à la poêle, ajoutez-le au pain de mie. Battez les œufs, en omelette, ajoutez 2 cuil. à soupe d'eau, sel et poivre. Versez-les dans une poêle contenant le beurre fondu, ajoutez le lard et les croûtons. Faites cuire à feu doux en soulevant l'omelette avec une fourchette. Lorsque l'omelette est cuite mais encore moelleuse, posez-la sur un plat de service chaud.

■ ***Dîner :*** **Côtes de porc grillées ■ Pommes de terre en robe des champs ■ Raisin**

Pommes de terre en robe des champs

8 jolies pommes de terre, 125 g de beurre, persil, sel, poivre, crème fraîche, cumin, fines herbes.

Malaxez le beurre avec le persil haché, du sel et du poivre. Roulez-le dans une feuille d'aluminium, mettez-le au frais. Hachez les fines herbes, incorporez-les à la crème fraîche.

Brossez les pommes de terre, faites-les cuire dans leur peau 20 mn environ dans une grande casserole d'eau salée. Égouttez-les, servez-les enveloppées dans une serviette. Présentez en même temps le beurre persillé, la crème aux fines herbes, le cumin, le sel et le poivre.

SEPTEMBRE
4e SEMAINE
MARDI

■ ***Déjeuner :*** **Champignons de Paris à la crème ■ Saucisses de Francfort à la choucroute ■ Bananes**

Champignons de Paris à la crème

300 g de champignons de Paris, 2 citrons, 3 cuil. à soupe de crème, sel, poivre, persil.

Ôtez le bout terreux des champignons, lavez-les un par un, avec une petite brosse sous l'eau courante et plongez-les, immédiatement dans de l'eau citronnée. Épongez-les, coupez-les en lamelles, déposez-les dans un saladier et arrosez-les, au fur et à mesure, du jus du second citron. Ajoutez la crème, sel, poivre, mélangez et saupoudrez d'un hachis de persil.

■ ***Dîner :*** **Salade de laitue au pamplemousse ■ Spaghettis bolognaise ■ Fromage blanc à la confiture d'abricot**

Salade de laitue au pamplemousse

1 belle laitue, 1 pamplemousse, 3 cuil. à soupe d'huile,
1 cuil. à soupe de vinaigre de cidre, 1 cuil. à café de moutarde,
persil, fines herbes, sel, poivre.

Dans un bol, mélangez le sel, le poivre, la moutarde et l'huile ; ajoutez le vinaigre, remuez encore.

Épluchez la laitue, lavez-la, égouttez-la et dressez-la dans le saladier.

Épluchez le pamplemousse en ôtant tout le blanc. Détachez les quartiers et, avec un petit couteau fin, enlevez la pellicule qui les recouvre.

Posez les quartiers de pamplemousse sur la laitue, saupoudrez de persil et fines herbes hachées, arrosez de sauce et mélangez seulement au moment de servir la salade.

SEPTEMBRE
4e SEMAINE
MERCREDI

■ ***Déjeuner :*** **Radis roses ■ Hamburgers au fromage ■ Œufs à la neige**

Hamburgers au fromage

700 g de bifteck de bœuf haché, un carré de 150 g de gruyère, 4 tranches de pain de mie, 2 échalotes, 1 bouquet de persil, 50 g de beurre, huile.

Hachez les échalotes et le persil. Dans un plat creux, salez et poivrez la viande, ajoutez le hachis, mélangez. Formez quatre biftecks, fendez-les en deux, posez au centre une fine tranche de gruyère. Reformez les biftecks et faites-les cuire à la poêle, au beurre, 5 à 8 mn, selon votre goût. D'autre part, faites dorer à l'huile les tranches de pain de mie.

Au moment de servir, posez chaque morceau de viande sur un toast.

■ *Dîner :* Saucisson sec ■ Champignons farcis ■ Laitue aux fines herbes ■ Fromage ■ Raisin

Champignons farcis

6 gros champignons de Paris, 1 échalote, 1 gousse d'ail, 1 poignée de persil, 1 tranche de pain de mie, 1 tasse de lait, 1 verre d'huile d'olive, 50 g de chapelure.

Ôtez le bout terreux, lavez et épongez les champignons. Coupez les queues, hachez-les avec l'échalote, l'ail et le persil. Faites revenir à la poêle ce hachis dans un peu d'huile d'olive. Faites tremper le pain dans le lait chaud, essorez-le, mélangez-le au hachis.

Passez rapidement dans un peu d'huile à feu vif les têtes des champignons, égouttez-les et posez-les dans un plat allant au four. Remplissez chaque tête d'un peu de hachis, saupoudrez de chapelure et faites gratiner 10 mn au four.

Cette façon de préparer les champignons convient admirablement aux cèpes.

SEPTEMBRE
4e SEMAINE
JEUDI

■ *Déjeuner :* Moules au curry ■ Riz créole ■ Fromage ■ Compote de quetsches

Moules au curry

3 litres de moules, 2 verres de bon vin blanc sec, 1 cuil. à soupe de farine, 50 g de beurre, 2 jaunes d'œufs, 1 cuil. à dessert de curry, 100 g de crème, poivre, persil.

Grattez les moules une à une, lavez-les à plusieurs eaux et faites-les ouvrir sur feu vif avec le vin blanc, le persil et le poivre. Lorsqu'elles sont juste ouvertes, mettez-les sur le plat de service en retirant une des coquilles. Tenez les moules au chaud. Passez le jus de cuisson à travers une passoire fine où vous aurez mis un papier absorbant. Dans une casserole, faites fondre le beurre, ajoutez la farine, laissez-la cuire quelques instants, mouillez avec le jus de cuisson, faites bouillir quelques minutes.

Dans un bol, délayez les jaunes, la crème et le curry. Ajoutez cette préparation à la sauce, ne faites plus bouillir. Arrosez les moules avec cette sauce, servez immédiatement, accompagné de riz créole servi dans des bols individuels.

■ ***Dîner :*** **Omelette aux foies de volailles ■ Chicorée frisée aux croûtons ■ Salade d'oranges ■ Meringues maison**

Meringues maison

Pour environ 2 douzaines de meringues : *4 blancs d'œufs, 250 g de sucre semoule, 20 g de beurre, 25 g de farine, 1/2 sachet de sucre vanillé, sucre glace.*

Battez les blancs en neige. Ajoutez petit à petit 100 g de sucre semoule tamisé en continuant à battre. Lorsque les blancs sont très fermes, ajoutez le reste du sucre tamisé avec la farine et le sucre vanillé à l'aide d'une spatule, en soulevant la masse. Beurrez et farinez la tôle du four. À la poche à douille de 12 à 16 suivant la taille souhaitée des meringues, déposez des tas allongés. Saupoudrez abondamment de sucre glace (à la chaleur, il va glacer la croûte des meringues de petites perles).

Mettez aussitôt au four chauffé à 150 °C. Laissez le four un peu entrouvert, mais ne l'ouvrez pas avant 30 mn. Couvrez d'un papier de soie si la couleur fonçait (elles doivent être à peine crème). Lorsque les meringues sont cuites, détachez-les et retournez-les avec précaution pour qu'elles sèchent 3 à 4 h à température douce.

SEPTEMBRE
4e SEMAINE
VENDREDI

■ ***Déjeuner :*** **Carottes et céleri-rave râpés ▪ Cabillaud frit ▪ Pommes à l'anglaise persillées ▪ Poires**

Cabillaud frit

4 tranches de cabillaud de 2 cm d'épaisseur, 100 g de farine, 2 verres de lait, sel, persil, citron, huile de friture.

Lavez le persil, égouttez-le, coupez-le en petits bouquets.

Lavez les darnes de poisson, épongez-les. Trempez-les d'abord dans le lait puis dans la farine. Secouez-les pour faire tomber l'excédent de farine. Immédiatement, plongez-les dans la friture très chaude.

Faites-les dorer sur les deux faces. Égouttez-les et posez-les sur un linge, salez-les. Plongez 2 secondes le persil dans la friture, égouttez-le, coupez les queues. Dressez les tranches sur un plat chaud, entourez-les de persil frit et de quartiers de citron.

■ ***Dîner :*** **Tarte aux poireaux ▪ Laitue à la ciboulette ▪ Yaourts ▪ Salade de fruits**

Tarte aux poireaux

1,500 kg de poireaux, 1 paquet de pâte feuilletée surgelée, 250 g de crème fraîche, 1 dl de lait, 3 œufs, 40 g de beurre, sel, poivre, muscade.

Épluchez les poireaux, fendez-les et lavez-les sous l'eau courante (utilisez surtout la partie blanche, conservez le vert pour un potage). Émincez les blancs des poireaux, faites-les fondre doucement au beurre en sauteuse, pendant 5 mn environ. Épongez-les sur un papier absorbant.

Étendez la pâte feuilletée, au rouleau, sur 3 mn d'épaisseur. Chemisez-en un moule à tarte légèrement beurré. Réservez au frais. Dans une terrine, battez au fouet ensemble les œufs, la crème et le lait. Salez, poivrez, muscadez. Sortez la pâte du frais, répartissez les poireaux sur le fond et remplissez du mélange œufs-crème-lait. Faites cuire 10 mn à four chaud, puis 20 à 25 mn à four moyen. Servez chaud.

SEPTEMBRE
4e SEMAINE
SAMEDI

■ ***Déjeuner :*** **Paupiettes comme en Suisse ■ Purée d'artichauts ■ Raisin**

Paupiettes comme en Suisse

4 petites escalopes de veau, 2 tranches fines de jambon fumé, 150 g de gruyère, 3 oignons, 30 g de beurre, 1 cuil. à soupe d'huile, sel, poivre.

Aplatissez les escalopes et donnez-leur la forme d'un rectangle. Coupez le jambon en deux, le fromage en quatre tranches.

Sur chaque escalope, posez un morceau de jambon, un morceau de gruyère. Roulez le tout et ficelez. Dans une cocotte, faites chauffer le beurre et l'huile, mettez les paupiettes, faites-les dorer de tous côtés et ajoutez les oignons coupés en quatre. Salez légèrement, poivrez, mouillez avec 1/2 verre d'eau. Couvrez et laissez cuire 40 mn environ.

■ ***Dîner :*** **Paella ■ Tarte Tatin**

Tarte Tatin

200 g de farine, 150 g de beurre, 100 g de sucre en poudre, 6 pommes, sel.

Préparez une pâte en travaillant la farine avec 100 g de beurre divisé en morceaux, délayez avec 1/2 verre d'eau salée, formez une boule. Épluchez les pommes, coupez-les chacune en 8 quartiers. Faites-les dorer à la poêle dans 50 g de beurre, saupoudrez de la moitié du sucre. Secouez la poêle de temps en temps pour les faire sauter. Lorsqu'elles sont dorées, ôtez-les du feu.

Beurrez un moule à manqué, saupoudrez du restant de sucre, disposez les pommes. Étendez la pâte au rouleau et posez-la sur le dessus du moule, rentrez à l'intérieur les morceaux qui débordent. Faites cuire 30 mn à four chaud. Retournez la tarte sur un plat et servez-la tiède, nature ou avec de la crème fraîche.

SEPTEMBRE
4e SEMAINE
DIMANCHE

■ *Déjeuner :* Terrine de courgettes au coulis de tomates frais ■ Gratin de langoustines ■ Fromage ■ Sorbet aux poires

Terrine de courgettes au coulis de tomates frais

1,250 kg de courgettes, 3 œufs, 250 g de crème fraîche, 40 g de beurre, 3 cuillerées à soupe de fines herbes hachées (menthe, persil, cerfeuil), sel, poivre, piment de Cayenne.
Pour le coulis : *1,200 kg de tomates mûres, 2 cuillerées à soupe d'huile d'olive, le jus d'un citron, 1 bouquet de basilic haché, sel, poivre.*

Lavez les courgettes, essuyez-les, râpez-les comme vous le feriez pour les carottes, mettez-les dans un linge et pressez pour en ôter toute l'eau. Dans une sauteuse, faites fondre 30 g de beurre, ajoutez les courgettes, faites-les cuire à feu vif 5 à 8 mn. Égouttez-les. Dans une jatte, battez les œufs avec la crème fraîche, ajoutez les courgettes, les herbes, sel, poivre et un peu de Cayenne.

Garnissez de cette préparation un moule à cake tapissé de papier sulfurisé beurré et faites cuire à four moyen, au bain-marie, pendant 1 h 10 environ. Laissez refroidir avant de démouler. Servez avec du coulis de tomates frais. *Préparez le coulis.* Plongez les tomates 1 mn dans une casserole d'eau bouillante. Épluchez-les. Ouvrez-les en deux, pressez-les entre vos mains pour ôter les graines. Mettez la chair dans un mixer avec sel et poivre, huile d'olive, jus de citron, basilic. Faites tourner. Ajoutez l'huile et le jus de citron, faites tourner. Servez frais. Ce coulis peut accompagner également les poissons cuits à la vapeur ou au micro-ondes.

Gratin de langoustines

12 ou 16 langoustines, 25 g de beurre, 1 cuil. à soupe de farine, 1 verre de lait, 200 g de crème fraîche, 2 jaunes d'œufs, sel, poivre, 1 sachet de court-bouillon en poudre.

Mettez les queues de langoustines dans une grande casserole, avec le court-bouillon en poudre, recouvrez avec 1 litre 1/2 d'eau, amenez à ébullition et laissez cuire 5 mn. Égouttez et retirez la chair des carapaces.

Dans une casserole, faites fondre le beurre, ajoutez la farine, laissez-la cuire quelques instants et, hors du feu, mouillez avec le lait, salez, poivrez, remettez sur le feu et faites cuire 5 mn. Dans un bol, mélangez les jaunes avec la crème, ajoutez petit à petit un peu de sauce, puis toute la sauce. Mettez les queues de langoustines dans un plat à gratin, nappez de sauce et faites gratiner à four moyen 15 mn environ.

■ ***Dîner :*** **Salade de tomates aux œufs durs ■ Fruits au sirop**

[illegible]

Gratin de [illegible]

[illegible]

[illegible]

[illegible]

[illegible]

Octobre

OCTOBRE
1re SEMAINE
LUNDI

■ *Déjeuner :* Croque-monsieur ■ Salade de laitue et tomates ■ Fromage blanc

Croque-monsieur

1 belle tranche de jambon, 1 morceau de 200 g de gruyère, 8 tranches de pain de mie d'1 bon cm d'épaisseur, 40 g de beurre, 1 appareil à croque-monsieur.

Coupez le jambon et le gruyère en quatre tranches. Posez une tranche de jambon et une de gruyère sur une tranche de pain de mie, recouvrez avec une seconde tranche de pain. Beurrez extérieurement le pain, des deux côtés. Posez les croque-monsieur dans l'appareil, refermez-le, mettez sur feu moyen. Au bout de 5 mn, retournez, laissez cuire autant de temps de l'autre côté.

Si vous n'avez pas d'appareil spécial, ne beurrez pas les croque-monsieur, faites-les cuire à la poêle dans le beurre fondu sur feu doux pour éviter qu'ils brûlent.

■ *Dîner :* Chipolatas grillées ■ Riz créole au basilic ■ Poires au cassis

Riz créole au basilic

250 g de riz, 30 g de beurre, 2 gousses d'ail, 1 grosse poignée de feuilles de basilic, 1 tomate, 75 g de gruyère râpé, 1 cuillerée à soupe d'huile d'olive, sel.

Préparez un riz créole de la façon suivante : lavez le riz à l'eau courante, égouttez-le. Mettez-le à cuire dans une grande quantité d'eau bouillante salée. Comptez 18 à 20 mn de cuisson. Égouttez le riz, passez-le sous l'eau froide, égouttez à nouveau. Le riz est maintenant prêt à l'emploi et peut attendre. Dans un mixeur, mettez l'ail, le basilic, la tomate épluchée et épépinée. Faites tourner. Ajoutez à cette pommade le râpé et l'huile d'olive, mixez à nouveau.

Mettez le riz à réchauffer doucement au four dans un plat en terre, beurré. Lorsqu'il est chaud et au moment de le servir, nappez-le de la pommade, mélangez et servez tout de suite.

OCTOBRE
1re SEMAINE
MARDI

■ ***Déjeuner :*** **Filets de saint-pierre à la tomate ■ Pommes de terre à la vapeur ■ Raisin**

Filets de saint-pierre à la tomate

4 filets de saint-pierre, 750 g de tomates, 1 oignon, 1 gousse d'ail, persil, sel, poivre, 2 verres de lait, 100 g de farine, huile.

Épluchez les tomates, égrenez-les. Coupez-les en quatre, faites-les fondre à la poêle avec l'oignon émincé, dans 3 cuillerées à soupe d'huile. Saupoudrez d'un hachis d'ail et de persil.

Lavez les filets de saint-pierre, épongez-les. Trempez-les dans le lait puis roulez-les rapidement dans la farine. Secouez pour ôter l'excédent de farine.

Faites dorer très vite les filets dans l'huile chaude, retournez-les, faites dorer de l'autre côté, salez, poivrez. Dans un plat, versez les tomates fondues, posez dessus les filets de poisson.

■ ***Dîner fin pour les amis :*** **Coquilles Saint-Jacques à la provençale ■ Poulet de marraine ■ Pommes de terre sautées ■ Laitue ■ Fromage ■ Gâteau raté**

Coquilles Saint-Jacques à la provençale

16 grosses coquilles Saint-Jacques, 100 g de beurre, 2 gousses d'ail, 1 bouquet de persil, sel, poivre.

Avec un couteau pointu, ouvrez les coquilles. Sortez les noix des coquilles, ôtez la poche noire, puis lavez-les à l'eau courante, épongez. Séparez la noix du corail. Coupez la noix en deux dans le sens de l'épaisseur.

Dans une sauteuse, faites chauffer 50 g de beurre, mettez la noix des coquilles, faites cuire 4 à 5 mn environ. Salez, poivrez. Sortez-les de la sauteuse, épongez-les sur un papier absorbant. Jetez le beurre, nettoyez la sauteuse. Remettez dedans le reste du beurre sur feu très doux, ajoutez les coquilles Saint-Jacques et un fin hachis d'ail et de persil. Laissez juste le temps nécessaire au beurre de fondre. Servez aussitôt dans les coquilles lavées et essuyées qui serviront de plats individuels.

OCTOBRE
1re SEMAINE
MERCREDI

■ ***Déjeuner :*** **Cœurs d'artichauts à l'huile ■ Escalopes à la milanaise ■ Spaghettis ■ Poires**

Escalopes à la milanaise

4 escalopes, 100 g d'emmenthal râpé, 50 g de chapelure, 30 g de beurre, 1 cuil. à soupe d'huile, 1 bol de coulis de tomates, sel, poivre.

Dans une assiette, mélangez 50 g de fromage et la chapelure. Roulez chaque escalope dans ce mélange.

Faites chauffer dans une poêle le beurre et l'huile, mettez les escalopes à dorer sur les deux faces, salez, poivrez et laissez-les cuire 8 à 10 mn. Servez à part un bol de coulis ou de sauce tomate, le reste du râpé et les spaghettis.

■ *Dîner :* Crêpe aux pommes de terre ■ Scarole ■ Yaourts ■ Gâteau mousseline de pommes

Gâteau mousseline de pommes

1,500 kg de pommes de reinette, 200 g de sucre en poudre, 5 œufs, 65 g de beurre.
Pour le caramel : *10 morceaux de sucre.*

Épluchez les pommes, coupez-les en quatre, ôtez les pépins, faites cuire les fruits dans une casserole avec 2 cuil. à soupe d'eau. Vous devez obtenir une compote très sèche. Laissez-la refroidir. Ajoutez ensuite le sucre en poudre, les œufs battus en omelette et le beurre fondu, mélangez le tout. Dans un moule à manqué à fond anti-adhésif, faites un caramel avec le sucre en morceaux et 1 cuil. à soupe d'eau. Étendez le caramel sur toute la surface du moule, laissez-le refroidir. Remplissez-le de la préparation à base de pommes, mettez à cuire à four moyen, 1 h 30 au bain-marie. Laissez refroidir avant de démouler.

OCTOBRE
1re SEMAINE
JEUDI

■ *Déjeuner :* Bœuf aux olives ■ Chips ■ Poires

Bœuf aux olives

1,200 kg de bœuf à braiser, 2 cuil. à soupe d'huile d'olive, 1 pied de veau, 1 carotte, 1 oignon, 1/2 bouteille de vin rouge de qualité, 2 gousses d'ail non épluchées, 1 bouquet garni, 250 g d'olives vertes, sel, poivre.

Dans une cocotte, faites dorer à l'huile la viande de toutes parts. Ajoutez le pied de veau fendu en deux, la carotte, l'oignon, le bouquet garni, l'ail, sel, poivre. Mouillez avec le vin, couvrez et laissez cuire doucement 4 h. Trente minutes avant la fin de la cuisson, ajoutez les olives dessalées et dénoyautées.

Si vous utilisez un auto-cuiseur, comptez 1 h 15 de cuisson à partir de la mise en route de la soupape.

■ ***Dîner :*** **Bœuf au gratin ■ Endives braisées ■ Fromage ■ Pommes au four**

Bœuf au gratin

Les restes de bœuf bouilli ou braisé supportent parfaitement d'être réchauffés et font ainsi d'excellents plats économiques.

4 tranches de bœuf à braiser (ou reste de bœuf aux olives), persil, 1 oignon, 1 verre de vin blanc sec, 30 g de chapelure, sel, poivre.

Posez les tranches de viande dans le fond d'un plat à gratin, mouillez avec le vin blanc, salez, poivrez, saupoudrez tout d'abord d'un hachis d'oignon et de persil, puis de chapelure. Faites gratiner à four chaud 10 bonnes minutes.

OCTOBRE
1re SEMAINE
VENDREDI

■ ***Déjeuner :*** **Maquereaux grillés ■ Pommes de terre en robe des champs ■ Oranges**

Maquereaux grillés

4 beaux maquereaux, 1 bouquet de thym, 1/2 verre d'huile, sel, poivre.

Videz et essuyez les poissons. Dans un bol, mettez l'huile, le sel et le poivre, mélangez à l'aide du bouquet de thym.

Faites, avec un bon couteau, 2 incisions sur chaque face des poissons. Avec le bouquet de thym, badigeonnez les maquereaux d'huile. Allumez 15 mn à l'avance le grilloir du four. Posez les poissons sur la grille, enfournez en plaçant la grille aux 3/4 de la hauteur du foyer. Faites cuire 5 à 7 mn sur chaque face.

■ ***Dîner :*** **Pâtés impériaux ▪ Riz cantonais ▪ Yaourts aux fruits**

Pâtés impériaux

1 paquet de crêpes de riz, 20 g de champignons noirs secs, 40 g de vermicelles chinois, 150 g de porc frais maigre, 1 œuf, 8 grains de coriandre écrasés, 2 petits oignons blancs hachés, 1/2 gousse d'ail, huile de friture, sel, poivre, laitue, menthe fraîche.

Faites tremper séparément le vermicelle et les champignons 20 mn à l'eau chaude non bouillante. Hachez fin le porc, les oignons, l'ail. Faites revenir 5 mn à la poêle. Mélangez avec les grains de coriandre le vermicelle bien égoutté, les champignons épongés et coupés en petits morceaux, l'œuf. Salez, poivrez.

Faites ramollir les crêpes une par une sans les briser entre deux linges mouillés. Prélevez une grosse cuillerée à soupe de farce, modelez-la en boudin et, très vite, enroulez-la dans la crêpe. Rabattez les deux bouts dessous.

Faites chauffer 2 à 3 cm d'huile dans une poêle, dorez les rouleaux de toutes parts sans hâte, pour que l'intérieur soit cuit lorsqu'ils seront dorés. Servez sur feuille de laitue avec quelques bouquets de menthe, accompagné d'un flacon de sauce au soja et d'un petit pot de piment à l'huile.

OCTOBRE
1re SEMAINE
SAMEDI

■ ***Déjeuner :*** **Fenouils en salade ■ Pieds de veau vinaigrette ■ Pommes à l'anglaise ■ Bananes**

Pieds de veau vinaigrette

4 pieds de veau fendus en 2, 1 sachet de court-bouillon, 1 bol de vinaigrette moutardée.

Rincez les pieds sous l'eau chaude. Puis mettez-les dans un fait-tout avec le sachet de court-bouillon. Recouvrez-les d'eau froide et amenez à ébullition. Écumez si cela est nécessaire, couvrez et laissez cuire 1 h 30. (Dans un auto-cuiseur, comptez 30 mn de cuisson.)

Égouttez les pieds de veau et dressez-les sur un plat chaud. Servez la vinaigrette en saucière.

■ ***Dîner :*** **Soupe poireaux-pommes de terre ■ Omelette aux oignons ■ Laitue ■ Fromage ■ Tourte aux pommes**

Tourte aux pommes

400 g de pâte feuilletée surgelée, 1 kg de pommes, 100 g de sucre en poudre, 1 jaune d'œuf, 1 cuil. à soupe de sucre glace.

Sortez la pâte du réfrigérateur 2 h avant de l'utiliser et coupez-la en deux. Étendez la première moitié et chemisez-en un moule à tarte, laissez largement dépasser les bords. Pratiquez de petites incisions dans le fond de la pâte.

Épluchez les pommes, coupez-les en très petits dés. Posez-les sur la pâte, saupoudrez de sucre. Étendez le reste de la pâte, posez-la sur le tout et roulez les bords l'un sur l'autre. Avec un couteau, dessinez des losanges et, avec un pinceau trempé dans le jaune d'œuf battu, dorez la tourte. Faites cuire à four moyen 35 mn. Saupoudrez le dessus de sucre glace et remettez 5 mn au four.

OCTOBRE
1re SEMAINE
DIMANCHE

■ *Déjeuner :* Épaule d'agneau rôtie ■ Flageolets ■ Laitue ■ Fromage ■ Gâteau surprise

Gâteau surprise

6 œufs, 1 cuil. à café de farine, 1/2 litre de lait, 1 bâton de vanille, 300 g de pralines roses, 200 g de sucre en poudre, 10 morceaux de sucre, 1 pincée de sel.

Séparez les jaunes des blancs. Dans une grande casserole, battez les jaunes avec la moitié du sucre en poudre ; lorsque le mélange est homogène, ajoutez peu à peu le lait bouillant et vanillé. Faites prendre doucement cette crème sur le feu jusqu'à ce qu'elle nappe le dos de la cuiller, mais elle ne doit pas bouillir. Laissez-la refroidir avant de la mettre au réfrigérateur.

Dans un moule à manqué, faites un caramel avec les morceaux de sucre et 1 cuil. à soupe d'eau. Étendez-le sur toutes les parois du moule. Battez les blancs en neige très ferme en leur ajoutant le reste du sucre, la farine, 1 pincée de sel et les pralines passées au mixer. Réservez-en quelques-unes pour la décoration. Le moule doit être assez grand pour contenir les 6 blancs battus. Faites cuire à four assez chaud et au bain-marie, 40 mn environ. Démoulez sur le plat de service, servez froid avec la crème anglaise en saucière.

■ *Dîner :* Agneau froid mayonnaise ■ Salade de pissenlits ■ Pain perdu au four

Pain perdu au four

8 tranches de pain de mie ou de pain brioché, 75 g de beurre, 1 œuf, 75 g de sucre en poudre, 1 verre de lait, 50 g d'amandes effilées.

Beurrez un plat allant au four, beurrez également les tranches de pain. Posez-les dans le plat, le côté beurré reposant dans le fond. Battez l'œuf entier avec la moitié du sucre et le lait. Avec une cuiller arrosez chaque tranche de ce mélange. Répartissez les amandes, saupoudrez avec le restant du sucre et ajoutez une noisette de beurre. Mettez à four moyen, préchauffé, pendant 15 mn. Servez chaud.

OCTOBRE
2e SEMAINE
LUNDI

■ ***Déjeuner :*** **Salade alsacienne ■ Fromage ■ Raisin**

Salade alsacienne

1 kg de pommes de terre à chair ferme, 1 tranche de jambon de campagne de 150 g, 1 cervelas, 1 tranche de langue écarlate, 2 cornichons, 1 cuil. à café de câpres, 1 betterave, 6 cuil. à soupe d'huile, 2 cuil. à soupe de vin blanc sec, 1 cuil. à soupe de vinaigre, 1 échalote, 1 bouquet de persil, 2 œufs durs, sel, poivre.

Lavez les pommes de terre, faites-les cuire à l'eau 20 mn avec leur peau. Égouttez-les, épluchez-les et coupez-les en rondelles dans un saladier, arrosez-les de vin blanc. Hachez les câpres, les cornichons, l'échalote, le persil. Ôtez la peau, coupez le cervelas en dés ainsi que le jambon et la langue écarlate. Ajoutez tous ces ingrédients, ainsi que la betterave coupée en dés, aux pommes de terre. Salez, poivrez, arrosez d'huile et de vinaigre. Mélangez aussitôt. Décorez de rondelles d'œufs durs.

■ *Dîner :* Jambon blanc ■ Gâteau d'épinards ■ Yaourts ■ Bananes

Gâteau d'épinards

1 kg d'épinards frais ou 500 g d'épinards surgelés, 3 œufs.
Pour la sauce béchamel : *50 g de beurre, 30 g de farine, 1/4 de litre de lait, 1 verre de crème, 50 g de gruyère râpé, sel, poivre, muscade.*

Épluchez les épinards, lavez-les, mettez-les à cuire dans très peu d'eau bouillante salée, pendant 10 mn, égouttez-les et hachez-les grossièrement. Si vous utilisez des épinards surgelés, plongez-les 5 mn seulement dans de l'eau bouillante salée.

Dans une grande casserole, faites un roux avec le beurre et la farine, mouillez avec le lait, laissez cuire 5 à 8 mn. Retirez la casserole du feu, ajoutez les épinards, la crème, les jaunes d'œufs, le gruyère râpé, salez, poivrez, saupoudrez de muscade râpée. Battez les blancs en neige ferme et ajoutez-les délicatement à la préparation. Beurrez un moule à soufflé, remplissez-le du mélange et mettez à four moyen pendant 30 mn. Servez immédiatement.

OCTOBRE
2e SEMAINE
MARDI

■ *Déjeuner :* Salade de tomates ■ Cèpes à la bordelaise ■ Fromage blanc ■ Raisin

Cèpes à la bordelaise

500 g de cèpes, 3 cuil. à soupe d'huile, 2 échalotes, persil, sel, poivre, 1/2 citron.

Ôtez le bout terreux des champignons, lavez-les sous l'eau courante, épongez-les. Coupez les cèpes en tranches, faites-les rissoler à l'huile, dans une poêle. Lorsqu'ils sont dorés, salez, poivrez, saupoudrez d'un hachis d'échalotes et de persil.

Laissez encore quelques secondes sur feu doux, arrosez du jus de citron et servez immédiatement.

■ ***Dîner pour les amis :*** **Pamplemousses ■ Escalopes au marsala ■ Petits pois au jambon ■ Laitue ■ Pudding pèlerin**

Escalopes au marsala

4 escalopes, 1/2 verre de marsala, 1 tranche de 1 cm de jambon, sel, poivre, 1 bouquet de cerfeuil, 50 g de farine, 500 g de petits pois surgelés, 60 g de beurre, 2 cuil. à soupe d'huile.

Plongez 5 mn les petits pois dans de l'eau bouillante, égouttez-les. Passez les escalopes dans la farine, faites-les dorer à la poêle dans 30 g de beurre et 2 cuil. à soupe d'huile, salez, poivrez. Dans une sauteuse, faites revenir dans le reste du beurre le jambon coupé en dés, ajoutez les petits pois, laissez chauffer tout doucement à couvert 15 mn. Lorsque les escalopes sont cuites, arrosez-les de marsala, laissez encore 5 mn sur le feu.

Dans un plat creux, dressez les petits pois au jambon, posez dessus les escalopes, arrosez de sauce et saupoudrez de cerfeuil.

OCTOBRE
2e SEMAINE
MERCREDI

■ ***Déjeuner :*** **Crevettes grises ■ Poulet rôti ■ Haricots verts ■ Gâteau au tapioca**

Gâteau au tapioca

75 g de tapioca, 3 verres à moutarde de lait, 4 œufs, 75 g de sucre en poudre, 10 morceaux de sucre, 1 pincée de sel, 50 g de beurre, 1 citron.

Dans une grande casserole, faites bouillir le lait avec le sucre et le zeste râpé de citron. Lorsqu'il est arrivé à ébullition, jetez le tapioca en pluie, ajoutez le beurre et une pincée de sel, mélangez rapidement, laissez cuire doucement 15 à 20 mn en remuant sans arrêt. Hors du feu, ajoutez les jaunes battus au préalable puis, peu à peu, les blancs battus en neige ferme.

Dans un moule à charlotte, faites un caramel avec 10 morceaux de sucre et 2 cuil. à soupe d'eau, étalez-le sur tout le moule. Remplissez-le de la pâte. Mettez à four doux au bain-marie pendant 45 mn. Démoulez froid.

■ ***Dîner :*** **Pommes de terre farcies ■ Batavia ■ Fromage blanc ■ Ananas au sirop**

Pommes de terre farcies

8 grosses pommes de terre, 1 tasse à déjeuner de sauce béchamel au fromage (recette p. 332, « Gâteau d'épinards »), 500 g d'épinards surgelés, 50 g de beurre, sel, poivre, muscade.

Lavez les pommes de terre, à la brosse, essuyez-les. Mettez-les dans un grand plat et faites cuire à four moyen pendant 1 h. Pendant ce temps, plongez les épinards dans de l'eau bouillante salée. Égouttez-les. Lorsque les pommes de terre sont cuites, ôtez la calotte et évidez-les. Hachez grossièrement les épinards, travaillez-les avec la pulpe, le sel, le poivre, un peu de muscade râpée et la béchamel au fromage. Remplissez les pommes de terre avec cette préparation, posez sur le dessus quelques noisettes de beurre et mettez à four moyen 20 mn.

OCTOBRE
2e SEMAINE
JEUDI

■ ***Déjeuner :*** **Œufs pochés au curry ■ Macaronis au gratin ■ Yaourts ■ Pommes**

Œufs pochés au curry

8 œufs, 1/2 verre de vinaigre d'alcool, 1 tasse à déjeuner de sauce béchamel (recette p. 332, « Gâteau d'épinards »), 1 cuil. à dessert de curry, 100 g de crème, 8 tranches de pain de mie rond, huile.

Mettez à chauffer 2,5 litres d'eau avec le vinaigre. Au moment où l'eau va frémir, réduisez le feu et cassez un à un 4 œufs. Couvrez et ôtez vite la casserole du feu. Comptez 4 mn de cuisson, les œufs doivent remonter à la surface. Égouttez-les sur un linge. Faites cuire la seconde tournée de la même façon. À la sauce béchamel chaude, incorporez le curry délayé avec la crème, mélangez, tenez la sauce au chaud.

Faites dorer les tranches de pain de mie à l'huile, égouttez-les. Présentez les œufs sur les toasts et nappez-les de sauce au curry.

■ ***Dîner :*** **Côtes de porc grillées ■ Chou en cocotte ■ Poires en paquet**

Poires en paquet

400 g de pâte feuilletée surgelée, 4 poires, 250 g de sucre en poudre, 1 œuf, 1 découpe-pâte.

Sortez la pâte du réfrigérateur au moins 2 h à l'avance. Préparez un sirop avec le sucre et 3/4 de litre d'eau. Épluchez les poires, laissez-les entières et faites-les pocher doucement 15 mn dans ce sirop en les retournant de temps en temps. Lorsqu'elles sont cuites, égouttez-les.

Étendez finement la pâte, coupez-la avec le découpe-pâte en quatre carrés, suffisamment grands pour envelopper chaque poire. Posez une poire au milieu, refermez le paquet en mouillant les bords pour les souder. Dorez la pâte avec le jaune d'œuf et faites cuire à four moyen 20 mn. Servez tiède, nature ou accompagné de crème fraîche.

OCTOBRE
2e SEMAINE
VENDREDI

■ *Déjeuner :* Crevettes roses ■ Quenelles de brochet au gratin ■ Yaourts ■ Oranges

Quenelles de brochet au gratin

8 quenelles de brochet, 1 tasse à thé de sauce béchamel (recette p. 332, « Gâteau d'épinards »), 150 g de crème fraîche, noix de muscade, 20 g de beurre, 1 cuil. à soupe de concentré de tomates.

Parfumez la sauce béchamel avec un peu de noix de muscade râpée, allongez-la de crème fraîche et colorez-la avec le concentré.

Disposez les quenelles dans le fond d'un plat à gratin, nappez-les de sauce et parsemez le dessus de noisettes de beurre. Passez 20 mn à four chaud.

■ *Dîner :* Soupe au potiron ■ Vernis au beurre ■ Fromage ■ Tarte au citron

Vernis au beurre

Les vernis sont de gros coquillages dont l'intérieur ressemble un peu aux coquilles Saint-Jacques.
24 vernis, pain de mie, beurre.

Lavez les coquillages sous l'eau courante, sans les faire tremper.

Posez-les dans le plat du four et faites-les ouvrir en les passant 5 mn à four moyen. Apportez-les sur la table et mangez-les nature avec du pain de mie et du beurre. Ôtez seulement la petite poche grise qui se trouve à l'intérieur et qui est pleine de graviers.

OCTOBRE
2e SEMAINE
SAMEDI

■ ***Déjeuner :*** **Magrets de canard aux mangues ■ Pommes de terre sautées ■ Laitue ■ Poires**

Magrets de canard aux mangues

3 magrets de canard (des vrais, prélevés sur des canards engraissés, ne pas confondre avec des filets de canards maigres), 2 mangues, 1 gousse d'ail pilée, 1 échalote hachée, quelques feuilles de céleri, 1 bouquet de coriandre fraîche, 50 g de sucre semoule, 50 g de crème fraîche, sel et poivre.

Préparez une infusion en faisant bouillir 1/4 litre d'eau avec l'ail, l'échalote et les feuilles de céleri. Laissez infuser 10 mn, passez et faites réduire à 10 cl. Dans une petite casserole, faites un caramel avec le sucre juste humecté d'eau. Ajoutez-le à l'infusion. Dans une poêle, faites dorer les magrets des deux côtés sans matière grasse, en les posant d'abord côté peau contre poêle. Puis enfournez-les à four chaud 10 mn.

Pendant ce temps, épluchez et coupez les mangues en gros dés, posez-les dans un plat en Pyrex, sur les feuilles de coriandre. Faites cuire 30 secondes au micro-ondes. Faites bouillir la crème, laissez-la réduire de moitié, ajoutez-y l'infusion au caramel, salez, poivrez. Découpez les magrets, versez le jus de découpage dans la sauce. Servez les magrets découpés, entourez-les de cubes de mangues et nappez de sauce.

■ ***Dîner :*** **Soupe au cresson ■ Chou-fleur au gratin ■ Fromage ■ Abricots à la Condé**

Abricots à la Condé

1 tasse à thé de riz rond, 2 jaunes d'œufs, 1 litre de lait, 1 bâton de vanille, 150 g de sucre en poudre, 1/2 boîte d'abricots au sirop.

Lavez le riz à grande eau, égouttez-le. Faites bouillir le lait avec le sucre et le bâton de vanille fendu en deux. Jetez le riz dedans, réduisez le feu et faites cuire 45 à 50 mn à feu très doux. Hors du feu, ajoutez un à un les jaunes d'œufs, remettez 2 à 3 mn sur le feu en remuant à la fourchette. Versez le riz dans un moule en couronne légèrement mouillé et laissez-le refroidir. Faites réduire de moitié le jus des abricots. Démoulez le gâteau. Au centre, dressez les abricots et nappez le riz de sirop réduit.

OCTOBRE
2e SEMAINE
DIMANCHE

■ ***Déjeuner :*** **Civet de lièvre ■ Pommes à l'anglaise ■ Fromage ■ Salade de fruits frais**

Civet de lièvre

À commencer la veille.

1 lièvre, 3/4 de bouteille d'un bon vin rouge, 1 cuil. à soupe de saindoux, 1 cuil. à soupe arasée de farine, 1 gousse d'ail, 10 petits oignons, 4 tranches de pain de mie, 250 g de lardons maigres, 1 bouquet de thym, sel, poivre, le sang du lièvre, 1 petit verre de cognac.

Découpez le lièvre en morceaux et faites-le mariner une nuit dans le vin, le cognac, le thym, sel et poivre. Le lendemain, égouttez les morceaux et faites-les rissoler dans une cocotte, au saindoux. Égouttez-les, tenez-les en attente.

Dans la cocotte, faites un roux avec la farine, laissez cuire quelques instants et mouillez avec la marinade passée. Remettez le lièvre, ajoutez l'ail, sel, poivre. Couvrez, laissez mijoter doucement une petite heure. À part, faites revenir séparément les petits oignons et les lardons. 10 mn avant la fin de la cuisson ajoutez le foie et, 5 mn avant de servir, délayez dans un bol le sang avec 2 cuil. à café de vinaigre et un peu de sauce, versez ce mélange dans la cocotte. La sauce ne doit plus bouillir. Dressez le civet dans un plat creux, entourez-le des garnitures et de croûtons frits.

■ *Dîner :* Salade de riz au crabe ■ Clafoutis aux raisins

Clafoutis aux raisins

100 g de farine, 500 g de raisin Chasselas, 2 œufs, 125 g de sucre en poudre, 1 verre de lait, 1 cuil. à soupe de crème, 15 g de beurre.

Dans une terrine, mélangez la farine et le sucre. Faites une fontaine. Au centre, mettez les œufs entiers, mélangez. Délayez avec le lait et incorporez enfin la crème.

Beurrez un plat allant au four. Dans le fond, disposez les raisins égrenés. Versez dessus la pâte et faites cuire à four doux (préalablement chauffé) pendant 40 mn.

OCTOBRE
3e SEMAINE
LUNDI

■ *Déjeuner :* Jambon ■ Carottes Vichy ■ Fromage maison ■ Bananes

Carottes Vichy

1 kg de carottes de taille moyenne, 1 cuil. à soupe de sucre en poudre, 60 g de beurre, sel, persil.

Épluchez les carottes, mettez-les à l'eau froide salée, faites-les cuire 45 mn à partir de l'ébullition. Égouttez-les et coupez-les en rondelles.

Dans une sauteuse, faites fondre le beurre, mettez les carottes, saupoudrez de sucre. Maintenez un feu assez vif et secouez fréquemment la sauteuse. Lorsque les carottes sont dorées, saupoudrez de persil et servez.

■ *Dîner :* Bouillon ■ Pot-au-feu familial ■ Fromage ■ Poires

Pot-au-feu familial

750 g de gîte, 750 g de plat de côtes, 1 os à moelle, 500 g de carottes, 6 poireaux, 1 pied de céleri en branches, 1 navet, 8 petites pommes de terre, 1 bouquet garni, sel, poivre, 1 oignon piqué de clous de girofle.

Ficelez solidement le gîte et le plat de côtes. Mettez-les dans un fait-tout, recouvrez d'eau froide, amenez doucement à ébullition. Écumez plusieurs fois si cela est nécessaire. Ajoutez l'oignon, le bouquet garni, sel, poivre. Continuez la cuisson 1 h. Ajoutez alors tous les légumes. Laissez cuire 2 h, puis ajoutez l'os à moelle et les pommes de terre. Laissez cuire encore 30 mn.

Dressez sur un plat la viande coupée en tranches entourée des légumes. Servez avec gros sel, moutarde, cornichons. Pour dégraisser convenablement le bouillon, posez dans le fond d'une passoire du papier absorbant humide et versez le bouillon dessus.

OCTOBRE
3e SEMAINE
MARDI

■ *Déjeuner :* Sardines à l'huile ■ Riz cubain ■ Fromage ■ Raisin

Riz cubain

250 g de bœuf bouilli, 200 g de riz, 3 tomates, 2 poivrons, 1 gousse d'ail, 1 cuil. à soupe d'huile d'olive, 50 g de beurre, sel.

Lavez le riz à l'eau froide, égouttez-le. Faites-le cuire 15 mn dans une grande quantité d'eau bouillante salée. Égouttez-le, passez-le sous le robinet d'eau froide, égouttez à nouveau. Ébouillantez les poivrons, épluchez-les, coupez-les en lanières et faites-les revenir doucement dans l'huile d'olive. Réservez-les. Pelez, épépinez et hachez les tomates. Hachez la gousse d'ail, coupez la viande en petites tranches, faites-la revenir doucement au beurre.

Dans un plat à gratin beurré, disposez une couche de riz, la moitié des tomates, l'ail, la moitié des poivrons et la viande. Recouvrez avec le restant de riz, de tomates, de poivrons. Parsemez de quelques noisettes de beurre et passez à four doux 15 mn.

■ ***Dîner :*** **Foie d'agneau ■ Purée de pommes de terre ■ Scarole ■ Pudding aux pommes**

Pudding aux pommes

12 tranches de pain de mie, 1 kg de pommes, 150 g de beurre, 200 g de sucre en poudre, 1 bol de lait, 2 œufs, 1/2 bâton de vanille.

Épluchez les pommes, coupez-les en lamelles. Faites bouillir le lait avec la vanille. Dans un saladier, battez les œufs entiers en omelette et ajoutez peu à peu le lait bouillant.

Beurrez un plat allant au four et disposez dedans une couche de pain de mie beurré, recouvrez d'une couche de lamelles de pommes, saupoudrez de sucre. Recommencez ; pain de mie beurré, pommes, sucre. Arrosez du mélange œufs-lait, et faites cuire à four moyen 1 h. Servez tiède ou froid, dans le plat de cuisson.

OCTOBRE
3e SEMAINE
MERCREDI

■ ***Déjeuner :*** **Radis roses ■ Farci (ou Poule verte) ■ Yaourts ■ Oranges**

Farci (ou Poule verte)

1 chou, 500 g de lard de poitrine demi-sel, 1 morceau de porc ou de veau cuit, 4 carottes, 2 oignons, 1 navet, 2 gousses d'ail, 1 bouquet garni, persil, 50 g de mie de pain séchée, 1 œuf, 1 bol de sauce tomate, sel, poivre.

Passez au mixeur la viande, 1 oignon, 1 gousse d'ail et le persil. Ajoutez l'œuf entier, la mie de pain, sel, poivre, mixez à nouveau. Épluchez les légumes, lavez-les. Faites blanchir le chou 10 mn à l'eau bouillante, égouttez-le, laissez-le refroidir. Ôtez 8 belles feuilles du chou, posez-les à plat sur une planche en les faisant se chevaucher. Étendez dessus la farce, rabattez les feuilles en donnant à l'ensemble une forme de pain ovale. Ficelez comme un rôti. Dans un fait-tout à moitié rempli d'eau, plongez le lard, amenez à ébullition, écumez. Mettez les carottes, 1 oignon, 1 gousse d'ail, le navet, le bouquet garni et le farci. Salez peu, poivrez, couvrez. Au bout d'1 h, ajoutez le reste du chou coupé en lanières, laissez cuire encore 30 mn.

À l'aide de l'écumoire, sortez le farci, dressez-le sur un plat et nappez-le de sauce tomate chaude. Réservez tout le reste que vous servirez le soir en soupe.

■ ***Dîner :*** **Soupe au chou ■ Scarole aux noix ■ Fromage ■ Tarte aux pruneaux**

Soupe au chou

C'est le bouillon de cuisson de la poule verte. Mettez le bouillon et tous ses ingrédients à réchauffer. Servez dans une soupière en disposant dans le fond quelques tranches de pain séché au four.

OCTOBRE
3e SEMAINE
JEUDI

■ ***Déjeuner :*** **Pommes de terre à l'huile aux anchois ■ Épinards en casserolette ■ Fromage blanc à la confiture**

Épinards en casserolette

1,500 kg d'épinards (frais ou surgelés), 4 œufs, 50 g de beurre, sel, poivre, noix de muscade, 2 petits oignons.

Faites décongeler les épinards selon les indications portées sur l'emballage, ou lavez les épinards à plusieurs eaux. Mettez-les dans un grand récipient sans eau, salez légèrement et faites cuire les épinards 10 mn dans leur propre eau. Égouttez et hachez-les grossièrement. Émincez les oignons et faites-les fondre tout doucement au beurre, ajoutez-les aux épinards.

Dans un plat à gratin beurré, disposez les épinards en leur donnant la forme de 4 couronnes. Au centre de chacune, versez un œuf cru, posez une noisette de beurre et un peu de noix de muscade râpée. Passez à four chaud 4 à 5 mn environ.

■ ***Dîner :*** **Porc Marengo ■ Pommes vapeur ■ Fromage ■ Poires**

Porc Marengo

1,300 kg de filet de porc, 2 tomates, 1 carotte, 2 oignons, 1 bouquet garni, 1 verre de vin blanc sec, 1 cuil. à soupe de saindoux, sel, poivre.

Dans une cocotte, faites dorer le filet de porc au saindoux. Ajoutez les tomates pelées, épépinées et coupées en quatre, la carotte coupée en rondelles, les oignons émincés, le bouquet garni, sel, poivre et mouillez avec le vin blanc. Couvrez et laissez cuire 1 h 30 à petit feu.

OCTOBRE
3e SEMAINE
VENDREDI

■ ***Déjeuner :*** **Cabillaud provençal ✻ ■ Riz créole ■ Raisin**

Cabillaud provençal ✻

4 darnes de cabillaud, 1 oignon, 2 gousses d'ail, 4 tomates, bouquet garni, sel, poivre.

Dans un plat allant au micro-ondes, mettez l'oignon et l'ail émincés, les tomates épluchées, épépinées et coupées en quatre, le bouquet garni, sel et poivre. Recouvrez d'un film étirable et faites cuire 10 mn puissance maximale. À ce moment, ajoutez les darnes de cabillaud, lavées et épongées, recouvrez du film, laissez cuire encore 10 mn, toujours à puissance maximale.

■ ***Dîner :*** **Sauté de lapin ▪ Pommes vapeur ▪ Fromage ▪ Salade de fruits**

Sauté de lapin

Utilisez seulement le corset du lapin, le râble étant réservé pour un autre jour. 750 g de tomates, 3 gousses d'ail, 2 cuil. à soupe d'huile, sel, poivre, thym.

Coupez le lapin en morceaux en le désarticulant. Mettez les morceaux à revenir dans une cocotte avec l'huile. Lorsqu'ils sont dorés, ajoutez les tomates épluchées, égrenées et coupées en quatre, l'ail haché, le sel et le poivre. Laissez cuire à découvert, à feu vif, 20 mn environ, en remuant fréquemment. Cinq minutes avant la fin de la cuisson, effeuillez 2 branches de thym.

OCTOBRE
3e SEMAINE
SAMEDI

■ ***Déjeuner :*** **Céleri-rave en vinaigrette ▪ Rôti de dinde aux légumes frais ▪ Raisin**

Rôti de dinde aux légumes frais

1 rôti de dinde de 1,200 kg environ, 500 g de haricots verts, 500 g de petites pommes de terre, 500 g de carottes, 120 g de beurre, 2 cuil. à soupe d'huile, persil, sel, poivre.

Malaxez 40 g de beurre avec du sel et du poivre. Tartinez-en le rôti. Faites-le cuire à four chaud 1 h environ. À mi-cuisson, retournez le rôti, arrosez-le. Dans une sauteuse, faites chauffer 40 g de beurre et 1 cuil. à soupe d'huile, mettez les pommes de terre épluchées et coupées en 4. Lorsqu'elles sont dorées, salez, poivrez, couvrez, laissez cuire encore 10 mn.

Ajoutez les carottes coupées en dés, 40 g de beurre, en comptant à partir du moment où vous les couvrez, 30 mn de cuisson. Saupoudrez-les de persil. Les haricots verts, eux, seront cuits dans de l'eau bouillante salée, pendant 10 à 15 mn et à découvert.

Pour servir, dressez sur un plat chaud la viande coupée en tranches, entourée de tous les légumes. Servez la sauce du rôti en saucière.

■ ***Dîner :*** **Potage aux champignons (surgelé ou en sachet) ■ Salade de dinde ■ Fromage ■ Poires à la bourguignonne**

Salade de dinde

1 restant de rôti de dinde, 4 endives, 2 pommes, 1 betterave, 100 g de noix, 2 pommes de terre, 100 g d'emmenthal, 1 tasse à déjeuner de mayonnaise, 1 cuil. à soupe d'huile, sel, poivre, 1 cuil. à café de vinaigre de cidre.

Coupez le restant de dinde, tous les légumes, l'emmenthal coupé en dés, et les pommes en dés. Arrosez-les d'huile et de vinaigre, salez, poivrez, mélangez.

Au moment de servir, ajoutez la mayonnaise allégée d'un peu d'eau, mélangez à nouveau et servez.

OCTOBRE
3e SEMAINE
DIMANCHE

■ *Déjeuner :* Crevettes grises ■ Paupiettes de veau ■ Purée de petits pois ■ Fromage ■ Génoise à l'ananas

Génoise à l'ananas

125 g de sucre, 125 g de farine, 4 œufs, 50 g de beurre, 1/2 boîte d'ananas au sirop.
Pour la crème au beurre : *175 g de sucre en poudre, 100 g de beurre, 2 jaunes d'œufs.*
Pour le glaçage : *25 g de fondant en boîte, 50 g de violettes au sucre.*

Dans une terrine placée au-dessus d'une casserole d'eau chaude, battez au fouet les jaunes d'œufs et le sucre, jusqu'à ce que le mélange blanchisse. Incorporez alors peu à peu la farine tamisée, puis le beurre légèrement fondu et enfin les blancs battus en neige. Beurrez et farinez légèrement un moule à manqué de 16 cm de diamètre. Remplissez-le de la pâte et faites cuire à four doux 20 mn environ. Pour constater la cuisson, enfoncez dans le gâteau une aiguille à brider : elle doit ressortir sèche. Démoulez sur une grille, laissez refroidir et coupez le gâteau en 2 cercles.

Coupez les tranches d'ananas en dés, versez le sirop dans une casserole, et faites-le réduire aux 3/4. D'autre part, avec 175 g de sucre et 1/2 verre d'eau, préparez un sirop. Dans une petite terrine, travaillez le beurre ramolli, ajoutez un à un les jaunes d'œufs, puis, toujours en mélangeant, le sirop chaud. Imbibez au pinceau les deux cercles de génoise de sirop d'ananas. Nappez le premier cercle de cette couche de crème au beurre, posez dessus des dés d'ananas, recouvrez du second cercle. Au bain-marie, faites tiédir le fondant en le délayant avec le sirop d'ananas réduit. Étendez-le avec une spatule souple sur tout le gâteau. Décorez avec les violettes au sucre.

■ *Dîner :* Terrine de foies de volaille ■ Toasts grillés ■ Assortiment de fromages ■ Fruits secs (Mendiant)

OCTOBRE
4e SEMAINE
LUNDI

■ ***Déjeuner :*** **Œufs à la coque ■ Mouillettes ■ Artichauts vinaigrette ■ Yaourts ■ Bananes**

Œufs à la coque

8 œufs très frais, 1 baguette, 125 g de beurre, sel, poivre.

Il y a deux manières de cuire les œufs à la coque. Mais, dans les deux cas, en sortant les œufs du réfrigérateur au moins 1 h à l'avance, et en ajoutant dans l'eau une pincée de gros sel, vous éviterez les fêlures.
1re manière : plongez les œufs dans une casserole d'eau bouillante. À partir de la reprise de l'ébullition, comptez 3 à 4 mn de cuisson selon votre goût.
2e manière : plongez les œufs dans une casserole d'eau froide, amenez à feu moyen à ébullition. Lorsque l'eau bout, les œufs sont cuits, mais le blanc est laiteux. Si vous les préférez pris davantage, laissez encore les œufs, hors du feu, dans l'eau 1 mn.

Préparez des mouillettes de pain beurré et n'oubliez pas le sel et le poivre.

■ ***Dîner :*** **Betteraves en salade ■ Lapin à la moutarde ■ Coquillettes ■ Fromage ■ Poires**

Lapin à la moutarde

1 râble de lapin, 4 cuil. à soupe de crème, 1/2 pot de moutarde forte, thym, romarin, 1 crépine de porc.

Badigeonnez largement de moutarde toute la surface du râble. Saupoudrez-le d'un peu de thym et de romarin. Enveloppez le râble dans une crépine de porc (en vente chez tous les charcutiers) et posez-le dans un plat allant au four.

Faites rôtir à four chaud allumé 10 mn à l'avance, en le retournant plusieurs fois. À mi-cuisson, arrosez le râble de 2 cuil. à soupe de crème. Comptez en tout 35 à 40 mn environ de cuisson. Lorsqu'il est cuit, posez le lapin sur un plat chaud, découpez-le à la cuisine. Rapidement, déglacez le fond du plat avec le restant de crème et nappez les morceaux de lapin de cette sauce.

OCTOBRE
4e SEMAINE
MARDI

■ ***Déjeuner :*** **Carottes râpées ▪ Ragoût de mouton aux petits navets ▪ Noix**

Ragoût de mouton aux petits navets

800 à 900 g de collier de mouton, 750 g de petits navets, 2 cuil. à soupe de sucre en poudre, 1 cuil. à soupe de farine, 1 petite cuil. de saindoux, thym, 1 oignon, sel, poivre, 30 g de beurre.

Faites chauffer le saindoux dans une cocotte, mettez les morceaux de collier, après les avoir passés légèrement dans la farine. Lorsqu'ils ont pris une jolie teinte, mouillez avec 2 verres d'eau froide, salez, poivrez, ajoutez encore 1 branche de thym, l'oignon émincé et couvrez. Faites cuire 1 h 15 environ. Une demi-heure avant de servir, faites revenir dans une sauteuse les navets épluchés et coupés en gros dés.

Saupoudrez de sucre et secouez fréquemment pour que tous les navets dorent. Réduisez le feu, salez et finissez de cuire doucement.

Dressez le ragoût de mouton dans un plat creux chaud, entourez-le de navets dorés et servez très vite.

■ ***Dîner :*** **Pamplemousse ■ Salade norvégienne ■ Gâteau aux pommes**

Salade norvégienne

750 g de pommes de terre cuites à l'eau avec leur peau, 1 pomme fruit, 1 oignon cru, 3 harengs de la Baltique, 250 g de fromage blanc, sel, poivre, 2 citrons, aneth.

Épluchez les pommes de terre. Dans un saladier, coupez-les en rondelles, ainsi que l'oignon ; coupez la pomme en dés, les harengs en morceaux.

Dans un bol, mélangez le fromage blanc, le jus des 2 citrons, sel, poivre, l'aneth ciselé. Versez cette préparation sur la salade, mélangez aussitôt. Laissez macérer avant de servir.

OCTOBRE
4e SEMAINE
MERCREDI

■ ***Déjeuner :*** **Salade d'endives aux pommes ■ Pain de poisson ■ Bananes**

Pain de poisson

500 g de filets de poisson (merlan, cabillaud, grondin), 100 g de pain de mie, 2 œufs, 1 tasse de lait, sel, poivre, persil.
Pour la sauce : *1/4 litre de lait, 25 g de farine, 30 g de beurre, 250 g de crème fraîche, 1 jaune d'œuf, 1 pot de crevettes décortiquées.*

Lavez et épongez les filets de poisson. Mixez-les avec le persil. Ajoutez la mie de pain trempée dans le lait et essorée, les jaunes d'œufs, sel et poivre. À cette préparation, ajoutez les blancs battus en neige ferme, en soulevant la masse par en dessous. Versez ce mélange dans un moule à charlotte (ou à cake) préalablement beurré. Faites cuire au four au bain-marie 40 mn. Dans une casserole, faites un roux, avec le beurre et la farine. Mouillez avec le lait froid, salez, poivrez, laissez cuire 5 à 8 mn. Délayez le jaune d'œuf avec la crème, versez-le dans la sauce.

Démoulez sur le plat de service, décorez de crevettes, nappez de la moitié de la sauce, servez le reste en saucière.

■ ***Dîner :*** **Jambon blanc ■ Gratin de courgettes ■ Fromage ■ Mousse au chocolat**

Mousse au chocolat

3 œufs, 200 g de chocolat à croquer, 30 g de beurre, 125 g de sucre en poudre, 1 pincée de sel.

Cassez le chocolat en morceaux, mettez-le dans un bol avec 1 cuil. à soupe d'eau, faites-le fondre au bain-marie (1 mn au micro-onde). Ajoutez le beurre, remuez pour obtenir un mélange onctueux. Dans une terrine, travaillez au fouet les jaunes d'œufs et le sucre jusqu'à ce que le mélange blanchisse. Ajoutez alors le chocolat fondu, mélangez à nouveau et incorporez enfin les blancs battus avec une pincée de sel, en neige ferme. À l'aide d'une spatule en bois, soulevez le mélange par en dessous pour obtenir une pâte liée, sans briser les blancs.

Versez dans une jatte et mettez 3 h au réfrigérateur. Servez avec des biscuits secs.

■ **Déjeuner :** Radis ▪ Côtes de veau ▪ Céleri au gratin ▪ Fromage ▪ Pommes

Céleri au gratin

3 pieds de céleri en branches, 50 g de gruyère râpé, 30 g de beurre, sel, poivre.

Coupez les feuilles des céleris et réservez-les, elles parfumeront un potage. Lavez les cœurs à plusieurs eaux, faites-les cuire 20 mn à l'eau bouillante salée. Égouttez, coupez chaque cœur en deux, disposez-les dans un plat allant au four.

Saupoudrez de râpé, ajoutez quelques noisettes de beurre, faites gratiner à four chaud pendant 10 à 15 mn.

■ **Dîner :** Soupe à l'oseille ▪ Pâté de campagne ▪ Salade de laitue aux tomates ▪ Quatre-quarts ▪ Salade de fruits

Quatre-quarts

125 g de farine, 125 g de sucre en poudre, 125 g de beurre, 2 gros œufs ou 3 moyens, 1 citron.

Dans une terrine, mettez le sucre, les œufs entiers et le zeste râpé du citron. Commencez à mélanger et ajoutez peu à peu le beurre juste fondu, puis la farine tamisée. Travaillez cette pâte à la cuiller en bois. Beurrez un moule à manqué, farinez-le très légèrement et remplissez-le de pâte. Dix minutes avant de faire cuire le gâteau, allumez le four (chaleur moyenne) puis enfournez le gâteau, faites-le cuire 30 mn environ. S'il se colore trop vite, posez sur le dessus un papier aluminium. Pour vérifier la cuisson, enfoncez dans le gâteau la pointe d'un couteau, elle doit ressortir sèche. Démoulez le quatre-quarts, laissez refroidir sur une grille.

OCTOBRE
4e SEMAINE
VENDREDI

■ *Déjeuner :* Omelette aux foies de volaille ■ Tomates à la provençale ■ Fromage ■ Pommes

Omelette aux foies de volaille

8 œufs, 300 g de foies de volaille, sel, poivre, 3 cuil. à soupe d'huile, 50 g de beurre, 1 verre à liqueur de porto.

Utilisez seulement les foies, coupez-les en petites escalopes. Mettez-les à cuire doucement à la poêle avec 1 cuil. à soupe d'huile et la moitié du beurre, pendant 4 à 5 mn. Avec l'écumoire, égouttez-les, posez-les dans une assiette creuse, salez, poivrez, arrosez de porto. Laissez macérer au moins 30 mn.

Battez les œufs en omelette, ajoutez 1 cuil. à soupe d'eau. Salez, poivrez. Dans une poêle, faites chauffer le restant de matière grasse, versez les œufs, ajoutez les foies et le porto. Terminez comme pour n'importe quelle omelette, à feu moyen, en soulevant fréquemment avec une spatule le fond et les bords. Servez très chaud.

■ *Dîner :* Dorade farcie aux épinards * ■ Riz créole ■ Yaourts ■ Compote de pruneaux

Dorade farcie aux épinards *

1 belle dorade, 400 g d'épinards surgelés, 1 tranche de 1,5 cm de pain de mie, 1 oignon, persil, sel, poivre, 1/2 verre de lait, 1 œuf, 2 cuil. à soupe d'huile.

Faites écailler et vider la dorade par votre poissonnier. Passez-la sous l'eau, épongez-la. Ébouillantez les épinards, égouttez-les, hachez-les grossièrement avec l'oignon et le persil. Mettez le pain à tremper dans le lait chaud.

Dans une terrine, mélangez les épinards, l'oignon, le persil, la mie de pain essorée et l'œuf entier. Salez, poivrez. Farcissez la dorade de cette préparation, recousez soigneusement le poisson. Disposez-le dans un plat allant au micro-ondes. Pratiquez 2 ou 3 entailles sur le dessus, salez, poivrez, arrosez d'huile. Recouvrez d'un film étirable et faites cuire à puissance maximale pendant 15 mn.

OCTOBRE
4e SEMAINE
SAMEDI

■ ***Déjeuner :*** **Salmis de perdreaux ■ Pommes à l'anglaise ■ Salade d'endives et trévise ■ Sorbet aux poires**

Salmis de perdreaux

2 perdreaux, 1 bouteille de bon vin rouge, 2 échalotes, 1 bouquet de thym, 1 petit verre de cognac, 1 feuille de laurier, 1 carotte, 50 g de beurre, 1 cuil. à dessert de farine, 1 cuil. à soupe d'huile.

Plumez et videz les oiseaux. Faites-les dorer à la cocotte dans un peu d'huile. Flambez-les au cognac et laissez-les cuire 20 mn.

Retirez les oiseaux de la cocotte, coupez les ailes et les cuisses, laissez-les en attente. Avec des ciseaux, coupez les carcasses en morceaux, mettez-les dans la cocotte, avec le jus de cuisson, mouillez avec les 3/4 de la bouteille de vin, ajoutez le thym, le laurier, la carotte coupée en rondelles et les échalotes hachées. Faites cuire à découvert jusqu'à ce que le jus réduise de moitié. Passez à travers une passoire en pressant sur les morceaux de carcasse, avec un pilon.

Versez à nouveau ce jus dans une cocotte et liez-le en ajoutant le beurre manié à la fourchette avec la farine. Remettez les morceaux de perdreaux à réchauffer tout doucement dans cette sauce 10 mn environ.

■ *Dîner :* Salade de laitue au roquefort ■ Yaourts ■ Pommes au four

Salade de laitue au roquefort

1 laitue, 1 cuil. à soupe de roquefort, 3 cuil. à soupe d'huile, 1 cuil. à soupe de vinaigre, fines herbes, sel, poivre.

Épluchez la laitue, lavez-la, secouez-la. Dans un saladier, délayez peu à peu le roquefort avec l'huile, ajoutez le vinaigre, sel et poivre. Mélangez. Posez les feuilles de laitue sur cette préparation. Saupoudrez de fines herbes. Remuez seulement au moment de servir.

OCTOBRE
4e SEMAINE
DIMANCHE

■ *Déjeuner :* Tourteau mayonnaise ■ Rôti de bœuf ■ Purée de céleri ■ Scarole ■ Fromage ■ Tarte normande

Tarte normande

250 g de farine, 125 g de beurre, 1/2 verre d'eau, 1 pincée de sel, 600 g de pommes, 1/2 litre de lait, 2 œufs entiers, 3 jaunes d'œufs, 150 g de sucre en poudre, 3 cuil. à soupe de farine.

Dans une terrine, travaillez du bout des doigts 250 g de farine et le beurre divisé en petits morceaux. Mouillez avec l'eau salée, formez une boule, laissez reposer 30 mn. Au moment de préparer la tarte, étendez la pâte au rouleau, garnissez-en un grand moule à tarte, beurré et légèrement fariné. Avec un couteau, faites quelques petites incisions dans le fond. Épluchez les pommes, coupez-les en fines lamelles, disposez-les sur la pâte. Dans un saladier, versez la farine et le sucre, mélangez, faites une fontaine, mettez-y les œufs entiers et les jaunes. Mélangez à la cuillère en bois, délayez en ajoutant le lait, versez cette crème sur les pommes, faites cuire 30 mn à four moyen.

■ *Dîner :* Rôti de bœuf froid ▪ Poireaux vinaigrette ▪ Compote d'abricots

Poireaux vinaigrette

1,500 kg de poireaux, sel, 1 bol de sauce vinaigrette moutardée.

Épluchez les poireaux, lavez-les, fendez-les jusqu'au tiers de leur hauteur. Ficelez-les par bottes de 4 ou 5. Plongez-les dans l'eau bouillante salée, laissez cuire 1/4 d'heure et égouttez. Vous pouvez également les faire cuire à la vapeur. Comptez le même temps de cuisson.

Présentez-les comme des asperges sur un plat garni d'une serviette. Servez-les froids, accompagnés de vinaigrette.

Novembre

NOVEMBRE
1re SEMAINE
LUNDI

■ ***Déjeuner :*** **Côtes de veau poêlées ■ Salsifis au beurre ■ Fromage blanc ■ Oranges**

Salsifis au beurre

1 kg de salsifis, 50 g de beurre, 1 citron, persil, sel, poivre, 1 cuil. à soupe de farine.

Épluchez les salsifis avec un couteau économe. Lavez-les un à un à l'eau courante, puis plongez-les dans une bassine d'eau citronnée pour qu'ils ne noircissent pas. Coupez-les en deux ou trois morceaux. Transvasez-les dans une casserole d'eau salée, ajoutez à cette eau la farine délayée avec 1 tasse d'eau froide, mélangez. Amenez à ébullition et maintenez-la 15 à 20 mn. Égouttez les légumes. Dans une sauteuse, faites fondre le beurre, ajoutez les salsifis, poivrez, couvrez et laissez mijoter 10 mn.

Au moment de servir, saupoudrez d'un hachis de persil. Vous vous éviterez bien du travail en utilisant des salsifis surgelés. Vous conserverez la même technique de cuisson.

■ ***Dîner :*** **Tripes à la mode de Caen ■ Pommes vapeur ■ Fromage ■ Pommes**

Tripes à la mode de Caen

700 g de gras-double, 3/4 de bouteille de cidre sec, 1 verre à liqueur de calvados, 1 pied de veau fendu en deux, 2 oignons, 1 carotte, 1 bouquet garni, sel, poivre en grains, 2 cuil. à soupe d'huile, 30 g de beurre, 2 gousses d'ail.

Coupez le gras-double en tranches, puis divisez-les plusieurs fois par le travers.

Dans une cocotte, faites chauffer doucement la matière grasse, mettez les oignons émincés à fondre, ajoutez la carotte coupée en rondelles et le gras-double. Laissez-le rendre son eau quelques instants. Mouillez avec le cidre et le calvados, ajoutez le pied de veau, l'ail, le bouquet garni, salez, poivrez, couvrez, réduisez le feu et laissez cuire très doucement 5 h. Si vous utilisez un autocuiseur, comptez 1 h 40 de cuisson.

NOVEMBRE
1re SEMAINE
MARDI

■ ***Déjeuner :*** **Chipolatas grillées ■ Pommes de terre à l'auvergnate ■ Yaourts ■ Poires**

Pommes de terre à l'auvergnate

800 g de pommes de terre à chair ferme, 1 cuil. à soupe de graisse d'oie (ou, à défaut, de saindoux), sel, poivre, 2 gousses d'ail, persil.

Épluchez les pommes de terre, lavez-les, essuyez-les, une à une, dans un linge. Coupez-les en fines rondelles. Dans une grande poêle à fond épais (ou une sauteuse), faites fondre la graisse qui doit être chaude, mais non brûlante, mettez les pommes de terre.

Faites-les sauter souvent en secouant la poêle. Au bout de 10 mn, salez, poivrez, couvrez, réduisez le feu et laissez cuire encore 30 mn. Cinq minutes avant de servir, saupoudrez d'un hachis d'ail et de persil.

■ ***Dîner :*** **Soupe poireaux-pommes de terre ■ Chou-fleur à la polonaise ■ Fromage ■ Tarte au citron**

Tarte au citron

Pour la pâte : *200 g de farine, 100 g de beurre, 1 cuil. à soupe de sucre, 1/2 verre d'eau, 1 pincée de sel.*
Pour la crème : *2 œufs, 125 g de sucre en poudre, 50 g de beurre, 2 citrons.*

Dans une terrine, travaillez du bout des doigts la farine, le sucre et le beurre divisé en morceaux. Délayez avec l'eau salée. Formez une boule, laissez-la en attente. Dans un bol, mélangez à la fourchette les œufs entiers, le sucre, le zeste râpé d'un citron, le jus de 2 citrons et le beurre fondu.

Sur une planche à pâtisserie farinée, étendez la pâte, disposez-la sur une plaque à tarte beurrée et légèrement farinée. Faites quelques petites incisions dans le fond et remplissez de crème au citron.

Faites cuire à four chaud allumé 10 mn à l'avance pendant 25 à 30 mn.

NOVEMBRE
1re SEMAINE
MERCREDI

■ ***Déjeuner :*** **Rôti de bœuf ■ Wasserstriwela ■ Fromage blanc à la confiture**

Wasserstriwela

C'est une spécialité alsacienne qui se mange en accompagnement de tous les rôtis et volailles.

500 g de farine, 6 œufs, 1/2 verre d'eau salée, 100 g de beurre.

Travaillez la farine et les œufs entiers, mouillez avec l'eau salée. Passez la pâte obtenue à travers une passoire à gros trous directement dans une casserole d'eau bouillante posée sur le feu. Aussitôt que les Wasserstriwela montent à la surface, sortez-les avec l'écumoire, plongez-les dans l'eau froide et égouttez-les. Au moment de les servir, faites-les réchauffer doucement au beurre.

(Recette communiquée par l'« Auberge de l'Ill ».)

■ ***Dîner :*** Soupe au cresson ■ Salade des chasseurs ■ Fromage ■ Clémentines

Salade des chasseurs

1 perdreau rôti (ou, à défaut, un reste de lapin rôti), 1 petite scarole, 4 fonds d'artichauts cuits, 1 betterave, 1 pied de céleri en branche, 100 g d'olives noires dénoyautées, 1 œuf dur, 1 tasse à déjeuner de vinaigrette moutardée.

Faites rôtir le perdreau 25 mn au four. Laissez-le refroidir puis coupez les filets en lanières.

Dans un saladier, disposez les fonds d'artichauts coupés en tranches, la scarole émincée, le céleri et la betterave coupés en dés, les olives dénoyautées, l'œuf dur coupé en rondelles, les filets de perdreau. Arrosez de vinaigrette. Ne retournez cette salade qu'au moment de la manger ou servez-la sur des assiettes individuelles.

NOVEMBRE
1re SEMAINE
JEUDI

■ ***Déjeuner :*** Potée ■ Petits-suisses ■ Oranges

Potée

1 palette de 1,500 kg, 1 saucisson de Morteau, 1 chou, 6 carottes, 1 navet, 2 oignons dont 1 piqué de 2 clous de girofle, 8 poireaux, 2 gousses d'ail, 4 pommes de terre, 1 bouquet garni, 300 g de haricots lingots du Nord, poivre en grains.

Épluchez et lavez tous les légumes. Mettez les haricots dans une casserole d'eau froide, amenez doucement à ébullition, maintenez-la 5 mn, égouttez. Remettez-les à cuire avec 1 oignon et 1 gousse d'ail dans une grande quantité d'eau bouillante salée. Laissez cuire à couvert 1 h 30 à petit feu.

Rincez la palette à l'eau fraîche, mettez-la dans un fait-tout, recouvrez d'eau froide, amenez à ébullition. Écumez le bouillon, ajoutez le bouquet garni, les carottes et le navet entiers, 1 gousse d'ail, 1 oignon piqué de clous de girofle et quelques grains de poivre. Aussitôt l'ébullition reprise, réduisez le feu et laissez cuire 1 h 30. Une demi-heure avant de servir, ajoutez les poireaux attachés en bottillons, le chou préalablement ébouillanté, le saucisson piqué à la fourchette.

Vingt minutes avant de passer à table, faites cuire les pommes de terre à l'anglaise.

Pour servir, dressez sur un plat la palette et le saucisson coupés en tranches. Dans un légumier, versez les haricots égouttés, ajoutez-leur un morceau de beurre. Disposez tous les autres légumes sur un plat long. Servez avec moutarde et cornichons.

■ ***Dîner :*** **Palette froide ▪ Chips ▪ Laitue ▪ Fruits au sirop**

La palette froide est délicieuse accompagnée de moutarde, pickles et cornichons. Servez en même temps un grand plat de chips.

NOVEMBRE
1re SEMAINE
VENDREDI

■ ***Déjeuner :*** **Harengs farcis en papillotes * ▪ Polenta ▪ Oranges**

Harengs farcis en papillotes *

4 beaux harengs pleins, 50 g de beurre, 2 échalotes,
100 g de champignons de Paris, 1 bouquet de persil, papier sulfurisé, sel, poivre.

Videz et écaillez les harengs. Enlevez les laitances et les œufs, écrasez-les à la fourchette. Ôtez le bout terreux des champignons, lavez-les, hachez-les ainsi que les échalotes, et le persil. Ajoutez ce hachis aux laitances et aux œufs, ainsi que 25 g de beurre. Mélangez le tout, salez, poivrez et remplissez-en les harengs.

Beurrez 4 feuilles de papier sulfurisé, posez sur chacune un poisson farci, refermez en papillote et mettez à cuire au micro-ondes, puissance maximale, couvert d'un film étirable, pendant 10 mn.

■ *Dîner :* Tête de veau sauce gribiche ■ Pommes vapeur ■ Fromage ■ Compote de rhubarbe

Sauce gribiche

2 œufs durs, 1 cuil. à entremets de moutarde forte, 2 échalotes, 1 petit bouquet de persil, 1 cuil. à soupe de bon vinaigre, 1 cuil. à soupe de câpres, sel, poivre, huile d'arachide.

Écalez les œufs, séparez les jaunes des blancs. Hachez les blancs. Mettez les jaunes dans une terrine, pilez-les, ajoutez la moutarde, le vinaigre, sel et poivre. Versez peu à peu l'huile et montez la sauce comme une mayonnaise. Hachez le persil, les échalotes et les câpres, incorporez-les à la sauce, ainsi que les blancs d'œufs hachés. Cette sauce accompagne les viandes et les poissons froids.

Pour la cuisson de la tête de veau, reportez-vous à la page 111.

NOVEMBRE
1re SEMAINE
SAMEDI

■ *Déjeuner :* Œufs farcis ■ Gratin dauphinois ■ Laitue ■ Oranges

Œufs farcis

4 œufs, 1 petit bouquet de cerfeuil, ciboulette, 1 tasse à thé de mayonnaise, quelques feuilles de laitue.

Faites durcir les œufs. Rafraîchissez-les à l'eau froide, épluchez-les. Coupez les œufs en deux, ôtez le jaune, travaillez-le à la fourchette avec le cerfeuil et la ciboulette hachés. Remplissez les blancs avec cette farce. Posez-les sur un plat recouvert de quelques feuilles de laitue. Décorez les œufs en posant sur chacun la valeur d'une cuillerée à café de mayonnaise.

■ ***Dîner :*** **Céleri rémoulade ▪ Lapin aux pruneaux ▪ Pommes à l'anglaise ▪ Fromage ▪ Raisin**

Lapin aux pruneaux

1 gros lapin, 300 g de pruneaux, 250 g de lard de poitrine fumé coupé en dés, 1 cuil. à soupe de farine, 40 g de saindoux, 10 petits oignons.
Pour la marinade : *3/4 de litre de bon vin rouge, 1 carotte coupée en rondelles, 1 oignon émincé, 1 verre à liqueur de cognac, 1 bouquet garni, 1 cuil. à soupe d'huile, sel, poivre.*

Dans une terrine, mettez le lapin coupé en morceaux avec tous les ingrédients de la marinade. Laissez-le reposer au moins 6 h.

Épongez les morceaux de lapin. Dans une cocotte, faites revenir au saindoux les lardons et les petits oignons, égouttez-les, laissez-les en attente. À leur place, faites dorer les morceaux de lapin. Lorsqu'ils ont pris une jolie couleur, saupoudrez-les de farine, mélangez et mouillez avec la marinade passée. Ajoutez les lardons, salez légèrement, poivrez, couvrez, faites cuire doucement 1 h 20 environ. Ajoutez alors le foie du lapin, les pruneaux dénoyautés et trempés 2 h dans de l'eau, les petits oignons. Laissez cuire encore 15 mn.

Si vous avez le sang du lapin, délayez-le avec un filet de vinaigre et ajoutez-le à la sauce. Ne faites plus bouillir, servez ce civet dans un plat creux très chaud.

NOVEMBRE
1re SEMAINE
DIMANCHE

■ ***Déjeuner :*** **Crevettes grises ■ Tournedos au beurre d'anchois ■ Fenouils braisés ■ Fromage ■ Gaufres**

Gaufres

250 g de farine, 2 œufs, 1 pincée de sel, 5 g de levure de boulanger, 2 cuil. à soupe de sucre, 1 cuil. à soupe de rhum, 1/2 cuil. d'huile.

Dans une terrine, travaillez la farine, le sucre, le sel, avec les œufs entiers. Mouillez la pâte avec de l'eau, elle doit avoir la consistance d'une pâte à crêpes un peu épaisse. Ajoutez encore la levure délayée dans un petit peu d'eau tiède, le rhum et l'huile. Laissez reposer 1 h.

Les gaufres se préparent sur un fer à gaufres (électrique ou non) que l'on graisse légèrement.

■ ***Dîner :*** **Bouchées à la reine ■ Chou rouge en salade ■ Clémentines**

Chou rouge en salade

1 chou rouge, 4 cuil. à soupe d'huile, 2 cuil. à soupe de vinaigre, sel, poivre.

Ôtez les premières feuilles défraîchies du chou, lavez-le, secouez-le et coupez-le en 8. Épongez les quartiers. Sur une planche, avec un bon couteau, émincez-les. Versez tout le chou dans un saladier, arrosez-le d'huile et de vinaigre, salez-le et poivrez largement. Mélangez aussitôt. Plus le chou marine dans sa vinaigrette, meilleur il est.

NOVEMBRE
2e SEMAINE
LUNDI

■ *Déjeuner :* Boudin noir ■ Pommes fruits poêlées ■ Fromage ■ Bananes

Pommes fruits poêlées

1,500 kg de pommes, 75 g de beurre, 2 cuil. à dessert de sucre, 1 citron.

Épluchez les pommes, coupez-les en 8 quartiers. Au fur et à mesure, arrosez-les de citron pour éviter qu'elles noircissent. Dans une grande poêle, faites chauffer le beurre, jetez les pommes dedans, ajoutez le sucre, laissez prendre couleur. Faites-les sauter en secouant la poêle, pour les retourner. Réduisez le feu, laissez cuire 10 mn à découvert en surveillant constamment.

■ *Dîner :* Soupe poireaux-pommes de terre ■ Omelette aux oignons ■ Scarole ■ Gâteau aux poires

Gâteau aux poires

2 œufs, 4 poires, 1/2 litre de lait, 1 paquet de levure chimique, 3 cuil. à soupe de farine, 3 cuil. à soupe de sucre, 50 g de beurre.

Dans une terrine, tamisez la farine et la levure, mélangez avec les œufs entiers, le sucre et le beurre fondu. Puis, ajoutez le lait. Mélangez à la spatule pour obtenir une pâte homogène. Mettez alors les poires épluchées et coupées en quartiers. Versez la pâte dans un moule à manqué beurré et fariné, faites cuire à four moyen allumé 10 mn à l'avance, pendant 50 mn.

NOVEMBRE
2e SEMAINE
MARDI

■ *Déjeuner :* Hamburgers ■ Maïs grillé ■ Mousse au chocolat

Maïs grillé

4 épis de maïs frais ou surgelés, 100 g de beurre.

Plongez les maïs 10 mn dans de l'eau bouillante, égouttez-les. Allumez le gril du four 10 mn avant de l'utiliser. Posez les maïs sur la grille (pour les maïs surgelés, mettez-les tels quels sortant du réfrigérateur). Enfournez à mi-hauteur du four. Faites dorer les épis sur toutes leurs faces. Servez-les arrosés de beurre fondu.

■ *Dîner :* Côtes de veau poêlées ■ Endives à l'étouffée ■ Fromage ■ Pommes au four

Endives à l'étouffée

1,500 kg d'endives, 75 g de beurre, 1 cuil. à soupe de sucre, sel, poivre.

Creusez le trognon des endives, enlevez-le. Passez chaque endive sous l'eau courante, épongez-les. Posez-les dans une cocotte, ajoutez le beurre divisé en morceaux et le sucre en poudre, salez, poivrez, couvrez. Laissez cuire 1 h 15 à feu doux. Remuez de temps en temps.

NOVEMBRE
2e SEMAINE
MERCREDI

■ ***Déjeuner :*** **Radis ■ Mixed grill ■ Riz créole ■ Fromage ■ Clémentines**

Mixed grill

4 petites côtelettes premières d'agneau, 4 petites chipolatas, 4 rognons d'agneau, 4 brochettes, persil haché, huile, sel, poivre.

Sur chaque brochette, enfilez 1 rognon ouvert en deux, 1 côtelette d'agneau, 1 chipolata. Posez les brochettes sur un plat, arrosez-les légèrement d'huile, salez, poivrez. Laissez macérer au moins 1/2 heure, plus si possible. Retournez les brochettes de temps en temps.

Dix minutes à l'avance, allumez le grilloir du four. Posez les brochettes sur la grille, faites cuire porte ouverte 8 mn environ. Retournez les brochettes à mi-cuisson. Posez-les sur un plat chaud, saupoudrez de persil et apportez le riz en même temps.

■ ***Dîner :*** **Gougère ■ Salade de pissenlits au lard ■ Yaourts ■ Crème mic-mac**

Crème mic-mac

1 litre de lait, 3 œufs entiers, 3 jaunes d'œufs, 150 g de sucre en poudre, 50 g de farine, 50 g de beurre, 150 g de chocolat à croquer, 1 cuil. à café de vanille en poudre.

Dans une casserole, délayez les œufs entiers, les jaunes, le sucre et la farine, ajoutez peu à peu le lait bouillant. Mettez sur le feu, amenez doucement à ébullition en remuant. Aussitôt, ôtez la casserole du feu, incorporez le beurre divisé en morceaux. Versez la moitié de la crème dans un saladier, laissez l'autre dans la casserole. Au bain-marie, faites fondre le chocolat en lui ajoutant 1 petite cuil. d'eau.

Lorsqu'il est liquide, ajoutez-le à la crème qui est dans la casserole. Saupoudrez de vanille la crème qui est dans le saladier, mélangez. Prenez un saladier de verre, remplissez-le des deux crèmes, en les versant exactement en même temps ; elles ne se mélangeront pas. Mettez au réfrigérateur jusqu'au moment de servir.

NOVEMBRE
2e SEMAINE
JEUDI

■ ***Déjeuner :*** **Salade de concombre ■ Pommes de terre au lard ■ Fromage ■ Chocolatine**

Chocolatine

150 g de sucre en poudre, 4 œufs, 1 jaune d'œuf, 100 g de farine, 175 g de beurre, 125 g de chocolat à croquer, 100 g de chocolat vermicelle, vanille en poudre.

Dans une terrine, travaillez 125 g de sucre avec 4 jaunes d'œufs jusqu'à ce que le mélange blanchisse. Ajoutez la farine tamisée, 50 g de beurre fondu, une pincée de vanille. Incorporez alors 3 blancs battus en neige ferme. Versez la pâte dans un moule à manqué beurré et faites cuire à four moyen pendant 45 mn environ.

Démoulez le gâteau sur une grille. Lorsqu'il est froid, coupez-le en trois disques. Coupez le chocolat en morceaux, faites-le fondre au bain-marie avec 1 cuil. à café d'eau. Ajoutez le reste du sucre, le reste du beurre et 1 jaune d'œuf, mélangez. Étendez cette crème sur deux disques, recouvrez du troisième pour reconstituer le gâteau. Avec une spatule, nappez-le du reste de crème. Décorez avec le chocolat vermicelle.

■ *Dîner :* Carottes râpées ▪ Lièvre en daube ▪ Pâtes fraîches ▪ Yaourts ▪ Oranges

Lièvre en daube

1 lièvre, 1 bouteille de vin rouge de qualité, 1 bouquet garni, 1 oignon, 2 gousses d'ail (non épluchées), 1 cuil. à café de vinaigre, sel, poivre, quatre-épices, 1 écorce d'orange, 1 cuil. à dessert d'huile d'olive.

Coupez le lièvre en morceaux. Mettez-le dans un grand poêlon en terre avec le vin, l'huile d'olive, le bouquet garni, l'oignon, l'ail, le vinaigre, sel, poivre, quatre épices. Laissez mariner au moins 4 h en retournant plusieurs fois les morceaux (plus il sera mariné, meilleur il sera).

Posez le poêlon sur le feu (en intercalant entre la source de chaleur et le poêlon un régularisateur de chaleur), amenez à ébullition, ajoutez l'écorce d'orange, couvrez, réduisez le feu, maintenez une petite ébullition et laissez cuire ainsi 2 h.

NOVEMBRE
2e SEMAINE
VENDREDI

■ *Déjeuner :* Salade de concombre ▪ Roussette aux câpres ▪ Pommes à l'anglaise ▪ Fruits au sirop

Roussette aux câpres

800 à 900 g de roussette, 1 sachet de court-bouillon en poudre, 30 g de beurre, 1 cuil. à soupe de farine, 1 cuil. à soupe de câpres, 1 jaune d'œuf.

Lavez le poisson, posez-le dans un fait-tout, saupoudrez de court-bouillon en poudre, recouvrez d'eau froide. Amenez doucement à ébullition, maintenez-la frémissante pendant 5 mn, éteignez le feu en laissant le poisson dans son bouillon. Prélevez-en 1/4 de litre, passez-le. Dans une casserole, faites fondre le beurre, ajoutez la farine, mélangez à la cuiller de bois, laissez cuire quelques instants. Hors du feu, mouillez avec le court-bouillon passé en l'ajoutant d'un seul coup ; remettez sur le feu, laissez cuire 5 mn.

Dans un bol, délayez le jaune d'œuf avec 1 cuil. de sauce, ajoutez-le à la totalité de la sauce ainsi que les câpres et 2 ou 3 noisettes de beurre. Égouttez le poisson, entourez-le de pommes de terre. Servez la sauce en saucière.

■ ***Dîner :*** **Cuisses de grenouilles à la provençale ▪ Salade de laitue à l'orange ▪ Fromage ▪ Compote de rhubarbe**

Cuisses de grenouilles à la provençale

4 brochettes de cuisses de grenouilles, 1/4 de litre de lait, 100 g de farine, sel, poivre, 3 gousses d'ail, persil, 50 g de beurre, 2 cuil. à soupe d'huile, 1 citron.

Trempez les cuisses de grenouilles dans le lait, puis dans la farine, secouez-les. Faites chauffer le beurre et l'huile dans la poêle puis jetez-y les cuisses de grenouille. Laissez cuire à feu moyen une dizaine de minutes. Salez, poivrez, retournez à mi-cuisson.

Saupoudrez d'un hachis d'ail et de persil, réduisez le feu, couvrez, continuez encore 5 mn la cuisson. Dressez sur un plat chaud avec le citron coupé en quartiers.

NOVEMBRE
2e SEMAINE
SAMEDI

■ ***Déjeuner :*** **Jambon blanc ■ Tagliatelles à la sauce italienne ■ Laitue ■ Dattes**

Tagliatelles à la sauce italienne

350 g de tagliatelles, 200 g de bifteck haché, 1 cuil. à soupe d'huile d'olive, 1 grande boîte de tomates pelées, 1 oignon, 1 gousse d'ail, 1 branche de céleri, 1 carotte, 50 g de cèpes séchés, 1 verre de vin blanc sec, persil, sel, poivre.

Hachez grossièrement l'oignon, l'ail, la carotte, le céleri, le persil. Mettez les champignons à tremper dans un bol d'eau. Dans une casserole, faites fondre à l'huile tous les légumes hachés, ajoutez la viande, les champignons essorés et coupés en petits morceaux, les tomates égouttées et le vin blanc, salez, poivrez. Laissez cuire doucement à découvert 15 mn.

Cette sauce doit être suffisamment épaisse pour napper les pâtes, qui auront cuit 10 mn dans une grande quantité d'eau bouillante salée.

■ ***Dîner :*** **Biftecks hachés ■ Frites ■ Salade d'endives ■ Fromage ■ Diplomate aux marrons**

Diplomate aux marrons

300 g de biscuits à la cuiller, 375 g de crème fraîche,
300 g de débris de marrons glacés, 1 douzaine de marrons glacés,
2 cuil. à soupe de rhum, 2 cuil. à soupe de sucre en poudre,
2 cuil. à soupe de sucre glace.

Versez dans un saladier froid la crème et 1/2 verre d'eau glacée. Avec le fouet à sauce, montez-la en chantilly. À la fin, saupoudrez de sucre glace, donnez encore 2 tours de fouet, ajoutez les débris de marrons, mélangez encore.

Dans un plat creux, versez le rhum, le sucre et 1/4 de litre d'eau, mélangez. Trempez les biscuits un à un dans le mélange.

Tapissez-en le fond et les parois d'un moule à charlotte, remplissez-le d'une couche de crème, d'une couche de biscuits, jusqu'en haut du moule en terminant par les biscuits. Couvrez avec une assiette, posez un poids dessus.

Mettez au réfrigérateur 3 h. Démoulez au moment de servir. Décorez de marrons glacés entiers.

NOVEMBRE
2e SEMAINE
DIMANCHE

■ ***Déjeuner :*** **Hors-d'œuvre variés ■ Bœuf à la ficelle ■ Assortiment de fromages ■ Tarte Tatin**

Bœuf à la ficelle

À commencer la veille.

Pour 6 personnes : *1,250 kg d'aiguillette de bœuf ou de filet non bardé mais ficelé, 6 poireaux, 6 carottes, 12 petites pommes de terre, 1 céleri en branches, 3 os à moelle.*

Pour le bouillon : *500 g de plat de côtes, 3 carottes, 1 navet, 1 oignon piqué de clous de girofle, 1 bouquet garni, sel, poivre.*

La veille, préparez un bouillon avec tous les ingrédients indiqués, faites-le cuire 2 h. Le lendemain, dégraissez-le, passez-le. Dans ce bouillon, et dans un grand fait-tout, faites cuire les carottes, 1 h ; les poireaux coupés en deux et ficelés par petites bottes 30 mn ; le pied de céleri coupé en 2 et ficelé 30 mn également. Lorsque les légumes sont cuits, sortez-les du bouillon, posez-les dans un plat long en terre, recouvrez-les d'un peu de bouillon, tenez-les ainsi doucement au chaud au four. Faites cuire les pommes de terre à l'anglaise pendant 18 à 20 mn. Ajoutez-les aux autres légumes.

Dans le bouillon bouillant, plongez le morceau de bœuf en laissant dépasser un morceau de ficelle. À partir de la reprise de l'ébullition, comptez 25 à 30 mn de cuisson selon l'épaisseur du rôti. Pendant ce temps, enveloppez les os à moelle dans de l'aluminium ménager et mettez-les au four moyen.

Lorsque la viande est cuite, sortez-la du bouillon, découpez-la en tranches et servez-la sur un plat chaud, entourée de tranches de moelle et des légumes joliment disposés. À part, apportez du gros sel, des cornichons, des pickles, un choix de moutardes. Vous pouvez également servir en même temps à chaque convive une tasse de consommé.

■ ***Dîner :*** **Bœuf froid (moutarde, cornichons) ■ Salade de pissenlits ■ Oranges**

Le déjeuner a été très copieux. Viande froide, salade et fruits suffisent pour ce soir.

NOVEMBRE
3e SEMAINE
LUNDI

■ ***Déjeuner :*** **Œufs au nid ■ Coquillettes ■ Abricots au sirop**

Œufs au nid

8 œufs, 75 g de gruyère râpé, sel, 25 g de beurre.

Séparez les blancs des jaunes. Battez les blancs, avec une pincée de sel, en neige ferme et ajoutez-leur le gruyère râpé. Disposez les blancs dans un grand plat beurré allant au four. Formez 8 nids. Au centre de chacun, posez un jaune d'œuf et faites cuire 20 mn à four moyen. Servez immédiatement.

■ *Dîner :* Ris de veau à la crème ▪ Purée de brocolis ▪ Fromage ▪ Pommes [au four]

Ris de veau à la crème

2 ris de veau, 125 g de champignons de Paris, 10 petits oignons, 125 g de crème fraîche, 2 jaunes d'œufs, 1 citron, sel, poivre, 50 g de beurre, 1 pointe de couteau de fécule.

Rincez les ris, mettez-les dans une casserole d'eau froide, amenez doucement à ébullition, maintenez-la 3 ou 4 minutes. Égouttez-les, passez-les sous l'eau froide, épongez-les. Ôtez avec des ciseaux les parties non comestibles.

Dans une sauteuse à fond épais, faites fondre le beurre, mettez les ris, faites-les dorer. Ajoutez les champignons épluchés, lavés, citronnés et les petits oignons. Salez, poivrez, couvrez et faites cuire doucement, 1/2 heure environ. Ôtez les ris, posez-les sur un plat, laissez-les en attente au chaud. Dans un bol, délayez la pointe de fécule avec les jaunes d'œufs et la crème. Versez cette préparation dans la sauteuse, mélangez au jus de cuisson, laissez chauffer et versez cette sauce sur les ris de veau. Servez immédiatement.

NOVEMBRE
3e SEMAINE
MARDI

■ *Déjeuner :* Saucisse de Toulouse grillée ▪ Purée de pommes de terre ▪ Salade d'endives ▪ Quatre-quarts aux pruneaux

Quatre-quarts aux pruneaux

25 g de farine, 125 g de sucre en poudre, 125 g de beurre, 2 gros œufs, 12 gros pruneaux.

Faites tremper les pruneaux à l'eau tiède pendant 2 h. Égouttez-les, ôtes les noyaux. Dans une terrine, mélangez à la spatule de bois les œufs entiers et le sucre. Ajoutez petit à petit le beurre fondu et la farine tamisée. Lorsque la pâte est bien homogène, ajoutez-lui les pruneaux et versez-la dans un moule à manqué beurré et légèrement fariné. Faites cuire à four doux 45 mn environ.

■ ***Dîner :*** **Radis noir ▪ Veau au curry ▪ Riz créole ▪ Fromage ▪ Clémentines**

Veau au curry

1 kg de veau dans l'épaule, 2 échalotes, 2 cuil. à soupe d'huile, 1 cuil. à soupe de curry, 1 yaourt, sel, poivre, 2 cuil. à soupe de crème fraîche.

Coupez la viande en gros cubes et faites-la revenir à l'huile dans une cocotte. Lorsqu'elle est dorée, réduisez le feu, ajoutez les échalotes hachées. Laissez-les fondre, saupoudrez de curry et mouillez avec le yaourt. Salez, poivrez, couvrez, faites cuire 50 mn.

Au moment de servir, dressez la viande dans un plat creux chaud, déglacez la sauce avec la crème, versez sur la viande. Servez à part dans des coupelles de la noix de coco râpée, des noix de cajou, du chutney aux mangues.

NOVEMBRE
3e SEMAINE
MERCREDI

■ ***Déjeuner :*** **Concombres à la crème ▪ Rôti de dinde en pot-au-feu ▪ Poires**

Rôti de dinde en pot-au-feu

1,250 kg de rôti de dinde, 4 carottes, 6 poireaux, 1 navet, 1 céleri en branches, 6 pommes de terre, 2 épis de maïs, 1 oignon piqué de 2 clous de girofle, 1 bouquet garni, sel, poivre.

Dans un fait-tout, mettez les carottes, le navet, le bouquet garni, l'oignon, sel et poivre, recouvrez de 1,5 litre d'eau. Faites cuire 30 mn. Ajoutez alors le rôti de dinde, les poireaux fendus et attachés en bottillons, le céleri coupé en deux et ficelé. À partir de la reprise de l'ébullition, comptez 1 h de cuisson. Vingt minutes avant la fin de la cuisson, ajoutez les épis de maïs. Faites cuire à part les pommes de terre à l'anglaise.

Servez la viande coupée en tranches, entourée de tous les légumes. Accompagnez ce plat de moutardes variées et de cornichons.

■ ***Dîner :*** **Consommé au tapioca ▪ Salade de dinde ▪ Yaourts ▪ Crème au chocolat en petits pots**

Consommé au tapioca

Bouillon de la dinde du déjeuner, 2 cuil. à soupe de tapioca, 1 pointe de couteau de safran.

Dégraissez le bouillon, passez-le. Amenez-le à ébullition et jetez en pluie le tapioca, remuez quelques instants. Incorporez au bouillon une pointe de couteau de safran, ce qui lui donnera une plus jolie couleur. Laissez cuire le tapioca 5 à 8 mn. Servez chaud dans des tasses.

NOVEMBRE
3e SEMAINE
JEUDI

■ ***Déjeuner :*** **Biftecks poêlés ▪ Poireaux en gratin ▪ Oranges**

Poireaux en gratin

1,500 kg de poireaux, 1/2 litre de lait, 2 cuil. à soupe de farine, 50 g de beurre, sel, poivre, noix de muscade.

Ôtez la barbe des poireaux et l'extrémité des feuilles vertes. Fendez-les en deux, lavez-les sous l'eau courante. Ficelez les poireaux par petites bottes de 4 ou 5. Plongez-les dans une grande quantité d'eau bouillante salée. Laissez-les cuire 20 mn, égouttez-les ou faites-les cuire à la vapeur 10 à 12 mn.

Dans une casserole, faites fondre le beurre, ajoutez la farine, mélangez, laissez cuire quelques instants. Hors du feu, versez le lait froid d'un seul coup, mélangez, remettez sur le feu et laissez cuire en tournant 5 à 8 mn. Salez, poivrez, ajoutez un peu de noix de muscade râpée. Enlevez les ficelles des poireaux, disposez-les dans un plat allant au feu, recouvrez de sauce béchamel et passez 10 mn à four chaud.

■ ***Dîner :*** **Soupe de légumes ■ Omelette aux champignons ■ Scarole ■ Manqué au citron**

Manqué au citron

250 g de sucre, 60 g de beurre, 125 g de farine, 4 œufs, 2 citrons, 1/4 de litre de lait.

Dans une terrine, travaillez à la spatule le sucre et le beurre ramolli. Incorporez ensuite la farine tamisée, les jaunes d'œufs un à un, le zeste râpé, le jus des citrons et le lait. Lorsque le mélange est lisse, ajoutez les blancs battus en neige très ferme. Versez la pâte dans un moule à manqué beurré et légèrement fariné. Faites cuire à four doux 45 à 50 mn environ. Démoulez sur une grille, laissez refroidir.

NOVEMBRE
3e SEMAINE
VENDREDI

■ ***Déjeuner :*** **Tarte à la moutarde ▪ Fromage ▪ Laitue ▪ Raisin**

Tarte à la moutarde

250 g de farine, 125 g de beurre, 1/2 verre d'eau salée, 1 grosse cuil. à soupe de moutarde forte, 150 g de gruyère râpé, 3 tomates, 1 cuil. à soupe d'huile, thym, romarin.

Travaillez la farine et le beurre coupé en morceaux, délayez avec l'eau salée. Formez une boule de pâte. Laissez reposer. Étendez la pâte sur une plaque à tarte beurrée et farinée. Tartinez-la de moutarde, saupoudrez de la moitié du râpé, posez les tomates coupées en rondelles, ajoutez le reste du râpé et émiettez un peu de thym et de romarin. Arrosez d'huile. Faites cuire à four chaud pendant 30 mn.

■ ***Dîner :*** **Brochettes de langoustines ▪ Salade saint-maxime ▪ Crème délice**

Brochettes de langoustines

12 belles langoustines, 2 œufs, 75 g de farine, 100 g de chapelure, 1 cuil. à soupe d'huile, 50 g de beurre, 1 citron, persil, 4 petites brochettes en bois, 1 bol de mayonnaise, 3 cornichons, 1 cuil. à soupe de câpres, cerfeuil.

Épluchez les langoustines crues. Passez les queues successivement dans la farine, dans les œufs battus avec 1 cuil. à soupe d'eau et un peu de sel, et dans la chapelure. Répartissez-les sur les brochettes. Faites-les cuire à la poêle dans le mélange beurre et huile. Laissez-les dorer des deux côtés. Comptez 5 à 7 mn de cuisson en tout. Servez entouré de persil haché et de quartiers de citron et, à part, la mayonnaise, devenue Tartare parce que vous lui aurez ajouté cerfeuil, câpres et cornichons hachés.

NOVEMBRE
3e SEMAINE
SAMEDI

■ ***Déjeuner :*** **Œufs à l'américaine ▪ Artichauts vinaigrette ▪ Fromage blanc à la compote d'abricots**

Œufs à l'américaine

8 œufs, 50 g de beurre, sel, poivre, pain.

Plongez les œufs 3 mn 1/2 dans de l'eau bouillante, égouttez-les, cassez-les et videz-les deux par deux dans un grand verre haut. Salez, poivrez, ajoutez une grosse noisette de beurre. Mangez à la petite cuillère avec des mouillettes de pain beurré.

■ ***Dîner :*** **Fondue bourguignonne ▪ Salade d'endives ▪ Assortiment de fromages ▪ Crème renversée au caramel**

Fondue bourguignonne

Pour 8 à 10 personnes : *1,600 kg de filet de bœuf, 3/4 de litre d'huile d'arachide, 1 bol de cornichons, 1 bol de petits oignons au vinaigre, 1 bol de mayonnaise aux herbes, 1 bol de mayonnaise à la tomate, 1 bol de mayonnaise au roquefort, ketchup, sauce sandwich, moutardes, fourchettes à fondue, de préférence en bois pour éviter de se brûler.*

Coupez la viande en gros dés, disposez-la sur un plat. Posez au centre de la table sur un réchaud à alcool, un poêlon à fondue bourguignonne (étroit et haut) contenant de l'huile chaude. Disposez sur la table toutes les sauces à base de mayonnaise et les autres en pots. Chaque convive prend dans son assiette quelques morceaux de viande et les trempe un à un au bout de sa fourchette dans l'huile très chaude, en les laissant cuire selon son goût. Il les accompagne des différentes sauces et condiments.

C'est un beaujolais de l'année qui arrosera cette fondue.

NOVEMBRE
3e SEMAINE
DIMANCHE

■ *Déjeuner :* Côtelettes de chevreuil ▪ Purée de céleri-rave ▪ Fromage ▪ Tarte aux pommes

Côtelettes de chevreuil

4 côtelettes de chevreuil, 1 oignon piqué de 2 clous de girofle, 1 échalote, 1 verre à liqueur de cognac, 1 verre de vin rouge, 50 g de beurre, sel, poivre.

Émincez les légumes, mettez-les dans un plat avec le sel, le poivre, le cognac, le vin et les côtelettes, laissez mariner 1 h.

Épongez les côtelettes dans un linge ou un papier absorbant et faites-les cuire à la poêle dans 50 g de beurre comme des côtelettes d'agneau. Servez sur un plat chaud en même temps que la purée de céleri.

■ *Dîner :* Œufs en cocotte ▪ Laitue ▪ Gâteau aux marrons

Gâteau aux marrons

500 g de marrons, 100 g de beurre, 125 g de chocolat râpé, 100 g de sucre, 1 sachet de sucre vanillé, sel.

Faites une fente sur la partie bombée des marrons, jetez-les dans de l'eau bouillante légèrement salée, laissez-les 5 mn. Ôtez ensemble les deux peaux des marrons, faites-les cuire à nouveau dans de l'eau bouillante, 20 mn cette fois. Égouttez-les, passez-les au moulin à légumes (grille fine). Pendant que la purée est encore chaude, ajoutez le beurre, le chocolat, le sucre vanillé et le sucre. Travaillez la pâte à la cuiller de bois, jusqu'à ce qu'elle soit parfaitement lisse.

Tapissez un moule à manqué de papier beurré, remplissez-le de la préparation, tassez et mettez au réfrigérateur 5 à 6 h. Vous gagnerez du temps en utilisant des marrons surgelés déjà épluchés.

■ ***Déjeuner :*** **Croûtes à l'alsacienne ■ Salade de mâche et de betterave ■ Oranges**

Croûtes à l'alsacienne

4 tranches de pain de mie, 1 verre de bière, 150 g de gruyère râpé, 2 blancs d'œufs.

Passez très légèrement au gril les tranches de pain de mie, posez-les dans le fond d'un plat allant au four. Mélangez le gruyère, la bière et les blancs battus. Tartinez chaque tranche de cette préparation et faites gratiner 5 mn à four chaud.

■ ***Dîner :*** **Céleri-rave râpé en salade ■ Rognons de veau à la moutarde ■ Pommes de terre aux oignons ■ Pommes au four**

Rognons de veau à la moutarde

2 rognons de veau, 2 cuil. à soupe de moutarde forte, 150 g de crème fraîche, sel, poivre, 25 g de beurre, 1 cuil. à soupe d'huile.

Ôtez la peau des rognons, fendez-les dans la longueur pour les séparer en deux, ôtez la graisse qui se trouve au milieu. Coupez les rognons en gros dés. Mettez-les à revenir dans l'huile et le beurre chaud, faites-les sauter à feu vif, salez, poivrez, réduisez le feu, laissez cuire 5 mn. Avec l'écumoire, retirez-les du plat de cuisson, laissez-les en attente, jetez la graisse.

Dans ce même plat, mettez la moutarde, délayez-la sur le feu avec la moitié de la crème. Laissez bouillir quelques instants. Ajoutez le reste de crème, mélangez, ajoutez les rognons. Laissez mijoter 3 à 4 mn. Servez très chaud.

NOVEMBRE
4e SEMAINE
MARDI

■ *Déjeuner :* Harengs frais à la bretonne ■ Pommes de terre en robe des champs ■ Yaourts ■ Mandarines

Harengs frais à la bretonne

4 harengs pleins de laitance, 100 g de chapelure, 1 cuil. à soupe de moutarde forte, 80 g de beurre, 3 cuil. à soupe d'huile, 100 g de farine.

Nettoyez les harengs, ôtez les laitances, réservez-les. Travaillez les laitances à la fourchette en leur ajoutant la moutarde et la moitié du beurre ramolli. Redonnez-leur leur forme primitive et roulez-les dans la chapelure. Passez les harengs dans la farine, faites-les frire à la poêle dans l'huile et le reste du beurre. Comptez 12 à 15 mn de cuisson. Dans une autre poêle, faites dorer les laitances dans un peu d'huile. Sur un plat chaud, dressez les harengs, entourez-les des laitances dorées.

■ *Dîner :* Soupe au cresson ■ Chou rouge à l'alsacienne ■ Fromage ■ Bananes

Chou rouge à l'alsacienne

1 chou rouge, 2 oignons, 1 saucisson à cuire, 1/2 verre de vinaigre de vin, sel, poivre, 50 g de saindoux, 125 g de lard de poitrine fumé.

Ôtez les premières feuilles du chou, coupez-le en quatre, lavez-le, ôtez le trognon et les grosses côtes, coupez-le en fines lanières. Dans une cocotte, faites fondre le saindoux et le lard coupé en dés, ajoutez les oignons émincés et le chou. Laissez dorer le tout quelques instants. Salez, poivrez, mouillez avec le vinaigre, couvrez et laissez cuire à petit feu 3 h. Une demi-heure avant la fin de la cuisson, ajoutez le saucisson.

NOVEMBRE
4e SEMAINE
MERCREDI

■ ***Déjeuner :*** **Fromage blanc maison ■ Biftecks hachés ■ Croquettes de purée de marrons ■ Oranges**

Croquettes de purée de marrons

1 boîte de purée de marrons, 1 œuf, 100 g de farine, 100 g de chapelure, 1/2 verre d'huile, 100 g de beurre, sel, poivre.

Versez le contenu de la purée de marrons dans une casserole. Sur feu doux, faites-la dessécher en remuant à la cuiller de bois. Lorsqu'elle est suffisamment épaisse, retirez la casserole du feu, ajoutez un œuf entier, sel, poivre, mélangez. Prenez une grosse cuillerée à soupe du mélange, formez-en un petit boudin, roulez-le dans la farine, puis dans la chapelure. Préparez ainsi toutes les croquettes. Faites dorer à la poêle dans un mélange d'huile et de beurre chaud. Égouttez-les sur un papier absorbant avant de les servir.

■ ***Dîner :*** **Jambon, saucisson sec ■ Frites ■ Laitue ■ Crème vanille en petits pots**

Crème vanille en petits pots

1 litre de lait, 3 cuil. à soupe de Maïzena, 1 bâton de vanille, 200 g de sucre en poudre.

Dans une casserole, faites bouillir le litre de lait, moins la valeur d'1/2 verre, avec le sucre en poudre et le bâton de vanille fendu en deux dans sa longueur. Dans un bol, délayez la Maïzena avec le 1/2 verre de lait froid. Ôtez la vanille et versez la Maïzena délayée dans le lait bouillant. Mélangez à la cuiller de bois, laissez cuire 8 mn environ en remuant constamment. Versez dans des ramequins individuels. Laissez refroidir avant de mettre au réfrigérateur.

■ ***Déjeuner :*** **Haricots blancs au lard ■ Scarole ■ Fromage ■ Compote d'hiver**

Haricots blancs au lard

400 g de lingots du Nord, 250 g de lard fumé, 2 cervelas, bouquet garni, 1 oignon, sel.

Triez les haricots, mettez-les dans une casserole, recouvrez-les largement d'eau. Très doucement amenez à ébullition, maintenez-la 5 mn, égouttez les haricots. Dans un fait-tout, amenez 1,5 litre d'eau à ébullition, jetez dedans les haricots, ajoutez le bouquet garni, l'oignon, un peu de sel, couvrez. Faites cuire 2 h à feu très doux.

À mi-cuisson, ajoutez le morceau de lard. Un quart d'heure avant de servir, ajoutez aux haricots les cervelas, piqués par places à la fourchette.

■ ***Dîner :*** **Entrecôtes grillées au beurre d'anchois ■ Endives braisées ■ Gâteau de riz**

Entrecôtes grillées au beurre d'anchois

2 entrecôtes de 1,5 cm chacune d'épaisseur, 40 g de beurre, 125 g d'anchois au sel.

Mettez les anchois à dessaler dans de l'eau pendant 1 h. Ôtez les arêtes, épongez les filets dans un papier absorbant. Mettez-les dans un mixeur avec le beurre en morceaux. Faites tourner jusqu'à ce que le mélange soit parfait. Huilez légèrement les entrecôtes sur les deux faces. Faites-les griller à four chaud (grilloir allumé 10 mn à l'avance) en les retournant à mi-cuisson. Comptez en tout 5 à 7 mn de cuisson selon votre goût. Dressez les entrecôtes sur un plat chaud, tartinez-les de beurre d'anchois, servez immédiatement.

NOVEMBRE
4e SEMAINE
VENDREDI

■ *Déjeuner :* Truites à l'auvergnate ▪ Pommes à l'anglaise ▪ Yaourts ▪ Clémentines

Truites à l'auvergnate

4 truites de 200 g chacune, 3 fines tranches de lard fumé, 30 g de beurre, 1 cuil. à soupe d'huile, 100 g de farine, sel, poivre.

Videz les truites, lavez-les, épongez-les et assaisonnez-les intérieurement avec du sel et du poivre. Roulez-les dans la farine et secouez-les pour en ôter l'excédent.

Mettez à cuire les truites à la poêle dans un mélange d'huile et de beurre. Au bout de 6 mn, retournez-les. Ajoutez alors les lardons coupés en fine julienne. Laissez cuire encore 8 mn. Servez très chaud.

(Recette de l'« Ambassade d'Auvergne et du Rouergue ».)

■ *Dîner :* Gratinée au porto ▪ Fromage blanc maison ▪ Poires

Gratinée au porto

800 g d'oignons, 40 g de beurre, 1 cuil. à soupe de farine, 1 litre d'eau, 200 g de gruyère râpé, 1/2 baguette de pain, sel, poivre, muscade, 6 jaunes d'œufs, 6 petits verres de porto rouge.

Émincez les oignons, faites-les fondre lentement dans le beurre en les laissant à peine blondir. Ajoutez la farine, faites-la rissoler. Versez d'un seul coup la moitié de l'eau froide. Amenez à ébullition en remuant. Au bout de quelques minutes, ajoutez le reste de l'eau. Salez, poivrez, muscadez. Laissez bouillir 10 mn.

Pendant ce temps, faites dessécher au four et griller légèrement les rondelles de baguette.

Disposez le bouillon dans des bols allant au four. Garnissez-les de rondelles de pain, saupoudrez largement de gruyère râpé. Faites gratiner sans hâte.

Préparez autant de verres que de convives. Dans chacun, mettez un jaune d'œuf et un petit verre de porto.

Chaque convive soulèvera la croûte de sa gratinée et y versera le contenu du verre en agitant à la fourchette sous la croûte sans trop la casser.

La soupe à l'oignon toute prête peut servir de base à cette préparation.

NOVEMBRE
4e SEMAINE
SAMEDI

■ ***Déjeuner :*** **Hamburgers à cheval ■ Salade d'endives à la crème ■ Salade d'oranges et de pamplemousses**

Salade d'endives à la crème

500 g d'endives, 2 pommes, 75 g de noix décortiquées, 2 cuil. à soupe de sauce salade, 2 cuil. à soupe de crème, 1 cuil. à soupe de vinaigre de cidre, sel, poivre.

Retirez les premières feuilles flétries. Passez les endives, les unes après les autres, à l'eau froide, sans les faire tremper. Épongez-les. Coupez-les en petits morceaux. Épluchez les pommes, coupez-les en dés. Dans un saladier, disposez les endives, les pommes, les noix, ajoutez la sauce salade, la crème, le vinaigre, sel et poivre. Mélangez.

■ ***Dîner :*** **Escalopes de veau poêlées ■ Épinards au jus ■ Clafoutis aux pommes ■ Café brûlot**

Café brûlot

4 tasses de café très fort, 6 morceaux de sucre de canne, 1 branche de cannelle brisée, 1 orange cloutée de 2 clous de girofle, 3 doigts de zeste d'orange, 3 doigts de zeste de citron, 2 verres à dégustation de rhum brun, 1 petit réchaud à alcool, 1 petite louche.

Versez tous les ingrédients, sauf le café, dans une casserole, posez-la sur le réchaud allumé. Avec une petite louche, pressez et remuez pour faire fondre le sucre. Flambez et versez aussitôt le café très fort et très chaud, mélangez avec la louche, servez dans des mazagrans.

NOVEMBRE
4e SEMAINE
DIMANCHE

■ ***Déjeuner :*** **Fruits de mer ■ Rôti de filet de bœuf ■ Haricots verts et tomates grillées ■ Laitue ■ Fromage ■ Tarte aux poires Bourdaloue**

Tarte aux poires Bourdaloue

Pour la pâte : *250 g de farine, 125 g de beurre, 1 jaune d'œuf, 1 cuil. à dessert de sucre, 1 pincée de sel, 1/2 verre d'eau.*
Pour la crème : *125 g de beurre, 125 g de sucre, 200 g d'amandes en poudre, 4 œufs, 1 pincée de vanille en poudre, 1 verre à liqueur de rhum.*
Pour la garniture : *6 poires, 250 g de sucre, 1/2 litre de lait, 3 jaunes d'œufs, 1 œuf entier, 50 g de farine, 2 cuil. à soupe de crème fraîche, 1 cuil. à soupe de kirsch, 50 g de sucre glace.*

La pâte. Travaillez du bout des doigts la farine, le beurre divisé en morceaux, le jaune d'œuf et le sucre. Mouillez avec l'eau salée, formez une boule.
La crème. Travaillez au fouet à sauce, le beurre en pommade avec le sucre, puis ajoutez les amandes. Mélangez bien, incorporez un à un les œufs entiers, le sucre vanillé et le rhum.

La garniture. Dans une casserole, travaillez la farine, la moitié du sucre, les jaunes d'œufs et l'œuf entier. Versez petit à petit le lait bouillant, faites cuire 5 mn en remuant sans cesse. Parfumez au kirsch et laissez refroidir cette crème pâtissière. Allongez-la de crème fraîche.

Étendez la pâte au rouleau, tapissez-en un moule à tarte beurré et fariné. Posez dessus une feuille d'aluminium ménager, remplissez de haricots. Faites cuire à four moyen 10 mn. Ôtez l'aluminium et les haricots, remplacez-les par la crème d'amandes, faites cuire encore 10 mn. Lorsque la pâte est froide, remplissez-la de demi-poires cuites au préalable dans 125 g de sucre et 1/4 de litre d'eau et parfaitement égouttées. Nappez les poires de la garniture, saupoudrez le dessus de sucre glace et caramélisez-le avec un fer rouge.

■ ***Dîner :*** **Thé ou chocolat au lait ▪ Toasts (beurre et confiture) ▪ Clémentines**

Décembre

DÉCEMBRE
1re SEMAINE
LUNDI

■ ***Déjeuner :*** **Boudins blancs ▪ Pommes ▪ Yaourts**

Boudins blancs

4 boudins blancs, 50 g de beurre, sel.

Pour être bons, les boudins blancs doivent être de grande qualité. Aussi n'hésitez pas à les acheter dans une maison de confiance.

Dans une poêle, faites fondre doucement le beurre, mettez les boudins. Faites-les dorer doucement, salez-les, retournez-les.

Il est important que la cuisson se fasse à feu doux dans un beurre blond.

■ ***Dîner :*** **Coquelets à la diable ▪ Maïs grillés ▪ Laitue ▪ Crème renversée au caramel**

Coquelets à la diable

2 coquelets, 1/2 pot de moutarde forte, 150 g de chapelure, 1 pointe de Cayenne en poudre, 4 échalotes hachées, 2 verres de vin blanc sec, 2 cuil. à soupe de ketchup, 6 gouttes de sauce Worcestershire, 2 oignons, 50 g de farine, 2 verres d'huile, 50 g de beurre.

Coupez les coquelets en deux, badigeonnez chaque morceau de moutarde forte, roulez-les dans la chapelure et saupoudrez-les de cayenne. Disposez-les dans un plat allant au four, arrosez de beurre fondu et faites cuire à four chaud 20 mn en les retournant à mi-cuisson.

Dans une casserole, faites réduire le vin blanc avec les échalotes. Ajoutez le ketchup, la sauce Worcestershire et une pincée de Cayenne, laissez cuire 5 mn. Coupez les oignons en rondelles, détachez les anneaux, passez-les dans la farine, faites-les rapidement frire à l'huile. Dressez les coquelets sur un plat chaud, entourez-les d'oignons frits et de maïs grillé. Servez la sauce chaude en saucière.

DÉCEMBRE
1re SEMAINE
MARDI

■ *Déjeuner :* Côtes d'agneau grillées ■ Salsifis en beignets ■ Fromage blanc

Salsifis en beignets

1 kg de salsifis, 2 citrons, 150 g de farine, 1 œuf, huile de friture, persil, sel, poivre.

Épluchez les salsifis, lavez-les, coupez-les en bâtonnets de 5 à 7 cm de longueur. Faites-les cuire 20 mn à l'eau bouillante salée dans laquelle vous aurez délayé 1 cuil. à soupe de farine. Égouttez, mouillez du jus d'un citron. Préparez une pâte à frire en mélangeant la farine avec le jaune d'œuf, 1/4 de litre d'eau, sel, poivre. Laissez reposer. Au moment de l'utilisation, incorporez à la pâte le blanc battu en neige. Trempez les salsifis dans la pâte, plongez-les dans la friture chaude, le temps qu'ils dorent. N'en mettez pas plus de 5 ou 6 à la fois. Au fur et à mesure, égouttez-les et posez-les sur le plat de service recouvert d'un linge. Entourez de persil et de quartiers de citron.

■ *Dîner :* Consommé de poulet (en sachet ou surgelé) ■ Chia-gio ■ Salade d'endives ■ Fromage ■ Poires

Chia-gio (galettes de riz farcies)

300 g d'échine de porc hachée, 10 g de champignons noirs, 50 g de vermicelle chinois, 200 g de crevettes cuites et décortiquées, 1 carotte râpée, 1 oignon haché, 8 galettes de riz, 2 œufs entiers, huile pour friture, feuilles de menthe ou de céleri, sel.

Faites tremper séparément pendant 15 mn les champignons et le vermicelle. Égouttez, émincez les champignons et coupez finement le vermicelle. Dans une terrine, mélangez le porc, les champignons, les crevettes, le vermicelle, la carotte, l'oignon. Liez avec les œufs, salez. Trempez les galettes de riz dans un peu d'eau juste pour les ramollir. Étendez sur chacune un peu de farce, puis roulez-les comme des crêpes en repliant les extrémités.

Plongez-les dans la friture chaude et comptez 15 mn de cuisson. Sur le plat de service, posez des feuilles de laitue, mettez dessus les galettes égouttées, décorez de feuilles de menthe fraîche ou de feuilles de céleri.

DÉCEMBRE
1re SEMAINE
MERCREDI

■ ***Déjeuner :*** **Œufs pochés ■ Épinards frais à la crème ■ Bananes**

Épinards frais à la crème

1,500 kg d'épinards en branches, 30 g de beurre, 2 oignons, 125 g de crème fraîche, sel, poivre.

Équeutez les épinards, lavez-les à plusieurs eaux, égouttez-les. Déposez-les dans un grand fait-tout et faites-les cuire à feu vif et à couvert, sans ajouter d'eau. Remuez de temps en temps. Salez, poivrez. En 10 mn, les légumes sont cuits. Égouttez-les en les pressant avec l'écumoire, hachez-les grossièrement.

Dans une casserole, faites fondre au beurre les oignons finement hachés, ajoutez les épinards. Laissez mijoter doucement. Au moment de servir, incorporez la crème et laissez encore quelques secondes sur le feu. Dressez les épinards dans un plat et posez les œufs dessus.

■ *Dîner :* Céleri rémoulade ■ Foie de veau au madère ■ Purée de pommes de terre ■ Poires au sirop

Foie de veau au madère

850 g de foie de veau d'un seul morceau, 100 g de lard gras, 1 crépine de porc, 2 verres à moutarde de madère, 1 bouquet garni, sel, poivre, 1 oignon haché, 1 cuil. à soupe d'huile, 50 g de beurre, 1 cuil. à soupe de farine, 2 tomates.

Faites larder le foie par votre boucher. Mettez-le 2 h à mariner avec le madère, l'oignon, le bouquet garni et l'huile. Retournez de temps en temps.

Épongez le foie, enveloppez-le dans la crépine, refermez comme un paquet. Dans une sauteuse, faites fondre doucement le beurre, mettez le foie, laissez-le dorer doucement sur toutes ses faces. Retirez-le, posez-le sur un plat. Dans la sauteuse, faites un roux en jetant dans le beurre la farine, mélangez, laissez-la cuire quelques instants, ajoutez la marinade, et 1 verre d'eau. Remettez la viande, salez, poivrez, ajoutez les tomates épluchées et égrenées. Couvrez et faites mijoter 35 à 40 mn en retournant au moins une fois en cours de cuisson. Posez le foie dans un plat creux, coupez-le en tranches et arrosez-le de la sauce passée.

DÉCEMBRE
1re SEMAINE
JEUDI

■ *Déjeuner :* Haricots rouges au petit salé ■ Yaourts ■ Compote de pommes

Haricots rouges au petit salé

500 g de haricots rouges, 500 g de lard de poitrine demi-sel, 1 oreille de porc salée, 1 saucisson de Morteau, 30 cl de vin rouge de qualité, 1 bouquet garni, 3 oignons, poivre.

Faites tremper les haricots à l'eau tiède pendant 2 h, égouttez-les. Mettez-les dans un fait-tout, recouvrez très largement d'eau froide, amenez tout doucement à ébullition, couvrez et laissez cuire 1 h 30. Lavez les viandes à l'eau courante, posez-les dans une casserole d'eau froide, faites bouillir. Écumez, ajoutez les oignons, le bouquet garni, le poivre, couvrez, faites cuire 1 h.

Égouttez les viandes, ajoutez-les aux haricots, ainsi que le vin rouge. Faites reprendre l'ébullition, laissez cuire à couvert encore une heure. Vingt minutes avant la fin de la cuisson, ajoutez le saucisson piqué à la fourchette en plusieurs endroits. Dressez les haricots dans un plat creux, posez dessus les viandes et le saucisson coupés en tranches, recouvrez de jus. S'il est trop abondant, faites-le réduire rapidement à feu vif.

■ ***Dîner :*** **Soupe à l'oignon gratinée ■ Laitue aux œufs durs ■ Fromage ■ Oranges sévillanes**

Oranges sévillanes

6 oranges moyennes, 250 g de sucre, 1/4 de litre d'eau, 1 cuil. à soupe de Grand Marnier (facultatif).

Avec un couteau économique, ôtez les zestes de 4 oranges, coupez-les en fine julienne, réservez-les. Épluchez les 4 oranges à vif, c'est-à-dire ôtez la peau blanche qui les recouvre. Pressez 2 oranges, versez le jus recueilli dans une casserole avec 1/4 de litre d'eau et le sucre. Amenez à ébullition et plongez les oranges épluchées dans ce sirop. Faites-les pocher à feu doux 15 mn environ, en les retournant plusieurs fois. Cinq minutes avant la fin de la cuisson, ajoutez les zestes. Posez les oranges dans un plat creux, recouvrez-les du sirop allongé du Grand Marnier, décorez avec les zestes.

DÉCEMBRE
1re SEMAINE
VENDREDI

■ ***Déjeuner :*** Jambon blanc ■ Chou-fleur en soufflé ■ Mandarines

Chou-fleur en soufflé

1 chou-fleur, 2 cuil. à soupe de farine, 1/4 de litre de lait, 30 g de beurre, 75 g de gruyère râpé, 4 œufs, sel, poivre, muscade.

Épluchez le chou-fleur, lavez-le et faites-le cuire 15 mn à découvert dans de l'eau bouillante salée. Égouttez-le, passez-le au moulin à légumes. Dans une casserole, faites fondre le beurre, ajoutez la farine, laissez-la cuire quelques instants. Hors du feu, versez le lait d'un seul coup, mélangez à nouveau, remettez sur le feu 5 mn, en tournant. Salez, poivrez, saupoudrez de noix de muscade râpée. Dans une terrine, mélangez la purée de chou-fleur, la sauce, le gruyère, les jaunes et enfin les blancs battus en neige ferme. Versez le tout dans un moule à soufflé beurré et faites cuire 30 mn à four moyen préalablement chauffé.

■ ***Dîner :*** **Crevettes grises ■ Filets de turbot aux champignons ✻ ■ Pommes vapeur ■ Pommes au four**

Filets de turbot aux champignons ✻

4 filets de turbot, 100 g de beurre, 2 échalotes, 150 g de champignons de Paris, 1/2 dl de vin blanc sec, 75 g de crème, sel, poivre, 1 citron.

Coupez le bout terreux des champignons, brossez-les sous l'eau courante, coupez-les en lamelles, arrosez-les du jus d'un citron. Faites-les cuire 10 mn dans 50 g de beurre. Hachez les échalotes. Beurrez un plat allant au micro-ondes, tapissez le fond d'échalotes et de champignons. Posez dessus les filets de turbot, arrosez de vin blanc, salez, poivrez, et nappez de crème. Recouvrez d'un film étirable. Faites cuire au micro-ondes puissance maximale pendant 6 mn.

DÉCEMBRE
1re SEMAINE
SAMEDI

■ *Déjeuner :* Tournedos grillés ■ Pommes de terre en gratin ■ Macédoine de fruits au sirop

Pommes de terre en gratin

1 kg de pommes de terre, 1/2 litre de crème fraîche, 100 g de gruyère râpé, sel, poivre.

Épluchez les pommes de terre, coupez-les en très fines rondelles. Dans un plat allant au four, disposez une petite couche de crème, une couche de pommes de terre, sel, poivre, un peu de gruyère râpé. Recommencez crème, pommes de terre, etc. Terminez par la crème. Faites cuire à four doux au bain-marie, pendant 1 h environ.

Sortez le plat du four, retirez le trop-plein de crème et remplacez-la par de la crème crue. Remettez au four 20 mn pour terminer la cuisson, toujours au bain-marie.

■ *Dîner :* Omelette aux foies de volaille ■ Carottes à la crème ■ Fromage ■ Gâteau viennois

Gâteau viennois

250 g de farine, 125 g de beurre, 2 œufs, 175 g de sucre, 1 pincée de sel, 5 pommes, 100 g de noix décortiquées, 100 g de raisins secs, 1 pointe de cannelle, 1 cuil. à soupe de sucre glace.

Faites gonfler les raisins dans un peu d'eau. Travaillez la farine avec 100 g de sucre, 1 œuf entier, le beurre et une pincée de sel. Pétrissez cette pâte du bout des doigts, faites-en une boule. Épluchez les pommes, ôtez cœurs et pépins, coupez-les en tranches fines. Étendez la pâte au rouleau en 2 cercles.

Beurrez un moule à manqué, tapissez-le d'un cercle de pâte, remplissez avec la moitié des pommes, la moitié du sucre restant, la cannelle, les noix grossièrement hachées et les raisins égouttés. Terminez par le reste des pommes et du sucre. Recouvrez du second cercle de pâte, soudez les deux épaisseurs en les mouillant légèrement et dorez le dessus du gâteau au jaune d'œuf.

Faites cuire à four doux pendant 45 mn. Au sortir du four, saupoudrez de sucre glace.

DÉCEMBRE
1re SEMAINE
DIMANCHE

■ *Déjeuner :* **Langoustines mayonnaise ■ Rôti de veau Orloff ■ Purée de céleri ■ Fromage ■ Gâteau aux noix**

Rôti de veau Orloff

1 kg de noix de veau, 1 bol de sauce béchamel (recette p. 332 « Gâteau d'épinards »), 300 g de champignons de Paris, 250 g de crème fraîche, sel, poivre, 1 jaune d'œuf, 75 g de gruyère, 30 g de beurre.

Faites cuire au four le rôti enduit avec un peu de beurre pendant 50 mn. Arrosez de temps en temps, salez, poivrez. Sortez le rôti du four, laissez-le refroidir. Réservez le jus de cuisson. Épluchez les champignons, lavez-les, hachez-les. Faites-les suer à la poêle avec un peu de beurre. Prélevez la moitié de la sauce Mornay, ajoutez-la aux champignons hachés.

Découpez le rôti en tranches. Une à une, nappez chaque tranche sur une face de crème aux champignons, recouvrez de la tranche suivante. Posez les tranches couchées sur un plat allant au feu et reconstituez ainsi le rôti. Ajoutez au restant de la sauce béchamel un jaune d'œuf délayé dans la crème et le gruyère râpé. Nappez la viande de cette sauce et passez à four moyen 20 mn environ. Servez en saucière le jus de cuisson réchauffé du rôti.

■ *Dîner :* Thé au lait ■ Plum-cake ■ Confiture d'oranges

Plum-cake

125 g de farine, 125 g de sucre, 3 œufs, 100 g de beurre, 1 tasse à thé de crème fraîche, 1 sachet de levure en poudre, 1 tasse à thé de raisins de Smyrne, 2 cuil. à soupe de rhum, 1 pincée de sel.

Mettez les raisins à macérer dans le rhum pendant 1 h environ. Dans un saladier, mélangez la farine et la levure. Faites ramollir le beurre dans une terrine chaude, ajoutez le sucre, la crème et le sel. Remuez avec une spatule en bois jusqu'à ce que le mélange blanchisse. Ajoutez un à un les œufs, puis la farine tamisée. Mélangez en soulevant la pâte pour la rendre légère, incorporez les raisins et le rhum.

Tapissez un moule à cake de papier blanc beurré, remplissez avec la pâte. Faites cuire à four moyen pendant 1 h. Démoulez tiède.

DÉCEMBRE
2e SEMAINE
LUNDI

■ *Déjeuner :* Carottes râpées ■ Pieds de porc grillés ■ Frites ■ Yaourts

Pieds de porc grillés

4 pieds de porc panés et entiers.

Les pieds de porc panés sont souvent vendus par moitié ; préférez-les entiers.

Dix minutes à l'avance, allumez le grilloir du four. Posez les pieds sur la grille, enfournez, laissez la porte ouverte. Lorsqu'ils sont bien dorés, retournez-les et faites griller la seconde face. La cuisson est très rapide et demande une surveillance constante.

Accompagnés de frites, les pieds de porc grillés sont un merveilleux plat d'hiver.

■ *Dîner :* **Bouillon de légumes ■ Steak tartare ■ Salade de pommes de terre ■ Oranges**

Bouillon de légumes

2 carottes, 3 poireaux, quelques feuilles de céleri, 2 tomates, 1 navet, 1 bouquet garni, 2 gousses d'ail, sel, poivre.

Coupez tous les légumes en petits dés, ajoutez le bouquet garni et l'ail, recouvrez-les de 2 litres d'eau, salez, ajoutez 3 grains de poivre et amenez à ébullition.

Couvrez et laissez cuire 1 h 30 à feu moyen.

Servez dans des bols individuels en ajoutant 1 morceau de beurre.

DÉCEMBRE
2e SEMAINE
MARDI

■ *Déjeuner :* **Escalopes de veau poêlées ■ Pommes de terre à la bulgare ■ Raisin**

Pommes de terre à la bulgare

1 kg de pommes de terre, 200 g de fromage blanc, fines herbes, estragon sec, 1 yaourt, 2 œufs, sel, poivre, 50 g de beurre.

Beurrez largement un plat en terre. Disposez une couche de pommes de terre coupées en rondelles, une couche de fromage blanc mélangé aux fines herbes et à l'estragon. Salez, poivrez. Remplissez ainsi tout le plat. Mettez à cuire 1 h 10 à four moyen.

Sortez le plat du four et arrosez-le des œufs battus en omelette et mélangés au yaourt. Remettez au four 20 mn. Servez immédiatement.

■ *Dîner :* Chou en salade ▪ Terrine du chasseur ▪ Chips ▪ Fromage ▪ Poires

Terrine du chasseur

1,250 kg de bœuf dans la culotte, 250 g de lard gras, 1 couenne de porc, 3 feuilles de laurier, quelques brindilles de thym, 4 épices, sel, poivre, 1 verre de bouillon fait avec 1 tablette de bouillon de volaille, 1 terrine.

Coupez le bœuf en tranches de 1 cm d'épaisseur environ et le lard en tranches fines.

Disposez dans le fond de la terrine une couche de tranches de lard. Recouvrez d'une couche de tranche de viande, remplissez ainsi toute la terrine en terminant par le lard, le thym et le laurier, et en ayant soin d'assaisonner entre chaque couche. Arrosez de bouillon, recouvrez de la couenne et couvrez. Faites cuire à four extrêmement doux pendant 3 h, ajoutez un peu de bouillon en cours de cuisson si nécessaire.

Sortez la terrine du four, recueillez le jus de cuisson, dégraissez-le et remettez-le dans la terrine. Placez une planche avec un poids sur le dessus de la terrine, mettez au réfrigérateur jusqu'au dîner.

DÉCEMBRE
2e SEMAINE
MERCREDI

■ *Déjeuner :* Moules mayonnaise ▪ Gratin de volaille ▪ Salade de saison ▪ Crème vite faite

Moules mayonnaise

2 litres de moules, 1 bol de mayonnaise (recette p. 89), poivre.

Grattez les moules, lavez-les à plusieurs eaux en les frottant les unes contre les autres, mais en évitant de les laisser tremper dans l'eau.

Jetez-les dans une grande casserole, poivrez largement, couvrez. Faites ouvrir les moules sur feu vif. Elles doivent être juste ouvertes et se détacher de la coquille. Ôtez-les de leur coquille en les égouttant bien. Réservez leur eau de cuisson, décantez-la. Allongez la mayonnaise de 2 cuil. à soupe de cuisson des moules. Versez cette sauce sur les moules. Mélangez. Servez frais.

■ ***Dîner :*** **Œufs sur le plat ■ Épinards à la crème ■ Crêpes aux bananes flambées**

Crêpes aux bananes flambées

1/2 litre de pâte à crêpes (recette p. 45), 2 bananes, 50 g de beurre, 100 g de sucre, 1 petit verre de rhum blanc.

Faites cuire 4 crêpes pas trop épaisses à la poêle. Épluchez les bananes, coupez-les en deux dans le sens de la longueur. Faites-les dorer au beurre, dans une poêle en les saupoudrant de la moitié du sucre.

Posez chaque moitié de banane sur une crêpe. Refermez comme vous le feriez pour un paquet. Placez chaque paquet sur un plat en métal, saupoudrez de sucre, arrosez de rhum. Posez le plat sur un réchaud à alcool, laissez bouillonner quelques instants et flambez.

DÉCEMBRE
2ᵉ SEMAINE
JEUDI

■ ***Déjeuner :*** **Saucisses de Toulouse grillées ▪ Cœurs de céleri braisés ▪ Yaourts ▪ Oranges**

Cœurs de céleri braisés

3 pieds de céleri, 1 cuil. à soupe de graisse d'oie ou de saindoux ou de margarine, 1 petite carotte, 1 oignon, 1 bouquet garni, sel, poivre.

Supprimez les premières feuilles de manière à ne conserver que les cœurs. Lavez-les sous l'eau courante. Faites-les blanchir 5 mn à l'eau bouillante, égouttez-les. Dans une sauteuse, faites fondre la graisse, ajoutez la carotte et l'oignon, coupés en julienne, et le bouquet. Posez dessus les cœurs de céleri, salez, poivrez. Mouillez avec 1 verre de bouillon (si vous n'en avez pas, utilisez du concentré).

Recouvrez d'un papier sulfurisé puis du couvercle, faites cuire à tout petit feu pendant une bonne heure.

■ ***Dîner :*** **Salade de mâche et betterave ▪ Poulet gros sel ▪ Compote d'hiver**

Poulet gros sel

1 gros poulet, 4 carottes, 6 poireaux, 2 navets, 8 petites pommes de terre, quelques feuilles de céleri, 2 épis de maïs, 1 oignon piqué de 2 clous de girofle, 1 bouquet garni, gros sel, poivre.

Posez le poulet vidé et bridé dans un grand fait-tout, recouvrez-le largement d'eau. Amenez doucement à ébullition et écumez. Ajoutez alors les carottes et les navets épluchés, les poireaux coupés en deux dans leur longueur et ficelés en bottillons, les feuilles de céleri, l'oignon et le bouquet garni, salez, poivrez, couvrez et faites cuire 1 h à feu moyen.

Vingt minutes avant la fin de la cuisson, plongez dans le bouillon les épis de maïs et, à part, faites cuire les pommes de terre à l'eau ou à la vapeur.

Posez le poulet découpé sur un plat, entourez-le de tous ses légumes et apportez en même temps le gros sel et la moutarde. Vous pouvez servir en même temps un bol de bouillon dégraissé.

DÉCEMBRE
2e SEMAINE
VENDREDI

■ ***Déjeuner :*** **Dorade à la cantonaise ■ Riz créole ■ Ananas au sirop**

Dorade à la cantonaise

1 dorade pour 4 personnes, 1 cuil. à soupe d'huile, 1 oignon, sel, poivre, 1 cuil. à café de sauce soja, 1 citron.
Pour la sauce : *1/2 verre de jus de tomates, 1/2 verre d'eau, 1 cuil. à café de farine, 1 morceau de sucre, 1 échalote hachée, 1 petite tranche de jambon, 50 g de champignons noirs, 0,5 g de glutamate.*

Faites préparer la dorade par le poissonnier. Faites dorer les 2 faces à l'huile dans une grande poêle, baissez le feu, salez, poivrez, ajoutez l'oignon coupé en tranches et la sauce de soja. Réduisez le feu, laissez cuire doucement 20 mn.

Dans une casserole, mettez la farine, délayez-la avec l'eau et le jus de tomate, ajoutez le sucre, l'échalote hachée, le jambon émincé, les champignons noirs et le glutamate. Mélangez le tout et laissez cuire doucement 10 mn.

Dressez la dorade sur un plat chaud, arrosez-la de sauce bouillante et entourez de quartiers de citron.

■ *Dîner :* Crevettes roses ■ Rissoles ■ Laitue ■ Oranges

Rissoles

Restes du poulet de la veille, 1 tasse à thé de sauce béchamel, noix de muscade, persil, 1 tranche de jambon, 250 g de farine, 100 g de champignons de Paris, 125 g de beurre, 1/2 verre d'eau salée, sel, poivre, friture.

Hachez le poulet, le jambon, les champignons lavés, et le persil. Ajoutez la sauce béchamel, un peu de noix de muscade râpée, sel, poivre. Mélangez. Travaillez avec les doigts la farine et le beurre divisé en petits morceaux, mouillez avec l'eau, formez une boule. Étendez cette pâte sur une planche farinée. À l'aide d'un bol renversé, découpez des ronds de pâte. Au centre, posez 1 petite cuil. de farce, mouillez les bords avec un peu d'eau et rabattez la moitié de la pâte (comme un chausson aux pommes) ; appuyez sur les bords pour les souder.

Plongez les rissoles (pas plus de 5 à la fois) dans de la friture chaude, laissez cuire 7 à 8 mn en les retournant à mi-temps. Égouttez-les et posez-les sur un plat garni d'un linge. Tenez au chaud à l'entrée du four pendant que vous préparez les autres fournées. Servez chaud.

DÉCEMBRE
2e SEMAINE
SAMEDI

■ *Déjeuner :* Champignons de Paris en salade ■ Rôti de bœuf ■ Purée de chou-fleur ■ Biscuit au citron

Biscuit au citron

3 œufs, 200 g de sucre, 100 g de farine, 1 sachet de levure chimique, 2 citrons, sel.

Dans une terrine, travaillez les jaunes d'œufs et le sucre jusqu'à ce que le mélange blanchisse.

Ajoutez peu à peu la farine tamisée avec la levure, le beurre fondu et les zestes de citron râpés. Mélangez bien cette pâte et incorporez encore les blancs battus en neige ferme avec une pincée de sel.

Versez la pâte dans un moule en couronne beurré. Faites cuire à four moyen, préalablement allumé, pendant 15 mn. Laissez refroidir avant de démouler.

■ ***Dîner :*** **Soupe au cresson ■ Viande froide ■ Salade de saison ■ Soufflé au Grand Marnier**

Soufflé au Grand Marnier

5 œufs, 30 g de beurre, 30 g de farine, 1/4 de litre de lait, 2 verres à liqueur de Grand Marnier, sel.

Dans une casserole, mélangez la farine, le sucre et les jaunes d'œufs, à l'aide d'un fouet à sauce, ajoutez peu à peu le lait bouillant. Mettez la casserole sur le feu et tournez toujours jusqu'à l'ébullition. Retirez du feu et parsemez le dessus de la crème de petits morceaux de beurre.

Battez les blancs en neige ferme en leur ajoutant une pincée de sel. Ajoutez-les à la crème ainsi que le Grand Marnier et mélangez en soulevant toujours la masse de pâte par en dessous.

Versez la préparation dans un moule à soufflé beurré et faites cuire à four doux allumé 15 mn à l'avance, pendant 30 mn. Servez sans tarder.

DÉCEMBRE
2e SEMAINE
DIMANCHE

■ ***Déjeuner :*** **Assortiment de crudités ■ Selle de chevreuil Saint-Hubert ■ Wasserstriwela ■ Fromage (munster au cumin) ■ Tarte aux pommes**

Selle de chevreuil Saint-Hubert

Pour 8 personnes (à commencer la veille) : *1 selle de chevreuil de 2 kg environ, 1 verre à liqueur de cognac, 250 g de crème fraîche, 1 cuil. à dessert de gelée de groseilles, 3 carottes, 3 oignons, 2 clous de girofle, thym, laurier, sel, poivre, 1 filet de vinaigre, 8 pommes reinettes, confiture d'airelles, 1 bouteille de bon vin rouge.*

Faites larder la selle par le marchand et mettez-la à mariner toute une nuit avec le vin rouge, 2 oignons piqués de clous de girofle, thym, laurier, 2 carottes coupées en rondelles, sel, poivre et vinaigre. Le lendemain, épongez-la, posez-la sur la grille du four préchauffé 15 mn à l'avance. Faites rôtir à four chaud 45 mn. Dix minutes avant la fin de la cuisson, ajoutez dans la lèche-frite 1 carotte et 1 oignon coupés en dés. Au moment de servir, ôtez la viande, coupez-la, tenez-la au chaud et déglacez la lèche-frite avec le cognac, un restant de sauce de rôti, si vous en avez, et 1 verre de marinade passée. Passez la sauce à la passoire fine, dégraissez-la et faites-la réduire. Ajoutez la crème, la gelée de groseilles, une pointe de cayenne, goûtez et rectifiez l'assaisonnement si cela est nécessaire.

Sur un plat chaud, posez la selle découpée, nappez-la de sauce, garnissez le tour de pommes fruits épluchées, pochées et recouvertes de confiture d'airelles. Servez en même temps les Wasserstriwela.

(Recette de l'« Auberge de l'Ill »).

■ ***Dîner :*** **Avocats vinaigrette ■ Salade de fruits**

Dîner léger, après ce copieux déjeuner.

DÉCEMBRE
3e SEMAINE
LUNDI

■ *Déjeuner :* Poireaux vinaigrette ■ Brochettes de cœur de bœuf ■ Salade d'oranges

Brochettes de cœur de bœuf

4 morceaux de cœur de bœuf de 600 g environ, 1 verre d'huile d'olive, 1 cuil. à café de cumin, 1/2 piment sec, 1 oignon, sel.

Hachez finement l'oignon, pilez le piment. Mettez-les dans une tasse, ajoutez la moitié de l'huile.

Coupez le cœur en gros dés, enfilez-les sur 4 brochettes, posez-les dans un plat. Salez, saupoudrez de cumin, arrosez du reste de l'huile. Laissez macérer jusqu'à l'heure du déjeuner.

Dix minutes à l'avance, allumez le grilloir du four. Lorsqu'il est chaud, posez les brochettes égouttées sur la grille, faites cuire 10 mn porte ouverte. Retournez à mi-cuisson. Servez la sauce à part.

■ *Dîner :* Soupe aux pois cassés ■ Jambon ■ Salade de mâche et betterave, noix ■ Zuppa inglese

Zuppa inglese

1 génoise pour 4 personnes achetée chez le boulanger, 200 g de sucre en poudre, 60 g de farine, 1/2 litre de lait, 2 verres à liqueur de rhum, 200 g de fruits confits variés, 100 g de sucre glace, quelques noisettes de beurre, 3 œufs.

Dans une casserole, mélangez la farine, les jaunes d'œufs et le sucre en poudre. Travaillez à la cuillère en bois et délayez peu à peu avec le lait bouillant, mettez sur le feu, amenez à ébullition. Laissez refroidir en posant sur le dessus de la crème quelques noisettes de beurre. Ajoutez à cette crème 1/4 des fruits confits hachés. Coupez la génoise en deux morceaux. Imbibez chacun d'un verre de rhum. Dans un plat allant au feu, posez une demi-génoise, enfoncez dedans les 3/4 des fruits confits, nappez de crème pâtissière, recouvrez du deuxième morceau de génoise.

À l'aide d'une douille cannelée, recouvrez le dessus du gâteau de blancs montés en neige ferme avec le sucre glace. Passez à four très doux 30 mn environ. Servez froid.

DÉCEMBRE
3e SEMAINE
MARDI

■ ***Déjeuner :*** **Œufs à la coque ■ Riz à la tomate ■ Clémentines**

Riz à la tomate

250 g de riz, 500 g de tomates, 1 oignon, 1 branche de thym, 2 cuil. à soupe d'huile d'olive, 100 g de gruyère râpé, sel, poivre, 1 bol de sauce tomate.

Lavez le riz, égouttez-le. Dans une casserole, faites blondir directement à l'huile d'olive l'oignon haché, ajoutez les tomates épluchées, égrenées, coupées en dés. Laissez revenir quelques instants. Versez le riz, laissez-le devenir transparent. Mouillez avec de l'eau (2 fois 1/2 le volume du riz). Salez, poivrez, ajoutez le thym, couvrez et laissez cuire à très petit feu 20 mn. Servez à part la sauce tomate chaude et le fromage râpé.

■ ***Dîner :*** **Confit d'oie aux pommes de terre ■ Scarole à l'ail ■ Crème à la vanille en petits pots**

Confit d'oie aux pommes de terre

2 morceaux de confit d'oie en conserve, 1,250 kg de pommes de terre à chair ferme, 1 gousse d'ail, sel, poivre, persil.

Faites cuire les pommes de terre à l'eau salée avec leur peau pendant 20 mn. Égouttez-les, épluchez-les, coupez-les en rondelles.

Ôtez toute la graisse qui entoure les morceaux de confit. Réservez-la. Mettez-en la valeur d'une cuillerée à soupe dans une grande poêle, faites-la fondre. Jetez dedans les pommes de terre. Aussitôt qu'elles commencent à dorer, posez dessus les morceaux de confit d'oie, saupoudrez d'un hachis d'ail et de persil, salez, poivrez. Laissez quelques instants sur le feu, le temps que la viande se réchauffe.

DÉCEMBRE
3e SEMAINE
MERCREDI

■ ***Déjeuner :*** **Radis ■ Rôti de porc charcutière ■ Frites ■ Yaourts**

Rôti de porc charcutière

1,250 kg de filet de porc, 50 g de sucre en poudre, 3 feuilles de sauge, 1 gousse d'ail, 1 bouquet garni, sel, poivre.

Faites par places des incisions dans le rôti dans lesquelles vous introduirez les feuilles de sauge et l'ail émincé. Posez le rôti dans une cocotte, recouvrez-le d'eau froide, salez, poivrez, ajoutez le bouquet garni, couvrez. Amenez à ébullition et laissez cuire 1 h environ.

Sortez le rôti, épongez-le, posez-le sur la grille du four. Saupoudrez de la moitié du sucre. Allumez à l'avance le grilloir, enfournez le rôti et faites-le caraméliser, retournez-le, saupoudrez l'autre face du restant de sucre, faites-le dorer également. Vous obtiendrez ainsi un rôti gonflé, bien blanc à l'intérieur et doré sur le dessus.

■ *Dîner :* Carottes râpées ■ Porc froid mayonnaise ■ Salade de saison ■ Tarte aux pruneaux

Tarte aux pruneaux

250 g de farine, 125 g de beurre, 1/2 verre d'eau salée, 350 g de pruneaux d'Agen, 1/2 litre de thé léger, 1 tasse à thé de lait, 1 œuf, 75 g de sucre, 20 g de beurre.

Mettez les pruneaux à tremper 3 à 4 h dans le thé. Égouttez-les, dénoyautez-les. Travaillez la farine, le sucre et le beurre divisé en morceaux, mouillez avec le 1/2 verre d'eau salée, formez une boule de pâte. Laissez reposer 1/2 h.

Étendez la pâte au rouleau, disposez-la sur une plaque à tarte beurrée. Avec la pointe d'un couteau, faites quelques petites incisions dans le fond. Posez les pruneaux et mettez la tarte à four chaud pendant 15 mn. Sortez la tarte, arrosez-la de l'œuf battu avec le lait, remettez 15 mn au four. Servez tiède.

DÉCEMBRE
3e SEMAINE
JEUDI

■ *Déjeuner :* Cervelles d'agneau ■ Pommes vapeur ■ Fromage ■ Oranges et mandarines confites

Oranges et mandarines confites

À commencer la veille.

4 oranges, 4 mandarines, 600 g de sucre en poudre, 2 cuil. à café de vinaigre.

La veille au soir, épluchez les oranges et les mandarines, détachez-les soigneusement en quartiers. Tout le blanc doit être parti. Posez-les sur une grille pour qu'elles sèchent. Le lendemain, mettez dans une casserole le sucre, 1 verre 1/2 d'eau et le vinaigre. Faites cuire ce sirop jusqu'à l'état de caramel blond. Enfilez une tranche de fruit sur une brochette de bois, plongez-la rapidement dans le sucre, juste quelques secondes, sortez vivement et faites sécher sur une grille. Procédez ainsi pour toutes les tranches.

■ ***Dîner :*** **Céleri en salade ▪ Côtes de marcassin ▪ Purée de marrons ▪ Poires**

Côtes de marcassin

4 côtes de marcassin, 1 cuil. à soupe d'huile, 25 g de beurre, 50 g de crème fraîche, sel, poivre.

Dans une poêle, faites dorer les côtelettes de chaque côté dans moitié huile, moitié beurre, comptez le même temps que pour des côtelettes de porc, soit 10 mn environ. Salez, poivrez. Aussitôt qu'elles sont cuites, dressez-les sur le plat de service chaud.

Déglacez rapidement la poêle avec la crème, en grattant le fond avec une fourchette. Versez la sauce chaude sur les côtes. Servez en même temps une purée de marrons.

DÉCEMBRE
3e SEMAINE
VENDREDI

■ ***Déjeuner :*** **Salade de saison ▪ Omelette aux champignons ▪ Kougelhof**

Kougelhof

250 g de farine, 125 g de sucre, 1 verre de lait, 15 g de levure de boulanger, 2 œufs, 50 g de sucre en poudre, 125 g de beurre, sel, 100 g de raisins de Corinthe, 50 g d'amandes effilées, 1 cuil. à soupe de sucre glace.

Mettez à fondre la levure dans le lait tiède. Dans une terrine, faites une fontaine avec la farine. Au centre, posez les œufs entiers, le sucre, le sel, le beurre ramolli, le lait. Mélangez peu à peu tous ces ingrédients. Ajoutez les raisins. Pétrissez la pâte à la main pendant 15 mn, jusqu'à ce qu'elle ne colle plus aux parois de la terrine. Versez la pâte dans un moule spécial beurré ; elle ne doit en remplir que la moitié. Sur le dessus, posez les amandes effilées et laissez-la reposer 1 h près d'une source de chaleur, recouverte d'un linge.

Cuire à four très doux 1 h. Démoulez et saupoudrez le dessus du gâteau de sucre glace.

■ ***Dîner :*** **Galette de morue ■ Scarole à l'ail ■ Yaourts ■ Clémentines**

Galette de morue

1 boîte de filets de morue, 1/4 de litre de pâte à crêpes épaisse (recette p. 45), 500 g de pommes de terre, poivre, muscade, 80 g de beurre, 4 cuil. à soupe d'huile.

Mettez la morue à dessaler le matin. Le soir, faites-la pocher 10 mn à l'eau frémissante. Égouttez-la, effeuillez-la.

Épluchez les pommes de terre, râpez-les finement, pressez-les entre vos mains pour en extraire l'eau. À la pâte à crêpes, incorporez les pommes de terre et la morue, mélangez, poivrez, saupoudrez de noix de muscade râpée.

Dans une poêle, faites chauffer la moitié du beurre et la moitié de l'huile. Versez la préparation, laissez-la dorer. Lorsqu'elle est dorée, retournez-la sur un plat, remettez le restant de matière grasse dans la poêle, faites glisser la galette. Laissez encore 10 mn à petit feu. Servez chaud avec la salade.

DÉCEMBRE
3e SEMAINE
SAMEDI

■ ***Déjeuner :*** **Jambon de pays ▪ Salade de mâche et betterave ▪ Yaourts ▪ Fruits**

Déjeuner léger ; ce soir, on se régale de fondue savoyarde.

■ ***Dîner :*** **Cœurs de palmiers en salade ▪ Fondue savoyarde ▪ Macédoine de fruits**

Fondue savoyarde

Pour 6 personnes : *1,200 kg d'emmenthal, 3 bons verres à eau de vin blanc très sec, 1 gousse d'ail, 1 cuil. à café de fécule, 2 verres à liqueur de bon kirsch, poivre du moulin, muscade, 1 caquelon en terre, 6 fourchettes à fondue, pain de campagne un peu rassis.*

Frottez le caquelon de la gousse d'ail. Remplissez-le du fromage coupé en fines lamelles, ajoutez le vin, le poivre, la muscade. Portez le caquelon sur un feu assez vif. Remuez tout le temps avec une cuillère en bois en dessinant des 8. Lorsque le mélange devient homogène et commence à bouillonner, versez doucement la fécule délayée dans le kirsch. Remuez toujours. Posez le caquelon sur un réchaud à alcool, placé au centre de la table. Disposez dans plusieurs corbeilles le pain coupé en dés. Chaque convive, du bout de sa fourchette, trempe un morceau de pain dans la fondue. Celui qui laisse tomber le sien est pénalisé. Généralement, la peine consiste à boire un verre de vin blanc supplémentaire.

Les seules boissons conseillées sont un vin blanc de Savoie ou, à défaut, tout autre vin blanc sec et du thé. L'eau est absolument interdite.

DÉCEMBRE
3e SEMAINE
DIMANCHE

■ ***Déjeuner :*** **Harengs de la Baltique ■ Carré d'agneau rôti ■ Pommes de terre sautées ■ Laitue ■ Fromage ■ Bavaroise au kirsch**

Bavaroise au kirsch

À préparer la veille.

1/4 de litre de lait, 2 jaunes d'œufs, 75 g de sucre, 2 feuilles de gélatine, 1/2 bâton de vanille, 125 g de crème fraîche, 200 g de fruits confits (cerises, angélique, cédrat), 1 verre à liqueur de bon kirsch.

Coupez les fruits confits en dés, mettez-les à macérer dans le kirsch. Dans une casserole à fond épais, mélangez les jaunes d'œufs et le sucre, puis ajoutez peu à peu le lait bouilli et vanillé. Faites prendre cette crème sur feu doux, sans la faire bouillir. Hors du feu, incorporez la gélatine ramollie dans très peu d'eau froide et pressée. Passez la crème à travers une passoire fine et laissez-la refroidir en la posant au-dessus de la glace et en la remuant souvent.

Battez les 3/4 de la crème fraîche avec 1 cuillerée à soupe d'eau glacée. Lorsqu'elle est transformée en chantilly, ajoutez-la à la crème ainsi que les fruits confits. Réservez quelques cerises pour la décoration.

Huilez légèrement un moule à bavaroise, remplissez-le de la préparation et faites prendre toute une nuit au réfrigérateur. Démoulez sur un plat, et décorez la bavaroise de cerises confites, et du restant de crème montée en chantilly.

■ ***Dîner :*** **Taboulé ■ Restes de bavaroise**

Si la bavaroise a eu trop de succès, mettez au menu fromage blanc et fruits de saison.

DÉCEMBRE
4e SEMAINE
LUNDI

■ ***Déjeuner :*** **Œufs à la coque parfumés aux truffes ■ Épinards ■ Fromage blanc à la crème**

Œufs à la coque parfumés aux truffes

À préparer la veille.

En cette période de fête, vous avez peut-être chez vous une ou plusieurs truffes. Si vous avez cette chance, avant de les utiliser pour les grands repas de fin d'année, voici un bon truc qui vous permettra sans dommage de manger des œufs délicieusement parfumés. Enfermez hermétiquement les œufs et une truffe dans une boîte pendant 24 h. La coquille des œufs, qui est très poreuse, va absorber le parfum inégalable de la truffe et le communiquer à l'intérieur de l'œuf.

■ ***Dîner :*** **Côtes de porc ■ Polenta ■ Salade de saison ■ Pommes au four**

Polenta

250 g de semoule de maïs, 75 g de beurre, 75 g de parmesan râpé, sel, poivre, muscade.

Faites bouillir 1 litre d'eau. Jetez la semoule en pluie et remuez aussitôt, réduisez le feu, et continuez la cuisson 20 mn environ en tournant toujours. Salez, poivrez, saupoudrez de muscade râpée et ajoutez le beurre, le parmesan râpé, mélangez encore.

Versez cette pâte dans un plat allant au four, laissez refroidir. Coupez la polenta en tranches, faites dorer à la poêle dans le beurre, et servez en arrosant du jus des côtes de porc.

DÉCEMBRE
4e SEMAINE
MARDI

■ ***Déjeuner :*** **Épaule de mouton à l'irlandaise ▪ Salade de saison ▪ Poires**

Épaule de mouton à l'irlandaise

800 g d'épaule de mouton désossée et coupée en morceaux, 1 céleri en branches, 1 navet, 3 oignons, 8 pommes de terre, bouquet garni, persil, sel, poivre.

Dans un poêlon en terre, mettez la viande, le céleri, le navet, les oignons coupés en morceaux, le bouquet, sel et poivre.

Mouillez avec 1/2 litre d'eau. Couvrez et mettez à cuire tout doucement au four pendant 1 h 30. Une demi-heure avant la fin de la cuisson, ajoutez les pommes de terre. Servez chaud et saupoudrez de persil.

■ ***Dîner :*** **Filets de poisson en papillotes ▪ Endives braisées ▪ Fromage ▪ Gâteau de riz au four**

Gâteau de riz au four

1 tasse à thé de riz rond, 1,5 litre de lait, 1 pincée de vanille, 100 g de sucre.

Dans un moule à soufflé, mettez le riz lavé et égoutté, un peu de vanille, 1 litre de lait et la moitié du sucre. Mettez à four très doux pendant 3 h sans jamais remuer. Au fur et à mesure que le lait diminue, ajoutez-en un peu. Dix minutes avant la fin de la cuisson, saupoudrez du restant de sucre. Servez tiède dans le plat de cuisson.

DÉCEMBRE
4e SEMAINE
MERCREDI

■ ***Déjeuner :*** **Hachis parmentier ■ Laitue ■ Yaourts ■ Salade de fruits**

Hachis parmentier

300 g de restes de bœuf (pot-au-feu, bœuf aux carottes, bourguignon), 1 kg de pommes de terre, 100 g de beurre, 2 verres à moutarde de lait.

Préparez une purée de pommes de terre assez légère (recette page 14), hachez le bœuf cuit. Beurrez un plat à gratin et disposez alternativement une couche de viande, une couche de purée, une autre couche de viande, une autre couche de purée. Disposez sur le dessus quelques noisettes de beurre.

Allumez le four 10 mn à l'avance, enfournez et laissez cuire 20 mn environ à four moyen. Servez avec une salade verte.

■ ***Dîner :*** **■ Œufs pochés à la tomate ■ Macaronis en gratin ■ Crème au café ■ Congolais**

Congolais

250 g de noix de coco râpée, 250 g de sucre en poudre, 4 blancs d'œufs.

Battez les blancs en neige ferme. Ajoutez le sucre en poudre et la noix de coco râpée. Mélangez à l'aide d'une spatule en bois en soulevant toute la masse par en dessous.

Beurrez la plaque du four, posez des tas en forme de rocher et faites cuire à four extrêmement doux pendant 40 mn environ.

DÉCEMBRE
4e SEMAINE
JEUDI

■ *Déjeuner :* Betterave en salade ■ Oignons farcis ■ Yaourts ■ Bananes

Oignons farcis

8 beaux oignons, 1 tranche de jambon de 300 g, 1 petit oignon, 1 bouquet de persil, 1 tranche de pain de mie de 2 cm d'épaisseur, 2 gousses d'ail, 1 verre de lait, 1 œuf, sel, poivre, muscade, 30 g de beurre.

Pelez les oignons et jetez-les dans une casserole d'eau bouillante salée. Laissez frémir 10 mn. Sortez-les délicatement avec l'écumoire et égouttez-les sur un linge. Retirez le cœur.

Hachez le jambon, le cœur des oignons, le persil et l'ail. Ajoutez à ce hachis le pain de mie trempé dans le lait chaud et essoré, puis l'œuf. Mélangez le tout, salez, poivrez, saupoudrez d'un peu de noix de muscade râpée. Remplissez chaque oignon de cette farce, posez sur le dessus une noisette de beurre. Disposez tous les oignons dans un plat en terre beurré, et faites cuire à four moyen pendant 30 mn environ. Servez très chaud.

■ *Dîner :* Petit salé aux lentilles ■ Fromage ■ Tarte à l'orange

Tarte à l'orange

250 g de farine, 125 g de beurre, sel, 125 g de sucre, 2 œufs, 5 oranges, 1 pot de marmelade d'oranges, 25 g de beurre.

Faites une pâte brisée en travaillant la farine avec le beurre divisé en morceaux, mouillez avec 1/2 verre d'eau salée. Formez une boule, laissez-la reposer 1 h. Chemisez un moule à tarte, beurré et fariné, de la pâte. Battez les œufs entiers et le sucre en poudre, ajoutez le jus de deux oranges. Versez cette crème sur la pâte, étalez dessus une légère couche de marmelade d'oranges et disposez sur le dessus trois oranges épluchées et coupées en rondelles. Faites fondre 25 g de beurre, versez-le sur les oranges et faites cuire 30 mn à four moyen. Sortez la tarte du four et saupoudrez-la d'un peu de sucre en poudre.

DÉCEMBRE
4e SEMAINE
VENDREDI

■ ***Déjeuner :*** **Crevettes grises ■ Bettes au gratin ■ Gâteau raté**

Gâteau raté

200 g de chocolat à croquer, 6 œufs, 200 g de sucre semoule, 100 g de beurre, 100 g de farine.

Battez ensemble les jaunes d'œufs et le sucre jusqu'à ce que le mélange blanchisse et fasse le ruban. Ajoutez le beurre mis en pommade et le chocolat ramolli, puis la farine tamisée et enfin les blancs battus en neige. Beurrez un moule à manqué. Versez-y la préparation et faites cuire à feu doux au bain-marie pendant environ 1 h. Le gâteau doit rester moelleux à l'intérieur. Démoulez-le sur une grille et laissez-le refroidir.

■ ***Dîner :*** **Truites farcies ✱ ■ Pommes à l'anglaise ■ Fromage ■ Oranges**

Truites farcies ✱

4 truites, 1 beau cèpe frais ou 50 g de cèpes secs trempés dans l'eau, 75 g de jambon, 1 échalote, 1 bouquet de persil, 1 œuf, huile, sel, poivre, 4 feuilles de papier sulfurisé.

Ôtez le bout terreux du cèpe, brossez le champignon sous l'eau. Hachez-le ainsi que le jambon, l'échalote, le persil. Liez cette farce avec la moitié de l'œuf battu, salez, poivrez, mélangez le tout.

Par le côté, remplissez chaque truite de cette farce, recousez. Huilez légèrement les poissons, enveloppez-les séparément dans le papier sulfurisé. Faites cuire au micro-ondes chaleur maximale pendant 7 mn.

DÉCEMBRE
4e SEMAINE
SAMEDI

■ ***Déjeuner :*** **Escalopes de veau à la crème ■ Crosnes persillés ■ Fromage**

Crosnes persillés

750 g de crosnes, 50 g de beurre, gros sel, 1 petit bouquet de persil, sel, poivre.

Coupez l'extrémité des crosnes, posez-les sur un torchon, saupoudrez-les de gros sel.

Repliez le torchon et frottez les légumes entre vos mains. Le gros sel va les gratter et faire tomber leurs peaux. Lavez les légumes à deux eaux puis jetez-les dans une grande quantité d'eau bouillante. Laissez-les cuire 20 mn. Égouttez-les.

Dans une poêle, faites fondre le beurre, ajoutez les légumes et faites-les sauter en secouant la poêle fréquemment. Salez, poivrez. Saupoudrez d'un hachis de persil.

■ *Dîner :* Cœurs de palmiers en salade ▪ Poulet de marraine ▪ Frites ▪ Poires au cassis

Poires au cassis

4 poires, 500 g de gelée de cassis, 1/2 verre à moutarde de liqueur de cassis, 150 g de crème fraîche.

Délayez la gelée avec 1/2 litre d'eau, faites cuire les poires épluchées et entières dans ce sirop pendant 20 mn en les retournant plusieurs fois. Égouttez-les, posez-les dans un compotier et faites réduire le sirop de moitié.

Lorsqu'il est froid, versez-le sur les poires, ajoutez la liqueur de cassis et mettez au réfrigérateur toute la journée. Servez très frais et apportez en même temps la crème fraîche.

DÉCEMBRE
4e SEMAINE
DIMANCHE

■ *Déjeuner :* Fruits de mer ▪ Filet de bœuf au madère ▪ Fonds d'artichauts ▪ Assortiment de fromages ▪ Crème délice

Filet de bœuf au madère

1 kg de filet de bœuf sans déchets, 25 g de beurre, sel, poivre.
Pour la sauce au madère : *150 g de bifteck haché, 2 échalotes, 1 petit oignon, 1 branche de thym, 1 feuille de laurier, persil, 1 petit verre de cognac, 1 verre de madère, 100 g de beurre, 1 cuil. à café de farine, sel, poivre.*

La sauce : Dans une casserole à fond épais, faites revenir doucement dans 50 g de beurre la viande hachée, l'oignon, les échalotes et le persil hachés, thym, laurier. Lorsque les oignons commencent à fondre, ajoutez le cognac, flambez, puis mouillez avec le madère et 1 verre d'eau. Salez, poivrez, couvrez la sauce et laissez cuire doucement 20 mn. Passez ce fond de sauce à travers une passoire fine. Dans la même casserole nettoyée, faites un roux avec 30 g de beurre et la farine, mouillez avec le fond de sauce, laissez cuire quelques instants, tenez au chaud. Au moment de servir, ajoutez le jus du rôti et le restant de beurre divisé en morceaux, battez au fouet à sauce. Laissez en attente au bain-marie.

Le rôti : À la fourchette, travaillez le beurre, sel et poivre. Étendez cette pommade sur toute la surface de la viande. Posez le rôti sur la grille du four. Faites cuire à four chaud allumé 15 mn à l'avance, en comptant en tout 25 mn de cuisson. Retournez à mi-cuisson, arrosez souvent. Découpez le rôti sur une planche (récupérez le jus qui s'en écoule et ajoutez-le à la sauce), dressez la viande sur un plat chaud, entourez-la de fonds d'artichauts passés au beurre. Servez très chaud avec la sauce en saucière.

■ ***Dîner :*** **Viande froide ■ Salade d'endives ■ Pommes au four**

De la viande froide, une salade et un dessert léger suffisent après ce bon déjeuner.

DÉCEMBRE
4e SEMAINE
RÉVEILLON DE NOËL

■ ***Réveillon de Noël :*** **Boudins blancs aux pommes au four ■ Oie à la sauge ■ Marrons braisés ■ Salade de mâche et betterave ■ Plateau de fromages ■ Charlotte au citron vert**

Boudins blancs aux pommes

Pour 8 personnes : *8 boudins blancs de qualité, 8 pommes calville ou golden, 100 g de beurre, 2 cuil. à soupe arasées de sucre en poudre, 1 citron.*

Épluchez les pommes, avec un couteau spécial, ôtez le cœur. Au fur et à mesure, arrosez-les de jus de citron. Dans le centre de chaque pomme, enfoncez un bâtonnet de beurre. Disposez les pommes dans un plat allant au four. Faites-les cuire à four chaud (allumé 10 mn à l'avance) pendant 10 mn en les surveillant. Réduisez le feu, saupoudrez de sucre en poudre et laissez cuire encore 10 mn en arrosant plusieurs fois. Ces pommes peuvent se préparer d'avance, elles se font parfaitement réchauffer.

Faites cuire doucement à la poêle les boudins, comptez 10 à 12 mn de cuisson. Dressez les boudins au centre d'un plat, entourez-les de pommes.

Oie à la sauge

Pour 8 personnes : *1 oie de 3 kg environ, 500 g d'oignons, 1 tranche de pain de mie de 2 cm d'épaisseur, 1 verre de lait, 10 feuilles de sauge, ou 3 cuillerées à café de sauge séchée.*
Pour la sauce : *1 oignon, 1 carotte, 1 poireau, 1 bouquet garni, 1 cuil. à café de fécule de pomme de terre, sel, poivre.*

Épluchez les oignons, jetez-les 5 mn dans une casserole d'eau bouillante. Égouttez-les, hachez-les. Faites tremper la mie de pain dans le lait chaud. Essorez-la. Dans un saladier, mélangez la mie de pain, les oignons hachés et la sauge, salez, poivrez, ôtez la graisse qui se trouve à l'intérieur de l'oie, puis introduisez ce mélange à l'intérieur et recousez.

Réservez les abattis qui serviront à la préparation de la sauce. Placez l'oie farcie sur la grille du four, versez dans la lèche-frite 1/2 verre d'eau. Faites cuire à four chaud. Retournez la volaille au fur et à mesure qu'elle se colore, et arrosez-la souvent. Lorsqu'elle est bien dorée, recouvrez-la d'un papier sulfurisé, baissez le feu et comptez à partir de ce moment 1 h 15 de cuisson. Dans une casserole, mettez les abattis, 1 oignon, 1 carotte et 1 poireau émincés, le bouquet garni, sel, poivre, faites-les fondre doucement dans très peu de beurre puis recouvrez-les juste d'eau froide. Faites cuire 1 h à couvert. Versez le jus de cuisson de l'oie dans ce bouillon. Amenez à nouveau à ébullition et passez cette sauce au chinois. Liez avec une cuillère à café de fécule et laissez cuire encore quelques instants.

Vins conseillés : chinon tout le long du repas ou repas au champagne brut.

■ *Déjeuner de Noël :* Salade folle au foie gras ■ Gigot en croûte de Beaumanière ■ Purée de céleri ■ Salade mimosa ■ Plateau de fromages ■ Bûche de Noël

Salade folle au foie gras

250 g de haricots verts, 1 chicorée frisée, 2 cœurs de trévise, 100 g de foie gras, huile de noisette, vinaigre de vin vieux, sel, poivre, 1 truffe (facultatif).

Équeutez les haricots verts, lavez-les et faites-les cuire à l'eau bouillante salée de 10 à 12 mn. Ils doivent rester légèrement croquants. Aussitôt sortis du feu, passez-les sous l'eau froide et égouttez-les. Lavez les salades, essorez-les, versez-les dans un saladier. Dressez les haricots verts dans un plat creux. Dans un grand bol, préparez la vinaigrette avec 10 cuillerées à soupe d'huile de noisette, 3 cuillerées à soupe de vinaigre de vin, sel, poivre. Prélevez les trois quarts de la sauce, versez-la sur les salades, mélangez. Versez le reste sur les haricots verts, mélangez. Répartissez les salades dans des assiettes, posez dessus quelques haricots verts et terminez par des copeaux de foie gras. Décorez de lamelles de truffes.

Cette recette est une base, elle peut varier selon les saisons. L'été, on choisira du mesclum, de la roquette, du pourpier. Le poids du foie gras est aussi une simple indication : tout dépend du budget de chacun.

Bûche de Noël

Pour 8 personnes :
Pour la pâte : *4 œufs, 125 g de sucre, 125 g de farine, 75 g d'amandes en poudre.*
Pour la crème : *250 g de sucre, 375 g de beurre, 3 jaunes d'œufs, 125 g de chocolat à croquer.*

La crème : Dans une casserole, mettez le sucre en poudre, recouvrez-le juste d'eau, faites-le cuire jusqu'à ce que les gouttes en tombant de la fourchette laissent un fil.

Dans une terrine, battez les jaunes d'œufs, versez dessus petit à petit le sirop, travaillez au fouet à sauce. Versez le mélange sur le beurre ramolli puis ajoutez le chocolat fondu au bain-marie. Laissez cette crème au beurre en attente.

La pâte : Dans une terrine placée au-dessus d'une casserole d'eau chaude, travaillez les jaunes d'œufs et le sucre jusqu'à ce que le mélange blanchisse. Ôtez la terrine de son bain-marie et ajoutez peu à peu la farine et les amandes en poudre tamisées ensemble, puis les blancs battus en neige ferme.

Recouvrez un moule carré et plat (1 cm de profondeur) d'un papier blanc beurré, versez la pâte dessus et faites cuire à four assez chaud pendant 8 mn environ. Sur la table de cuisine posez un grand torchon humide, démoulez le gâteau dessus et roulez-le sur lui-même. Maintenez-le ainsi jusqu'à complet refroidissement.

Déroulez le gâteau et tartinez-le avec la moitié de la crème au beurre au chocolat, roulez à nouveau.

Coupez en biais chaque extrémité du gâteau, recoupez grossièrement les morceaux tombés, posez-les sur le dessus de la bûche pour simuler les nœuds. Avec une douille unie masquez les extrémités de crème au beurre, et recouvrez le dessus de gâteau également de crème au beurre, mais à l'aide cette fois d'une douille cannelée. Si le fait de rouler le gâteau vous embarrasse, vous pouvez aussi couper la pâte en 4 bandes de même largeur et les poser les unes sur les autres en les tartinant entre elles de crème au beurre. Ce procédé de montage de la bûche est peut-être plus simple.

Vins conseillés : sancerre, pommard ou repas au champagne brut.

DÉCEMBRE
4e SEMAINE
RÉVEILLON DE FIN D'ANNÉE

■ ***Déjeuner :*** **Plateau de fruits de mer ■ Dindonneau aux poires ■ Tomates grillées, chips ■ Salade de laitue à l'orange ■ Plateau de fromages ■ Charlotte au citron vert**

Dindonneau aux poires

Pour 8 personnes : *1 dindonneau de 3 kg environ, 30 g de beurre, sel, poivre, 3 poires.*

Coupez les poires en quatre sans les épluchez ; rentrez-les à l'intérieur du dindonneau, recousez-le. Avec une fourchette, malaxez le beurre, le sel et le poivre. Tartinez le dindonneau de ce beurre et posez-le sur la grille du four. Allumez celui-ci à l'avance et enfournez la volaille. Dans la lèche-frite posée en dessous, versez 1 verre d'eau. Laissez dorer le dindonneau de tous côtés, retournez-le au fur et à mesure et arrosez-le. Comptez en tout 1 h 45 de cuisson.

Au moment de découper la volaille, recueillez le jus qui s'en écoule, ajoutez-le à celui contenu dans la lèche-frite et déglacez le plat avec un peu d'eau bouillante, faites prendre un bouillon.

Servez le dindonneau découpé, entouré de ses poires, et la sauce à part en saucière.

Charlotte au citron vert

5 citrons verts, 3 œufs, 250 g de sucre semoule, 40 biscuits à la cuillère, 125 g de beurre, 3 œufs.
Pour le sirop : *1 citron vert, 1 dl d'eau, 50 g de sucre semoule.*
1 moule à charlotte.

Sortez le beurre à l'avance du réfrigérateur. Lavez soigneusement les citrons sous l'eau courante, essuyez-les. Râpez le zeste de 3 citrons et pressez leur jus. Dans une casserole, travaillez au fouet électrique, les jaunes d'œufs et le sucre, ajoutez les zestes et le jus des 3 citrons. Mettez le mélange à épaissir sur feu doux, sans cesser de remuer à la spatule en bois et surtout sans faire bouillir. La crème doit épaissir. Passez-la à travers une passoire fine et incorporez-lui, pendant qu'elle est encore chaude, le beurre en parcelles, tout en battant au fouet à sauce. D'autre part, montez les blancs en neige ferme. Incorporez-les peu à peu et délicatement, à la crème au citron, en soulevant la masse par en dessous.

Préparez un sirop en faisant juste bouillir l'eau, le jus d'un citron vert et le sucre. Trempez rapidement, un à un, les biscuits dans ce sirop et tapissez-en le fond et les parois du moule. Remplissez l'intérieur en alternant des couches de mousse au citron et des couches de biscuits humectés de sirop. Terminez par des biscuits.

Mettez la charlotte toute une nuit au réfrigérateur. Démoulez-la au moment de servir et décorez-la de fines rondelles de citron vert imbibées du reste de sirop, pour les faire briller.

Vins conseillés : pouilly fuissé ou riesling et mercurey ou repas au champagne brut.

Index des recettes

Index des recettes mois par mois

Mars

Avril

Mai

Juin

Juillet

Août

Septembre

Octobre

Novembre

Décembre

Composition réalisée par NORD COMPO

Imprimé en France sur Presse Offset par

BRODARD & TAUPIN

GROUPE CPI

La Flèche (Sarthe).
N° d'imprimeur : 7805– Dépôt légal Édit. 10900-05/2001
LIBRAIRIE GÉNÉRALE FRANÇAISE - 43, quai de Grenelle - 75015 Paris.
ISBN : 2 - 253 - 05451 - 8

30/7802/9